# Durchs Paradies der grünen Hölle

## Überleben im amazonischen Urwald

Ilka Sohr, Torsten Roder und Jens Eumann

„Nur wer es riskiert, zu weit zu gehen,
kann möglicherweise herausfinden,
wie weit man gehen kann."

Thomas Stearns Eliot

Chemnitzer Verlag

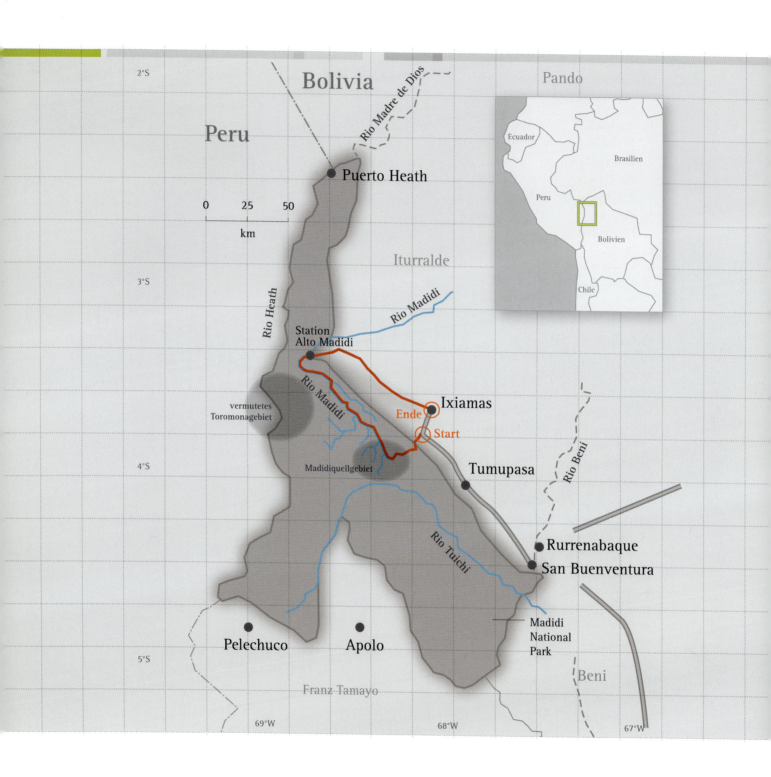

# Inhalt

| | |
|---|---|
| Prolog: Brokkoli mit Milchkaffee | 4 |
| 1. Krokodile kommen nie aus dem Wasser | 8 |
| 2. In der Schusslinie | 14 |
| 3. Der Unterschied zwischen ganz nah und zu nah | 16 |
| 4. Trockentraining im kalten Wasser | 21 |
| 5. Dino-Legenden und Monster-Affen | 25 |
| 6. Flüche und Gebete | 29 |
| 7. Auf der Straße des Todes | 33 |
| 8. Weder Führer noch Karten | 39 |
| 9. Wenn man vom Teufel spricht | 42 |
| 10. Zurück zu den Wurzeln | 48 |
| 11. Ein Opfer für Pachamama | 55 |
| 12. Nächtlicher Raubüberfall | 61 |
| 13. Konkurrenz für Martin Pescador | 66 |
| 14. Zweifel und Adrenalin | 73 |
| 15. Tiefflieger mit und ohne Stachel | 79 |
| 16. Potenzmittel und Jaguartatzen | 85 |
| 17. Akupunktur in der Badewanne | 91 |
| 18. Zwei Jäger am Haken | 94 |
| 19. Ein Kompass für zwei Krokodile | 101 |
| 20. Das Fegefeuer der grünen Hölle | 105 |
| 21. Ein balzender Nachbar | 110 |
| 22. Mas aventura, James Bond! | 114 |
| 23. Der Mahlzahn des Teufels | 123 |
| 24. Rote Bananen und rote Füße | 129 |
| 25. Ein Engel mit flammenden Fingern | 135 |
| 26. Revolverhelden und bärige Affen | 141 |
| 27. Kannibalen und echte Monster | 147 |
| 28. Relativitätstheorien und versoffene Philosophen | 150 |
| 29. Mit Madonna im Drei-Sterne-Hotel | 155 |
| 30. Ein Frühstücks-Ei für ein Dach | 159 |
| 31. Ein Stich und ein tödlicher Kriegstanz | 161 |
| Epilog: Grüße von Galapagos | 169 |
| Literaturhinweise | 184 |
| Die Autoren | 186 |

[ Prolog ]

# Prolog
# Brokkoli mit Milchkaffee

*807 Meter freier Fall, insgesamt stürzt der Salto Angel in Venezuela laut Vermessung durch die National Geographic Society 979 Meter und ist damit der höchste Wasserfall der Erde.*

*Während meine Dienstpflichten mich zurück nach Zwickau riefen, wollten sich Ilka und Torsten von Rurrenabaque über Tausende Kilometer bis Venezuela durchschlagen.*

Wo mögen Torsten und Ilka gerade sein? Noch in Bolivien? Im Kanu auf der Pirsch nach Kaimanen? In Brasilien? Im Dschungel, unter die Regenplane gekauert, inmitten des nächsten Wolkenbruchs? Oder schon beim Aufstieg auf einen der mächtigen Tafelberge im Süden Venezuelas? Der Auyan-Tepui war ihr Ziel. Das unbesiedelte Felsplateau, von dem der Salto Angel als höchster Wasserfall der Erde über fast 1000 Meter senkrechte Felswand hinab in den Dschungel stürzt. Es sollte der letzte Höhepunkt ihrer diesjährigen Route werden. Die beiden Globetrotter aus Chemnitz wollten hinauf in diese einzigartige, kaum ergründete Welt, in der die Evolution ganz eigene Wege ging, in der die Wissenschaft immer wieder völlig unbekannte Tier- und Pflanzenarten entdeckt. Den Sherlock-Holmes-Autor Arthur Conan Doyle hatten die Milliarden Jahre alten Felsformationen und die Legenden, die sich um sie ranken, vor fast 100 Jahren zu seinem fantastischen Expeditionsroman „Die verlorene Welt" inspiriert. Und in die wollten die beiden Weltenbummler zum Ende ihrer dreimonatigen Südamerika-Tour eintauchen. „Sind doch nichts anderes als die Felsen im Elbsandsteingebirge", hatte Torsten gegrinst, „nur zehnmal höher."

Als ich Ilka und Torsten fünf Wochen zuvor in Rurrenabaque am Rande der Dschungelwildnis Boliviens verlassen hatte, schnürten meine beiden Überlebenstrainer gerade ihre Ränzlein. Sie wollten sich über Tausende von Kilometern durch den Regenwald schlagen, Richtung Norden, quer durch Brasilien bis Venezuela. Mich dagegen riefen Dienstpflichten nach unserer fünfwöchigen gemeinsamen

[ Prolog ]

Reiseetappe zurück an den Schreibtisch im idyllisch verschlafenen Zwickau. Dort saß ich nun und wippte im Drehsessel, den Blick auf den Bildschirm gerichtet. Doch die Zeilen über das Marienthaler Stadtteilfest verschwammen, als ich im Geiste aus dem Redaktionsbüro entfleuchte und in die Ferne schweifte.

Das Surren des Computerlüfters war leiser, aber dem monotonen Gebrumm jener Iberia-Maschine sehr ähnlich, mit der wir am 2. Januar von Berlin-Tegel aus ins Dschungel-Abenteuer gestartet waren. Jenseits des Atlantiks drückte ich mir am Fenster des Flugzeugs die Nase platt, um erste Eindrücke vom größten Regenwald der Erde zu erhaschen. Wie zerrupfte Wattebäusche thronten die Wolken über dem Meer aus Grün, das sich bis zum Horizont erstreckte – und darüber hinaus. Von oben sah er zum Anbeißen aus, wie ein Teppich aus Brokkoli-Knospen, nur hier und da durchschnitten von sich schlängelnden Adern, braun wie Milchkaffee. Flüsse, die aus ganz Amazonien, einem Gebiet der Größe Australiens, dem mächtigsten aller Ströme zustreben. Auf seiner rund 7000 Kilometer langen Reise quer durch den südamerikanischen Kontinent verleibt sich der wasserreichste Fluss des Planeten rund 1100 größere Nebenflüsse ein, zehn davon an Länge und Wassermenge größer als der Rhein. Die Zahl der kleineren Zuflüsse ist unbekannt, überschreitet aber die Hunderttausend – zusammen ein Fünftel der Süßwasservorräte aller Flüsse der Erde. Was der Wald nicht aufsaugt und morgens in Wattebausch-Wolken ausatmet, damit es anderswo als Regen niedergehe, speit der Amazonas an seiner 80 Kilometer breiten Mündung in lehmigen Massen in den Atlantik, während der Regenzeit rund 310.000 Kubikmeter in der Sekunde, an einem Tag mehr als in einem ganzen Jahr aus der Elbe in die Nordsee fließt.

Die Gedanken schweiften zurück zu den Wipfeln dieser Brokkoli-Sprösslinge, die eigentlich Kronen riesiger Bäume waren. Zurück ins dichte Gestrüpp, durch das wir uns wochenlang einen Weg gebahnt hatten, zusammen mit zwei

*Was der Wald aufsaugt, atmet er in Wattebauschwolken wieder hinaus. Der Dampf des Urwalds geht erneut als Regen nieder. So generiert das Amazonasbecken ein eigenes Klima.*

[ Prolog ]

indianischen Begleitern. Zurück auf unser Floß, das uns vom nahezu unbekannten Quellgebiet des Rio Madidi bis ins sumpfige Tiefland tragen sollte. Und zurück zu jenem Moment, da ich Zweifel hegte, ob wir es jemals wieder heraus schaffen würden. Allein und ohne Mexicano, unseren Scout. Wie ein Echo hallten seine Schreie in meinem Ohr. „Izquierda, izquierda." Links, Links. Vom Heck des Floßes brüllte Mexicano aus vollem Hals. Doch waren seine Kommandos durchs Getose des Wassers schon in der Mitte kaum zu vernehmen. Wie sollte da Vicente, der zweite Steuermann am Bug, sie hören? Torsten hatte den Findling längst ausgemacht, dessen Rundung nur knapp aus dem brodelnden Wasser lugte. Unser Floß trieb frontal darauf zu. Mexicano, unser Führer am hinteren Ende des Floßes, war Torstens ausgestrecktem Zeigefinger gefolgt und gab nun seine hektischen Kommandos, die ungehört verhallten. Fünf Meter, vier, drei. Wir drohten aufzulaufen. Meine Hände suchten Halt, während ich den Aufprall erwartete. Sie fanden und umklammerten die Bambusstangen des Gestells, auf dem wir unser Gepäck verzurrt hatten. Dann hatte auch Vicente das Hindernis erkannt. Mit Wucht rammte er seine Holzstange ins Flussbett unter den tobenden Fluten. Mit aller Kraft stemmte er seinen sehnigen Körper gegen die Felsbrocken am Grund. Die Stange begann sich zu biegen, das Floß schwappte einige Zentimeter nach links. Zu spät. Mit heftigem Ruck krachte der rechte Balsastamm aufs Gestein. Vicente presste weiter, um die Floßecke frei zu drücken, doch gegen die Macht des Stroms hatte er keine Chance. Schon begann das Floß, sich zu drehen. Als es schräg im Flusslauf schwankte, schrammte der aufgelaufene Balsastamm am Fels vorbei. Wir waren wieder frei, trieben jetzt aber fast quer im Strom, unmanövrierbar, verletzlich. Das Floß drehte sich weiter, bis wir in voller Breitseite über den Rest der Stromschnelle schossen. Unter unseren Füßen rumpelten die Holzstämme über weitere Steine, die nur Zentimeter unter der Wasseroberfläche lauerten. Am Fuß des Gefälles platschte das Floß in die tiefe Lagune. Hinter nahezu jeder Stromschnelle wuschen die Fluten solch tiefe Senken aus, zumindest

*Zum Anbeißen: Von oben gleicht der Amazonasurwald einem Teppich aus Brokkoli-Knospen. Hindurch schlängeln sich Flüsse, braun wie Milchkaffee.*

dort, wo der Fluss gleich nach dem Gefälle eine Kehre zog. Und da war sie, die Kehre. Der Flusslauf wandte sich nach links, doch die Wassermassen schäumten geradeaus weiter, und wir mit ihnen. Wir schossen auf das Ufer zu, das sich als senkrechte Wand aus lehmigem Gestein haushoch aus den Fluten erhob. Das Wasser wallte an der Steilwand empor, schäumte Strudel bildend zurück. Noch immer drehte sich das Floß. Mexicano und Vicente paddelten hilflos mit ihren Stangen. Zum Staken war das Wasser hier zu tief. Nur noch Sekundenbruchteile bis zum nächsten Aufprall. Das Heck schoss jetzt geradewegs voraus. Die Holzstange wie ein Hochseilartist horizontal vor sich gestreckt, schaute Mexicano in unsere Richtung aufs tosende Wasser. Hinter ihm kam die Wand immer näher. Unsere Blicke trafen sich. Vom sonst auf seinem sonnengegerbten Gesicht scheinbar festgewachsenen Grinsen keine Spur mehr. Sein Mund stand ein Stück offen, die Zähne bissen aufeinander, die Augen starr in angespannter Konzentration. Rumms. Mexicanos Brauen hoben sich leicht, wie überrascht, als er hinter dem verzurrten Gepäckberg aus meiner Sicht verschwand. Seine Füße mussten beim Aufprall von den glitschigen Stämmen geglitten sein. Er versank im brodelnden Spalt zwischen Wand und Floß. Zig Gedanken zuckten zeitgleich durch meinen Kopf: Kommt er bei der nächsten Welle wieder hoch, ist es vorbei. Mit uns und Gepäck wog das Floß fast eine Tonne. Es würde ihn an der Wand zerquetschen. Doch prallte das Floß nicht erneut an die Wand. Es schaukelte auf den Wogen zurück und drehte sich in Fahrtrichtung. Torsten war geistesgegenwärtig vom Gepäckberg gesprungen. Seine Augen suchten die Wasseroberfläche ab. Wo blieb Mexicano? Er kam nicht hoch. Zog ein Strudel ihn runter? Hatte Torsten nicht Zweifel gehabt, ob er überhaupt gut schwimmen könne? Was, wenn nicht? Was, wenn er gar nicht wieder auftauchte? Wie sollten wir ihn in der lehmigen Brühe finden, in der selbst die vier Meter langen Stangen zum Staken nicht bis zum Boden reichten? Und was würden wir tun, wenn wir plötzlich ohne unseren Scout dastünden? Sieben Tagesmärsche vom letzten Außenposten menschlicher Besiedelung entfernt. Würden wir ohne ihn überhaupt wieder aus der Wildnis herausfinden? Torsten hatte zwar vor der Abreise sogar den Gedanken geäußert, ganz allein loszuziehen, entschied sich dann aber doch für indianische Begleitung. Zum einen schrieben die Regeln des Nationalparks einheimische Führer vor. Zum anderen war er nicht ganz sicher, ob er die Ausstiegsstelle wieder finden würde, an der wir den Fluss verlassen mussten. Verpassten wir sie, würden wir ziellos ins Sumpfland des Rio Madidi getrieben, aus dem es über Hunderte Kilometer keinen Weg zurück gab. Wäre Mexicanos Ende also zugleich das Unsere? Würde der Dschungel, der bis jetzt trotz aller Anstrengungen und Gefahren ein Paradies gewesen war, nun die „grüne Hölle", als die ihn so viele beschrieben? Yossi Ghinsberg, dessen Buch ich noch vor der Abreise verschlungen hatte, war zwar kein Jünger des Survival-Papstes Rüdiger Nehberg gewesen, so wie meine beiden Begleiter. Doch war auch der israelische Autor bestens für die Tücken der Wildnis gewappnet, bevor er im Madidi-Gebiet verscholl. Als ehemaliger Marine-Soldat hatte er sich oft durch unwegsames Terrain schlagen müssen, ehe er sich im bolivianischen Amazonas-Regenwald verirrte. Dort machte er unliebsame Bekanntschaft mit Ameisen, Schlangen und einem Jaguar und wäre im Fieberwahn fast verhungert. Drohte uns nun ein ähnliches Schicksal?

# 1. Krokodile kommen nie aus dem Wasser

Es war der Morgen des 19. März 2002, als mir die Namen Ilka Sohr und Torsten Roder erstmals begegneten. Genauer gesagt, sie flatterten auf meinen Schreibtisch. Damals arbeitete ich in der Chemnitzer Lokalredaktion der Tageszeitung „Freie Presse". Und an jenem Morgen stand Udo, mein Chef, vor mir, wedelte mit einem Zettel und grinste. „Ich hab' da was für Dich. Ne super Geschichte. Von zwei Chemnitzern, die um die Welt reisen, sich mit der Machete durch den Urwald kämpfen und Berge besteigen. Guck mal, ob was dran ist. Wenn ja, mach was draus. Ein bisschen so'n Spinner bist Du doch auch." Udos Grinsen lieferte den Auftakt einer wundersamen Freundschaft.

Zunächst war die allerdings geprägt von berufsbedingter Skepsis. Ich weiß nicht, wen ich erwartete, als ich an der Tür der Chemnitzer Dachgeschosswohnung klingelte. Ein muskelbepackter Rambo war es jedenfalls nicht, der öffnete. Torsten war etwa einen Kopf kleiner als ich, wenn auch nicht gerade das, was man schmächtig nennen würde. Seine drahtige Statur verriet, dass er sehr wohl zupacken konnte, wenn es darauf ankam. Aus dem braun gebrannten Gesicht unter dem Stoppelhaarschnitt funkelten mich zwei lustige lebhafte Augen an. Auch Ilka, seiner Freundin, war die Sportlichkeit anzusehen. Ex-Handballerin, wie sie mich später aufklärte. Ich begegnete ihrem prüfenden Blick mit einem unschuldigen Lächeln. Doch die Skepsis, die augenscheinlich auch bei ihr mir gegenüber herrschte, vermochte das nicht zu zerstreuen. Meine Zweifel versuchte ich mir nicht anmerken zu lassen. In der Wohnküche der Dschungelheimkehrer kämpfte ich mich zunächst durch ein Chaos, wie ich es von der Rückkehr nach den Interrail-Touren aus meiner Studentenzeit kannte. Der Inhalt ihrer Rucksäcke lag zum Sichten und Säubern über den Fußboden verstreut: Benzinkocher,

*Ilkas beeindruckendstes Erlebnis im Jahr 2002 war der vor dem Floß den Fluss kreuzende Jaguar. Den Unterschied zwischen ganz nah und zu nah lernte sie erst später.*

Blechtassen, Opinel-Messer, Zeltgestänge, Armeeponcho und und und. An einer an den Dachbalken quer durch den Raum gespannten Hängematte mit buntgewebten indianischen Mustern, offenbar ein Mitbringsel, schlüpfte ich seitlich vorbei. Auf dem Holztisch empfingen mich duftender Kaffee und Kuchen. Klar, die beiden wollten meine Sinne benebeln, um mich empfänglicher für die haarsträubenden Geschichten zu machen, die sie mir nun auftischten: Hunderte Kilometer durch unberührte Wildnis, zu Fuß mit der Machete und auf einem selbst gezimmerten Floß aus Balsaholz. Riesenmaden zum Frühstück,

[ Krokodile kommen nie aus dem Wasser ] 1

Piranhas zum Abendessen. Was sie am meisten beeindruckt habe, wollte ich von Ilka wissen: „Der Jaguar", sagte sie wie aus der Pistole geschossen. „Dokumentarfilmer warten mitunter Wochen, um nachts einen vor die Kamera zu bekommen, und uns schwimmt einer am hellen Tag einfach so am Floß vorbei", berichtete sie. Neugierig habe er sie nach seiner Flussquerung vom Ufer aus beäugt. Dann sei er erhaben im Uferdickicht verschwunden, völlig ohne Hast oder Scheu. „Der hatte wahrscheinlich noch nie Menschen gesehen", ergänzte Torsten. Die Begeisterung klang so überzeugend, dass meine längst geweckte Neugier die Skepsis fast niederrang, aber eben nur fast. Nickend schrieb ich alles in meinen Block und dachte hinter meinem Lächeln: „Pass bloß auf, die verarschen dich!"
Tage später allerdings wich das Lächeln entgeistertem Staunen. Meine Kinnlade hing förmlich aus den Angeln, als die beiden Globetrotter auf dem Konferenztisch der Redaktion ihre Fotos ausbreiteten. Da war er, der Jaguar. Seine majestätischen Bewegungen auf dem Bild eingefroren, wie er über die Sandbank am Ufer zum Waldrand schritt. Da war das Floß. Auf einem der anderen Bilder hielt Ilka mit erschöpftem Lächeln einen Riesenfisch an ihrer Angel hoch. „Ein Bacu, der kann mit seinen Kiefern Nüsse knacken", erklärte Torsten: „Mir ist einer abgehauen. Der hat so gezerrt, dass er mir mit der Angelsehne die Finger zerschnitt." Eine bunt gefleckte Schlange, ein weiß gewobenes Gespinst, in dessen Mitte eine pelzige schwarze Vogelspinne saß, und ein Geländewagen, der sich, bis zur Windschutzscheibe unter Wasser, durch einen gewaltigen Strom kämpfte. „Auf dem Weg zurück mussten wir gleich mehrere solcher Flüsse queren. Einige waren wegen des Regens so reißend, dass wir sie nicht passieren konnten und Tage warten mussten, bis sie abschwollen, Regenzeit eben", berichtete Torsten. Jetzt dämmerte mir: Was so unglaublich schien, war offenbar Fakt. Über eine fast 300 Kilometer lange Strecke hatten sich die beiden zusammen mit zwei Indianern durch den Urwald geschlagen, bis zu einem vorher vereinbarten Treffpunkt. Dort hatte sie jener Jeep, der auf dem Foto fast absoff, wieder abgeholt und zurück in die Zivilisation gebracht. Angesichts der Fotos wollte ich jetzt ebenso ent- wie begeistert jedes Detail wissen. Über die Augen der

*Zwischen Bacu-Kiefer, die mitunter Nüsse knacken können, sollte man mit den Fingern besser nicht geraten. Auf dem Grill sah Ilkas Angeldebüterfolg aus wie ein Spanferkel.*

*In dunklen Hütten gibt es oft pelzige Nachbarinnen, wenn sich diese hier auf den zweiten Blick auch als leblos entpuppte. Eine Vogelspinne hatte schlicht ihre alte Haut hinterlassen.*

Kaimane, die nachts im Lichtkegel der Taschenlampe blinkten, über die Durchquerungen reißender Flüsse samt schwerem Gepäck auf dem Rücken und von der Abfahrt aus dem Anden-Hochland über eine in die Bergflanke geschlagene Piste, die die beiden in bolivianischer Manier auf der Ladefläche eines Lkw absolvierten. „Krokodile kommen nie aus dem Wasser" – unter diesem Titel erschien Tage später mein „Freie-Presse"-Bericht über Torsten und Ilka:

### „Krokodile kommen nie aus dem Wasser"
*Zwei Chemnitzer tourten drei Monate durch Südamerika*

Der indianische Scout sah den Kopf zuerst. Ilka Sohr starrte über den Bug des Floßes, aber was da vor ihr den Fluss kreuzte, konnte sie nicht ausmachen. Erst als am Ufer Schultern und Beine aus dem Wasser auftauchten, der Schwimmer sich heftig schüttelte, erkannte sie ihn. „Wahnsinn! Dokumentarfilmer brauchen Monate, um nachts einen zu erwischen, und uns läuft ein Jaguar am hellen Tag über den Weg", berichtet die 31-jährige Globetrotterin strahlend. In dieser Woche kehrten sie und ihr Freund Torsten Roder (30) von zehnwöchiger Südamerika-Tour nach Chemnitz zurück. Von allen Erlebnissen habe dieser Jaguar sie am meisten beeindruckt, sagt Ilka: „Der guckte uns an, drehte sich um und ging." Kein Hechtsprung, völlig erhaben sei das Tier im Uferdickicht verschwunden, ergänzt Torsten: „Wahrscheinlich hatte der noch nie Menschen gesehen." Schließlich – so hatten die indianischen Führer erzählt – dringt höchstens zweimal im Jahr eine Hand voll Rucksack-Touristen tiefer in den Madidi-Nationalpark im Urwald Boliviens vor: Unberührte Wildnis!

„Krokodile kommen nie aus dem Wasser raus" – ob die Worte der Indianer stimmten oder nicht, sie gaben ein Gefühl der Sicherheit, besonders nachts, wenn nicht weit von den Zelten immer wieder Augen im wandernden Kegel der Taschenlampe blitzten. „Nicht nachdenken", sagt Ilka, grinst und präsentiert noch eine Indianer-Weisheit: „Wenn das Wasser schnell fließt, gibt's nie Krokodile." Dieses Wissen hatte es den Weltenbummlern Wochen zuvor ermöglicht, mit dem 20-Kilo-Rucksack bepackt, bedenkenlos durchs hüfthohe Wasser des Grenzflusses von Peru nach Brasilien ins Amazonastiefland zu waten. „Eine gewisse Risikobereitschaft braucht man schon, nicht zu verwechseln mit Leichtsinn", sagt Ilka. Schlucken musste sie, als sie im Madidi-Park plötzlich den Baumstamm sah – den mit den Augen. Just neben dem vertäuten Floß war er aufgetaucht, an der Stelle, über die sie sich erst Minuten zuvor zum Waschen gebeugt hatte. Dennoch – außer der Zeltgaze, an der sich die Blattschneider-Ameisen gütlich taten, forderten die tierischen Eingeborenen keine großen Opfer – zumindest nicht auf der Urwald-Etappe der Reise.

Aber die stellte nur den kleinsten Teil der Zehn-Wochen-Route dar: Abflug: 7. Januar in Berlin, Ankunft in Lima, per Bus die peruanische Küste entlang gen Süden bis Arequipa, eine Stadt, eingeschlossen zwischen zwei Vulkanen. Deren höheren, Nevado Chachani, wollten die Chemnitzer besteigen. „Mit 6057 Metern unser erster 6000er", sagt Torsten. Die Straße endete auf 4000 Meter, zu Fuß ging es am gleichen Tag noch zum Basiscamp bei 5200. Dort ein Tag Akklimatisierung, dann nachts weiter zum Gipfel. Nachts? „Wenn tagsüber das Eis taut, kommt das Geröll ins Rutschen", erklärt Torsten. Neben dem Gipfelsturm lockte nahe Arequipa auch die Unterwelt – in Form des Colca Canyons, einer Furche mit 3182 Metern etwa doppelt so tief wie der Grand Canyon. Allein der Abstieg eine viertägige Klettertour. Seile? Ilka winkt ab: „Nur die Schuhe müssen stimmen." Doch außer den „Meindl"-Stiefeln und Trekking-Sandalen stecke keine sündhaft teure Ausrüstung in ihrem Gepäck, betont sie: schlichtes Igluzelt, leichter, warmer Schlafsack, Kocher, Benzinflasche, Alutopf, in der Reiseapotheke ein Gift-Extraktor, der mangels Schlangenbiss auch schon mal Splitter heraussaugt. Zwei T-Shirts, zwei Unterhosen, zwei Paar Socken, zwei Hosen, eine Fleece-, eine Regenjacke, Handschuhe und eine alte Bommelmütze. „Zwei komplette Garnituren – fürs Zwiebelsystem", sagt Ilka: „Wenn du alles an hast, reicht's bis -20 Grad, wenn man alle Häute abschält, geht's auch bei 40 noch." Mit Hightech und bunter Goretex-Jacke falle man in Südamerika eher aus dem Rahmen, sagt Ilka. Außerdem müsse alles bezahlbar bleiben. Die Diplomsportlehrerin und der Zootechniker, die als „Survival-Trainer" bei einem Mittweidaer Aktivreiseveranstalter ihr abenteuerliches Hobby zum Beruf machten, haben ein begrenztes Budget. „Die Flüge 1400 Mark pro Kopf, darüber hinaus müssen 15 Dollar pro Tag reichen", sagt Torsten. Fernab großer Städte sei es schwer, überhaupt so viel auszugeben. Besonders wenn man mit Einheimischen esse und mit weniger komfortablen Vehikeln vorlieb nimmt. Allerdings birgt beides Risiken. Es war zwar weder das gegrillte Meerschwein, noch die proteinhaltige Riesenmade, mit denen Montezuma sich rächte. „Nein, es muss am Tee gelegen haben", sagt Torsten. Der Lastwagen holperte die schmale Bergpiste entlang und passierte immer wieder Wracks von unterhalb der Steilwand zerschellten Autos, als sich das Pärchen auf der Ladefläche wand und über die Kohletabletten hermachte. Es half nichts – immer wieder mussten beide ein gewisses Körperteil über die Flanke des Wagens hängen.

Nur gut, dass solche Dinge nicht auf dem Urwald-Trip passierten, als sie den geplanten Abholtreff mit dem Jeep verpassten, weil sie immer wieder auf unüberwindbare Hindernisse stießen. Der Tage später aus der Metropole La Paz heimgemailte Tagebuch-Eintrag liest sich so: „Tag 14: An unseren Füßen hängt die Haut in Fetzen ... Jeder Schritt wird zur Qual. Gestern waren es 35 Kilometer. Heute Morgen hat nach 6 Stunden Dauerregen eine Flutwelle zwei Zelte weggespült ... Alles im Fluss. Jetzt sitzen wir vor dem nächsten. Unpassierbar! ... Ilka hat einen Riesenbacu geangelt. 12 kg. Mir hat ein Riesenfisch mit der Angelsehne die Finger zerschnitten."

*Meter für Meter hatte sich der Toyota Landcruiser durch den Fluss gekämpft, auf dem letzten Stück konnte kaum noch etwas schief gehen. Nur nicht zu viel Gas, sonst säuft der Motor ab!*

Die nächste Mail ging nur Stunden später raus: Dienstag, 19. Februar, 23.28 Uhr: „Wo wir sind, gibt es Katastrophen: Sind heute Mittag trotz schlechten Wetters gut in La Paz gelandet ... Während wir auf dem Busbahnhof waren, ist über der Stadt ein Unwetter niedergegangen ... Das ganze Wasser hat sich in einer ungeheuren Flutwelle über den Fluss und die Straßen ... in die tiefergelegenen Stadtgebiete gewalzt ... ganze Autos hat es weggespült ... Es gibt auch Tote."

Solch echte Katastrophen rücken private Schläge zwar in Perspektive. Dennoch, erst als Torsten Wochen später dank eines Moskitos vom Dengue-Fieber gepackt wurde, im Wahn fantasierend in der Tropenklinik lag, seien ihm anschließend Gedanken über Sinn und Unsinn seiner Herausforderungen durch den Kopf geschossen. Das Fieber ebbte ab, das Chemnitzer Paar konnte mit dem gebuchten Flieger zurückfliegen – was übrigens nicht bei allen Reisen der beiden der Fall war. Als die Survival-Trainer vor zwei Jahren zum Arbeitsantritt nach dem Urlaub mit Abwesenheit glänzten, musste sich Arbeitgeber Michael Unger mit einem Schreiben der deutschen Botschaft zufrieden geben, das ihm bestätigte, „dass auf Grund von Unruhen die Straße von den Yungas nach La Paz unpassierbar war und daher der Flug nach Deutschland verpasst wurde". Was man aus solchen Erfahrungen lernt? Torsten überlegt: „Innere Gelassenheit. Das Kurioseste ist, dass man für 35 Kilometer länger brauchen kann als für die Strecke Lima – Berlin. Es ist schwer, sich wieder daran zu gewöhnen, dass man sich hier aufregt, wenn der Bus nicht um 10.47 Uhr, sondern um 10.48 Uhr fährt", sagt Torsten. Aber er grinst: „In neun Monaten geht es ja wieder los."

1 [ Krokodile kommen nie aus dem Wasser ]

[ Krokodile kommen nie aus dem Wasser ]

*Während man sich in Europa aufregt, sollte der Bus mal eine Minute später abfahren, sind in Bolivien Entfernungen relativ, je nach Verkehrsmittel und Beschaffenheit des Weges.*

# 2. In der Schusslinie

In den nächsten Jahren beschränkte sich unser Kontakt zwar auf sporadische Treffen, doch die Neugier hatte mich gepackt. Ich lechzte nach jeder Neuigkeit, die die beiden Chemnitzer aus der weiten Welt mitbrachten. Wir sahen uns bei den Diavorträgen, mit denen Ilka und Torsten einem staunenden Publikum von ihren Reisen berichteten. Oder ich traf sie im Lauenhainer Camp an der Talsperre Kriebstein, wo die beiden ihre Erfahrungen weitergaben. Torsten hatte vor Jahren seinen Job als Zootechniker an den Nagel gehängt, und Ilka war nach ihrem Sportstudium ebenfalls umgeschwenkt. Kletterkurse, Kajaktouren und Schulferienlager organisieren, das war ihr Job. Und ihre ganz besondere Spezialität: Jene Überlebens-Trainingseinheiten, zu denen die beiden ihre „Eleven" ins deutsch-tschechische Grenzgebiet des Elbsandsteingebirges schleiften. Feuer machen ohne Zündholz oder Feuerzeug; schneller Notlagerbau; die Suche nach Wasser; Methoden, es mangels Bächen oder Flüssen auch dem grünen Blattwerk von Pflanzen zu entlocken und natürlich seine Entkeimung, um es genießbar zu machen. Für verhinderte Abenteurer oder Geschäftsleute, die unbekannten Kick suchen, standen Lehreinheiten auf dem Plan, die in der Zivilisation zwar keiner je brauchen wird, die aber überlebenswichtig sein können, wenn man das Abenteuer nicht nur sucht, sondern auch findet. Die ausgebuchten Sommermonate bescherten Ilka und Torsten meist so viele Stunden auf ihrem jährlichen Arbeitszeitkonto, dass sie während der Wintermonate problemlos zu Reisen aufbrechen konnten, von deren Dauer jeder normale Arbeitnehmer nur träumen kann. Außer unseren Treffen zum Plausch in ihrem Mittweidaer „Basiscamp" gab es dann Abschiedsszenen auf dem Chemnitzer Hauptbahnhof, wo ich den beiden bei ihren erneuten Aufbrüchen 2003 und 2004 wehmütig nachschaute und ihre Reiseroute für einen Bericht in meinen Stenoblock notierte. In unregelmäßigen Abständen kamen Mails von den jüngsten Erlebnissen aus Internetcafés. Davon gab es laut Torsten in den Metropolen Südamerikas wohl zehnmal so viele wie in europäischen Industrienationen, wo jeder den eigenen PC daheim nutzt. Nur Wochen, nachdem ich im Januar 2003 ihrem Zug nachgewinkt hatte, mailte Torsten am 13. Februar aus der bolivianischen Millionenstadt La Paz hoch oben im Hochland der Anden:

*Hola Freunde,*
*der Spruch „wo wir sind, gibt es Katastrophen" bekommt eine neue Dimension. Als wir um 7 Uhr in La Paz ankommen, ist alles wie immer. Die Stadt lebt. Sie gleicht einem Ameisenhaufen. Überall bunte Märkte und Indigenas. Wir laufen die 30 Minuten zum Hotel „Torino" und bekommen sogar unser Zimmer mit Blick auf die Kathedrale an der Plaza Murillo. Bis 10 Uhr schlafen oder dösen wir in unserem Zimmer. Ein paar Minuten später wird es auf der Plaza plötzlich laut, eine Demonstration kündigt sich an. Nichts Neues für La Paz. Als aber vor dem Präsidentenpalast die ersten Tränengas-Explosionen zu hören sind und das Gas bis in unser Zimmer strömt, werden auch wir etwas unruhig.*

[ In der Schusslinie ]

*Im Zimmer ist das Atmen nur noch mit Mundschutz möglich. Die Augen brennen und tränen. Wir beschließen, uns die Sache aus der Nähe anzusehen. Mit Ilka gehe ich zur nächsten Straßenecke. Urplötzlich gehen mehrere Salven scharfer Schüsse über unsere Köpfe hinweg. Wir rennen mit den Leuten Richtung Plaza San Francisco. Mittlerweile sind in der ganzen Stadt Explosionen zu hören. Wir tun erst mal so, als ob nichts wäre und laufen ins Touri-Viertel von La Paz. Und wirklich, ein paar Straßen weiter scheint es, als ob nichts wäre. Wir sprechen mit einem Bergführer, wollen am nächsten Tag zu unserem zweiten 6000er aufbrechen. Der Huyani Potosi soll es werden. Diesmal so richtig mit Seilschaft und Steigeisen. Während wir unsere Entscheidung bei einer Tasse Kaffee feiern (mehr ich als Ilka), braut sich in La Paz das Unheil zusammen. Wir sehen große Demonstrantengruppen. Mit Steinen und Stöcken bewaffnet, ziehen sie Richtung Präsidentenpalast an der Plaza Murillo. Auch wir wollen wissen, was los ist. Auf dem Weg in die Unterstadt schwant uns nichts Gutes. Viele Marktstände sind schon geschlossen, ganze Horden von Marktweibern rennen die schmalen Gassen hinauf. Wir rennen im Pulk mit. Wieder sind Schüsse und Explosionen zu hören. An einer Straßenecke weiter oben ist es etwas ruhiger. Auch gibt es einen Fernseher. Wir erfahren, dass die Polizei und so ziemlich die gesamte Bevölkerung gegen den Präsidenten und das Militär demonstriert. Es geht mal wieder um die zu entrichtende Steuer. Zwölf Prozent mehr fordert El Presidente. Die Live-Bilder im TV sind schrecklich. Das Militär schießt scharf in die Menge. Die Bilder der Kamera kommen vom Dach des Hauses direkt neben unserer Unterkunft. Vor unserem Hotel gibt es Tote. Sirenen jaulen, Krankenwagen bringen schwer Verletzte und Tote in die Notaufnahmen. Es wird zu Blutspenden aufgerufen. Langsam werden wir nervös. Wir gehen ins Touristenviertel zurück. Dort hat man vielleicht Verständnis für unsere Situation. Helfen kann man uns aber auch hier nicht. Unsere Unterkunft ist nur 50 Meter vom Palast entfernt und damit im Brennpunkt des Geschehens. Viele Häuser brennen bereits, Straßenblockaden werden errichtet. 18.30 Uhr starten wir einen Versuch, unser Hotel zu erreichen. Massen sind auf den Straßen unterwegs. Zum Glück interessieren sie sich nicht für uns. Wir sind nicht der Stein des Anstoßes. Vor unserer Haustür gibt es Blutlachen. Wir werden schnell eingelassen, eine schwere Eisentür wird hinter uns verbarrikadiert. Nun sind wir zwar bei unserem Gepäck, aber auch in der Mausefalle. Das Einzige, was bleibt, ist, die Nacht im Zimmer zu verbringen. Dabei haben wir ungewollt Ausblick auf schreckliche Szenen. Wenige Meter unter uns werden Banken, Geschäfte und Ministerien geplündert. Alles, was irgendwie brennt, wird auf der Straße verheizt. Als immer mehr Häuser und Barrikaden brennen, taucht eine Einheit Militärs auf. Sie besetzen die Straßenkreuzungen rund um die Plaza auch direkt unter uns. Es gibt viel Gebrüll. Auf jeden, der die Straße betritt, wird scharf geschossen. Wir verdunkeln unser Zimmer. Die Armee beschränkt sich auf den Schutz des Palastes. Das Geballer dauert die ganze Nacht an.*

*13. Februar 2003, 6 Uhr morgens. Ilka telefoniert mit unserem Bergführer. Entweder er holt uns ab, oder wir bleiben im „Torino". Tatsächlich erscheint 7 Uhr ein Pkw. Mit geduckten Köpfen fahren wir durch die Militärsperren, die in der Nacht errichtet worden sind. Auch den Soldaten steht die Angst ins Gesicht geschrieben. Wir fahren über Schleichwege nach El Alto hinauf. Auf 4000 Meter Höhe haben wir einen freien Blick über die Stadt. Dunkle Rauchwolken sind zu sehen. Den Donner der Explosionen hört man bis hier oben. In der ersten Streiknacht gab es 20 Tote und 70 schwer Verletzte. Wir lassen die Stadt hinter uns. Mit einem Jeep fahren wir zu unserem Berg. Im Basislager gibt es sogar eine kleine beheizte Hütte. Und via Radio leider noch mehr schlechte Neuigkeiten aus der Stadt. Das Militär rückt mit gepanzerten Fahrzeugen gegen die Demonstranten vor ... Beim Aufstieg zum Hochlager kreisen unsere Gedanken um die Geschehnisse in La Paz. PS: Uns geht es gut, wir sind gesund und munter!*

Unter dem Titel „Chemnitzer in der Schusslinie bolivianischer Militärs" wurden Auszüge aus Torstens Augenzeugenberichts in der „Freien Presse" veröffentlicht, zusammen mit den Fotos der brennenden Häuser im Regierungsviertel von La Paz, die die Nachrichtenagenturen über den „Schwarzen Februar" lieferten. So wird der Aufstand aus dem Februar

2003 heute in Bolivien bezeichnet. Ein Aufstand, der keine Seltenheit darstellt. In den 178 Jahren als Republik hatte Bolivien bis zum Jahr 2003 insgesamt 192 Regierungen gesehen. Viele davon waren nicht abgewählt, sondern aus dem Amt getrieben worden, was dem Präsidentenplast den Beinamen „Palacio Quemado", verbrannter Palast, einbrachte. Die Lebenserwartung bolivianischer Präsidenten lag nicht sehr hoch. Gualberto Villarroel allerdings gilt seit 1946 als letzter Präsident, den der Mob nicht nur aus dem Palast gescheucht, sondern ihn gleich davor auf der Plaza Murillo an einem Laternenpfahl aufgeknüpft hatte. Ein symbolträchtiger Akt, denn das gleiche Schicksal hatte über 130 Jahre zuvor schon den Taufpaten eben dieses Platzes ereilt. Der Führer der Revolutionsbewegung in La Paz, Don Pedro Domingo Murillo, war wegen seiner Unabhängigkeitsbestrebungen im Jahr 1810 von den Spaniern hingerichtet worden. Erst anderthalb Jahrzehnte später brachten die Befreiungskriege unter Simon Bolivar weiten Teilen Südamerikas die Unabhängigkeit. Mit ihr kam zwar die Befreiung von der Unterdrückung der Spanier, Frieden und Wohlstand dagegen brachte sie dem Gros der Bolivianer bis heute nicht.

# 3. Der Unterschied zwischen ganz nah und zu nah

Im Jahr 2004 wandelten Ilka und Torsten auf den Spuren Alexander von Humboldts. Ihr Ziel war der Fluss Casiquiare, den der Universalgelehrte im Jahr 1800 befahren hatte, um zu belegen, dass es eine Wasserverbindung zwischen Amazonas und Orinoko gab. Ein Satz am Ende der Mail, die mich am 4. Februar aus Santa Elena im Süden Venezuelas erreichte, sorgte für einen heftigen Hustenanfall. Der beim Lesen geschlürfte Kaffee hatte plötzlich den falschen Weg genommen. Aufgeregt sprang ich vom Stuhl und drehte, einem unerklärlichen Bewegungsdrang folgend, ein paar sinnlose Runden durch die Redaktionsräume. Dann las ich den Satz noch mal: „Könntest Du Dir vorstellen, mal einige Wochen mit uns durch den Urwald zu ziehen? Sag nicht gleich Neee, denk drüber nach", schlug Torsten vor. Neee? Von wegen: Nicht gleich Neee! Ich musste aufpassen, nicht gleich „Ja! Ja! Ja!" zu schreien. Denn so oft ich den beiden in meinen Träumen schon in unerforschte Gebiete gefolgt war, so fern war doch der Gedanke, diese Tagträumereien je in die Realität umzusetzen.

[ Der Unterschied zwischen ganz nah und zu nah ]

Edward Malone, jener junge Journalist, den Arthur Conan Doyle in seinem Roman zusammen mit Professor Challenger in die verlorene Welt schickt, um die unglaublichen Behauptungen des Wissenschaftlers zu überprüfen, war gerade 23 Jahre alt. Zwar verfügte dieser Romanheld über ebenso wenig Urwalderfahrung wie ich, doch war er immerhin aktiver Rugby-Threequarter. Seit meinem Rugby- und Rudertraining in Cambridge waren inzwischen fast 15 Jahre ins Land gegangen. Jahre, in denen mein Allerwertester die meisten Berührungspunkte mit einem Schwingsessel vor einem Computer gesammelt hatte. Meine sportliche Betätigung belief sich auf zwar die Konzentration, nicht aber die Fitness förderndes Bogenschießen. Und in einem Punkt machte ich mir nichts vor: Auch wenn Ilkas flapsige Kommentare und ihre pointierten Gags während der Diavorträge dazu verleiten mochten, in den Dschungel-Abenteuern der beiden nur einen Waldspaziergang in exotischer Umgebung zu sehen, so waren ihre Reisen dies natürlich nicht. Sie bargen Risiken und Unwägbarkeiten. Sie forderten Kraft und den Willen durchzuhalten. Ein Aussteigen mittendrin war nicht möglich – das war mir aus Torstens Erzählungen nur allzu klar. Dennoch hielt ich mit meiner Begeisterung nicht hinterm Berg. Zugleich meldete ich bei unserem ersten Treffen nach Torstens und Ilkas Rückkehr aber auch meine Zweifel an. Die allerdings ließ Torsten nicht gelten. „Klar packst du das", ermunterte er mich mit breitem Grinsen. „Wenn du ein paar Wochen auf eine Toilette verzichten kannst, ist sonst nichts weiter dabei. Du brauchst nur gute Wanderstiefel."

*Waldspaziergang in exotischer Umgebung: Das Terrain zwingt zurück auf alle Viere. „Nur nicht drüber nachdenken, wem das Loch gehört, in dem die Hand gerade steckt", rät Ilka.*

War der lausbübische Charme, mit dem Ilka und Torsten die Strapazen ihrer Touren herunterspielten, auch ungebrochen, in einer anderen Hinsicht hatte ihre letzte Reise die beiden sehr verändert. Das Geschehen, das sie als Mitreisende auf einem Einbaum-Hausboot auf dem Casiquiare erleben mussten, hatte bleibende Spuren hinterlassen. Ilkas Stimme zitterte auch Wochen später noch, als sie davon berichtete. Und Torstens Blicke sprühten vor Wut angesichts des sinnlosen Schlachtens, dessen Augenzeugen sie gleich zweimal geworden waren. Hautnah hatten sie miterleben müssen, wie ihre Begleiter einem just zuvor gewilderten Jaguar sein dollarträchtiges Fell über die Ohren zogen. Den blutüberströmten Leichnam des Tieres warfen sie in den Fluss. Als der König des Dschungels wie ein Stück achtlos weggeworfenen Mülls dahintrieb, als sein Blut das Wasser ringsum färbte, hatte es der sonst so besonnen kontrollierten Ilka Tränen der Trauer und Wut ins Gesicht getrieben. „Auch eine Riesenschildkröte, die der Kapitän als Haustier mit an Bord brachte, musste sterben. Aus schlichter menschlicher Dummheit", erboste sich Torsten. Die schockierenden Fotos, die er von den beiden Ereignissen gemacht hatte, wurden den „Freie-Presse"-Lesern zwar nicht zugemutet, doch der Bericht der beiden Globetrotter fand sich Tage später in der Zeitung wieder:

*Hautnah ist zu nah! Als die Wilderer dem Jaguar das Fell über die Ohren gezogen hatten, warfen sie den Leichnam wie ein Stück Müll in die Fluten. Ilka weinte in ohnmächtiger Wut.*

## Das gefährlichste Raubtier bleibt der Mensch
*Globetrotter von Südamerika-Buschtour wieder daheim*

Der Unterschied zwischen ganz nah und zu nah ist hauchdünn. Und er ist schmerzhaft. Noch vor zwei Jahren berichtete Ilka Sohr begeistert von ihrer ersten Begegnung mit jenem Jaguar, der plötzlich schwimmend vor dem Bug des selbst gezimmerten Balsaholzfloßes kreuzte und dann majestätisch im Uferdickicht des bolivianischen Madidi-Nationalparks verschwand. Nicht ohne zuvor noch einen neugierigen Blick zurück auf die noch nie gesehenen Zweibeiner zu werfen, die da auf schwimmenden Holzstämmen den Fluss hinuntertrieben. Beim nur wenige Wochen zurückliegenden zweiten Treffen mit einer solchen Raubkatze jedoch verflog die Begeisterung der Chemnitzer Globetrotterin. Da gab es nur noch Schmerz. Der Augenzeugenbericht von Ilkas Freund Torsten Roder liest sich so: „Als wir angelegt haben, fahren die beiden Jäger wieder los. Wir hören immer wieder das Wort Tigre (Jaguar) und können es eigentlich nicht glauben, was sie aufgeregt erzählen. Sollten die Beiden wirklich einen Jaguar erschossen haben? Kurz darauf fallen drei Schüsse. Als sie

*Petri Dank! Piranhas bis zum Abwinken. Nicht nur der Mensch macht den kleinen Jäger zum Gejagten. Er wird auch von Kaimanen vernascht.*

zurückkehren, sind wir bestürzt, sprachlos, ohnmächtig vor Wut. Neben dem Einbaum treibt, wie ein nasser Sack, ein ausgewachsenes Jaguarmännchen. Das Tier wird an Land gezerrt und von allen bewundert und bestaunt. Ich soll Heldenfotos schießen. Ilka sitzt etwas abseits und kämpft bestürzt und erfolglos mit den Tränen. Diese elenden Dummköpfe. Nur wegen des Fells und der vier großen Reißzähne musste der Jaguar sterben ... Während der Fahrt zieht man ihm das Fell ab und wirft den nackten Körper anschließend wie ein Stück Dreck in den Fluss. Der Kopf wird am Abend am Lagerfeuer gekocht. So kann man am Morgen die Fangzähne lösen, ohne sie zu zerbrechen."

*Selbst Krokos machen Jägern auf zwei Beinen Platz*

Der Zorn ist den beiden erst in der vergangenen Woche von ihrer jüngsten Südamerika-Tour zurückgekehrten Globetrottern noch immer anzumerken, wenn sie über das Erlebnis sprechen. Das gefährlichste Raubtier bleibt der Mensch. Für diese Erkenntnis bedurfte es noch nicht einmal des abschließenden Abstechers der knapp dreimonatigen Reise, jener zweieinhalb Wochen im Land der Drogenbarone, Kolumbien, in deren Metropole Bogotá „jeder davon erzählt, schon mindestens einmal überfallen worden zu sein", schildert Torsten. Nein, auch auf der vorangegangenen 800-Kilometer-Tour, die die Chemnitzer mit einer venezoelanischen „Spediteurs"-Familie in deren zwei einbaumartigen Booten auf dem Rio Negro und dem Rio Casiquiare zwischen Orinoko und Amazonas unternahmen, wurde das ganz klar. Selbst die Krokodile machten Platz. Krokodile, auf die die zweibeinigen Jäger ihren Einbaum geradewegs zusteuerten, weil eine Indianerweisheit besagt, dass Krokodile immer da lauern, wo Fische sind.

*Wenn der Piranha nicht nagt, sondern benagt wird*

Beim Angeln habe er auf der dreiwöchigen Bootstour sogar selbst zur Ernährung der Mannschaft beitragen können. „Inzwischen kann ich Piranhas selbst vom Haken lösen. Du lässt sie in ein Holzstück beißen, in dem ihre Zähne stecken

# Der Unterschied zwischen ganz nah und zu nah

bleiben. Dann ziehst du den Haken raus", berichtet Torsten und zeigt den fünf Zentimeter langen Angelhaken mit dem markanten Metalldraht zwischen Öse und Angelschnur. „Damit die nicht die Kunststoffschnur durchbeißen", erklärt er. „Natürlich gibt es im Urwald Gefahren, aber am meisten passiert da, wo viele Menschen sind." Wie etwa in der Goldgräberstadt Yagua, die die Chemnitzer auf ihrer Bootstour passierten, wo ein Leben den Erzählungen nach billig ist, weil so viele schräge Typen im Wettstreit nach ihrem glänzenden Glück schürfen. Oder eben einfach auf dem Boot, „auf dem aus Dummheit auch eine uralte, esstischgroße Schildkröte sterben musste", berichtet Torsten. „Der Kapitän hatte sie von jemandem gekauft. Aber die strampelte mit ihren kräftigen Beinen so sehr, dass man sie gefesselt auf den Rücken legte. In dieser Stellung kippte ihr nachts der Kopf aus dem Panzer und hing über Bord ins Wasser. Die ist einfach ersoffen", schildert Torsten. Zumindest folgte dem Unfalltod eine Komplettverwertung: in Form von 30 Kilo Schildkrötenfleisch als Reiseproviant für die nächsten Tage. Die nach Naturschutzgesetzen strikt verbotene Kost lieferte Abwechslung zu den Capibaras (eine Art Riesenmeerschwein, von denen auch der Chemnitzer Tierpark einige Exemplare hält), den Lappas, einer Art wohlschmeckender Wasserratte, oder dem Maniok-Brot, das aus Pflanzenwurzeln gewonnen wird.

*Wenn der Piranha nicht nagt, sondern benagt wird! Bis auf die Gräten schmeckt Piranha prima, beim Ablösen vom Angelhaken ist indes Vorsicht geboten. Das mag er nicht.*

„Über die Hygiene beim Essen darf man nicht nachdenken", sagt Ilka. Wasser zur Essenszubereitung oder zum Trinken wird aus dem Fluss geschöpft. Aus dem gleichen Fluss, in den die komplette Besatzung der Boote allmorgendlich ihre kleine und große Notdurft verrichtete. „Trotzdem haben wir diesmal alles ohne Dünnpfiff überstanden", grinst Torsten. Angesichts der inzwischen gewohnten Hygienestandards im südamerikanischen Busch schlug der Weltenbummler die Hände über dem Kopf zusammen, als er auf der Zulassungsstelle das Auto wieder anmelden wollte. „Ich stand in der Schlange, und als ich endlich dran war, sagte die Frau zu mir: Daran mache ich mir nicht die Finger schmutzig. Machen Sie erst mal das Nummernschild sauber." Geduldig reihte sich Torsten nach Abwischen des Drecks erneut in die Schlange ein. Nur eines Gedankens konnte er sich nicht erwehren: Wo sind wir jetzt nur wieder hingeraten."

In den folgenden Monaten wurden zwei Dinge klar: Zum einen, dass Ilka und Torsten durch das Wilderer-Erlebnis ein Stück ihrer Unbedarftheit dauerhaft verloren hatten, zum anderen, dass ihre Idee, mich mitzunehmen, nicht allein aus einer schnell bereuten Bierlaune heraus geboren war. Ihre Wut über die Wilderei trieb die beiden an, sich künftig nicht nur bei ihren Reisen an den Wundern der Natur zu erfreuen, sondern im Rahmen ihrer Möglichkeiten etwas für deren Schutz zu tun. Erste Ideen nahmen in Form eines Posters Gestalt an, mit eben jenen Schockerfotos der hingemetzelten Tiere. Mit dem spanischem Aufdruck „Sin Jaguar, sin tortuga, ni turistas, ni trabajo" (ohne Jaguar, ohne Schildkröte, keine Touristen, keine Arbeit) wollten die beiden die Plakate bei ihren folgenden Reisen mitnehmen und wo immer auch möglich aufhängen. „Es ist natürlich schwer, Leuten dort zu vermitteln, dass ein lebender Jaguar auf Dauer mehr wert ist als ein toter", räumte Ilka ein. „Vor allem, wenn der schnelle Dollar lockt, aber es ist zumindest ein Versuch. Und es gibt ein Pfund, mit dem wir wuchern können. Die Südamerikaner lieben Poster über alles." Zugleich zeigten Ilka und Torsten die Bilder auch bei ihren Vorträgen der folgenden Dia-Saison in Deutschland. Die Nahaufnahmen des blutüberströmten Jaguarkopfes und des ausgehöhlten Panzers der Schildkröte verfehlten ihre Wirkung nicht. Bei der Premiere eines neu zusammengestellten Dia-Vortrags, den die beiden im Chemnitzer Kommunikationszentrum „Arthur" erstmals zeigten, sorgten die Aufnahmen für betretenes Schweigen. Teils gespannt, teils herzhaft über Ilkas Anekdoten lachend, war das Publikum im rappelvollen Saal zuvor den beiden Globetrottern anhand ihrer Bilder bei Reisen über mehrere Kontinente gefolgt. Bei den anschließend gezeigten Tierkadavern herrschte Totenstille.

Doch wollten es Torsten und Ilka nicht allein bei Schocktherapie belassen, sie wollten mehr. Sie knüpften Kontakte zu Schulen der Region, um Kinder und Jugendliche für die Wunder des Regenwaldes zu begeistern. Sensibilisierung als Kampf gegen den Raubbau an der Natur. Das allerdings mit Information, nicht mit Gefühlsduselei. „Es kann nicht darum gehen, die Jagd als solche zu verteufeln", erklärte Ilka. Immerhin gehört die Jagd bei den meisten noch heute urtümlich lebenden Indianern zur ureigensten Lebensform. Und die Jagd, bei der der einheimische Jäger dem Wald nur das abringt, was er zum Leben braucht, bei der er alle Teile seiner Beute verwertet, ist schließlich nicht das Problem. Sogar von Nationalparkbehörden wird diese Art des Lebens mit und von der Natur toleriert. Problematisch ist jedoch alles, was die Grenze zum großen Geschäft überschreitet: die Trophäenjagd für schnelles Geld, der immer wieder welt-

*Armen Handlangern im Urwald beschert die Holzzerstörung nur ein karges Zubrot, den Gewinn aus dem Verkauf wertvoller Hölzer streichen skrupellose Zwischenhändler ein.*

weit unter Schutz stehende Tiere zum Opfer fallen, die exzessive Brandrodung, die jährlich Regenwaldgebiete der Größe Nordrhein-Westfalens zu Plantagen macht, und jenes illegale Fällen über Jahrzehnte gewachsener Baumriesen wie Mahagoni. Ihr wertvolles Edelholz beschert armen Handlangern vor Ort meist nur einen kargen Hungerlohn, skrupellosen Zwischenhändlern dagegen Riesengewinne. Diesem Raubbau wollten die zwei Chemnitzer jetzt den Kampf ansagen. Nicht mit spektakulären Aktionen, wie es große Organisationen wie Greenpeace vermögen. Die spüren mitunter illegal geschlagene Holzbestände auf und markieren sie, um sie für eine Vermarktung unbrauchbar zu machen. Nein, aufgrund ihrer begrenzten Mittel wollten Torsten und Ilka mit kleinen Schritten etwas bewirken. Bei der nächsten Reise sollten Termine mit Hilfsorganisationen vor Ort Aufschluss darüber geben, wo und wie auch mit kleinen, aber regelmäßigen Geldbeträgen Hilfe geleistet werden könnte.

# 4. Trockentraining im kalten Wasser

Nicht nur mit ihrem Regenwald-Engagement, auch mit mir machten Ilka und Torsten ernst. Natürlich hatten sie, unabhängig von Torstens aufmunternden Worten, meine Grenzen genau so vor Augen wie ich selbst. Wirf ihn ins kalte Wasser, und er wird schwimmen! Im Urwald, fernab nicht nur der Zivilisation, sondern jeglicher menschlicher Besiedelung, war es nicht so günstig, auf solche Volksweisheiten zu bauen, ohne sie vorher zu testen: Schwimmen konnte ich längst, doch gehörte das auch nicht zum Lernpensum, als mich Torsten und Ilka über Ostern 2004 ins kalte Wasser warfen. In eiskaltes Wasser, um genau zu sein, in dem sich aber zumindest keine Piranhas oder Kaimane tummelten. Das feuchte Trockentraining, das die beiden für mich auserkoren hatten, sollte an der Elbe stattfinden, konkret in der Sächsischen Schweiz, zusammen mit sieben weiteren Überlebens-Schülern. Als Härtetest hatten sie einen ihrer Survivalkurse ausgewählt. Und nicht nur irgendeinen, nein, der viertägige „Survival-Intensivkurs" sollte es sein, samt Anleitung zum Schlachten, Klettern am blanken Seil und 24-Stunden-Orientierungsmarsch mit Vollgepäck. Mit flauem Gefühl im Magen setzte ich mich am Gründonnerstag in meinen Suzuki-Jeep, das Lauenhainer Camp als Ziel. Von dort wollten wir am nächsten Morgen ins Trainingsabenteuer starten. Würde ich den Test bestehen? Die frotzelnden Kommentare von Bekannten und Verwandten hatte ich noch im Ohr: „Was ist denn das für ein Selbsterfahrungstrip? Viel Spaß beim Würmer-Essen! Orientierungsmarsch? Glaubst du wirklich, dass du das schaffst?" Doch war es wohl gerade jener Spott, der ansportne. Das allerdings nur, weil es einen gab, der mir mehr vertraute als ich selbst. „Klar schaffst du das, Papa!", hatte Till versichert und dabei gestrahlt wie Bob, der Baumeister, der Heppo, seinen ängstlichen Kran, mitreißen muss. Der Blick unerschütterlicher Zuversicht, den mein fünfjähriger Sohn mir schenkte, wischte alle Zweifel weg: Jo, wir schaffen das!
Und dann gab es als Belohnung auch noch jenes Ziel, das so fern war, und doch auf einmal so nah schien. In meinen Träumen schließlich mündete die Elbe in den Amazonas. Der Wille war da, den Weg würden wir schon finden. In der „Freien Presse" berichtete ich später über diese etwas absonderliche Art, ein verlängertes Wochenende totzuschlagen:

## „Würmer essen könnt ihr allein"

Der Hunger ist stärker als die Scheu. Mit einem Rascheln kehrt die Natur zurück, im Schutz der Dunkelheit. Vom sachten Geknister des Feuers hebt sich das Geräusch kaum ab, doch es kommt von hinten. Von der Stelle, wo Stunden zuvor Forellen in der flugs ausgehobenen Räuchergrube garten. „Schh! Die Lampe." Das Gemurmel am Feuer erstirbt. Der Lichtkegel wandert über Blätter, Baumstämme, dann treffen sich ihre Blicke. Die der zehn Zivilisationsflüchtlinge mit denen aus zwei rot aufblitzenden Augen. Die spitzen Ohren machen die Silhouette unverkennbar. Wie angewurzelt steht der Waldbewohner da und starrt die aufgeschreckten Eindringlinge an. Dann huscht er ins Unterholz. Alle paar Meter blitzen die Augen auf, wenn er sich vergewissert, dass niemand ihm folgt.

Auf Wölfe muss man im Elbsandsteingebirge zwar noch vergeblich warten. Doch selbst die Nähe ihres kleinen Bruders versetzt die Abenteuersucher in Staunen. Ein Fuchs, der sich bis auf acht Meter an Feuer und Stimmengemurmel heranwagt, ist der erste Beweis, dass es klappt. Dies ist kein Waldspaziergang, es sind erste Schritte zurück zur Natur, Tuchfühlung inklusive. Im Jargon der Reiseveranstalter heißt das „Survival-Kurs intensiv".

*Beruhigende Streicheleinheit vor blitzartigem Tod*

Wer sich aufs viertägige Überlebens-Training einlässt? Da gibt es den Förster Ralf (40) aus Thüringen, der sich in der Freizeit mit der Kultur der Arapahoe-Indianer beschäftigt und dem seine Frau den Kurs schenkte, weil auch Abseilen am Fels auf dem Plan steht. Er will seine Höhenangst in den Griff kriegen. Da ist Torsten (40), Ergotherapeut und in der Freizeit auf den Spuren der „Cheyenne" unterwegs. Deren urtümlichem Leben glaubt er hier im Wald näher zu kommen. Patrick (28) aus Eisenach bricht bei Trekkingreisen aus seinem Maschinistenleben aus und will jetzt an seine Grenzen gehen. Britt (36) aus Chemnitz verließ ihren Bürostuhl, um zu sehen, ob sie in freier Natur ebenso ihre Frau steht. Stefan aus Leipzig (46) arbeitet als IT-Architekt und krempelt gerade sein Leben um. Judith und Sigurd (beide 20), ein Pärchen aus Baden-Württemberg, er Förster-Azubi, sie Mitarbeiterin im Zoo, suchen die Herausforderung. Und es gibt Jens (37), der von einer Reise in den Dschungel träumt, aber zweifelt, ob er fit genug ist. Also zunächst „Natur pur" in der sächsischen Schweiz. Ilka und Torsten verdienen sich mit verlängerten Wochenenden wie diesen ihr Geld. Ihr Job: Survival-Trainer. Zur Saisonpause im Winter bilden sie sich dafür fort, im Urlaub, den sie fernab der Zivilisation im Urwald Südamerikas verbringen. Die Machete in der Hand, mit höchstens einem indianischen Führer an der Seite. Ihre Erlebnisse im Dschungel, wo nachts aufblitzende Augen nicht Füchsen, sondern Kaimanen gehören – aus diesem Stoff sind in dieser Nacht die Geschichten am Feuer.

Über dessen Flammen köchelte kurz zuvor der erste Test fürs Gemüt. Jenes Kaninchen, das in einer Kiste im Begleitbus seine letzte Reise antrat. Unautorisiertes Jagen ist schließlich in Deutschland verboten. Ihr „Ach, ist der putzig" bleibt den Teilnehmern im Hals stecken, als Torsten das Tier beruhigend streichelt: „Schon gut, hast es gleich geschafft." Schlachten steht auch auf dem Kursprogramm. Es wird vermieden, jegliche Bindung zu dem Tier aufzubauen. Wer Zeuge werden will, wie Torstens gezielter Knüppelhieb das Kaninchen sekundenschnell tötet, geht mit um die Ecke des Felsens, unter dessen Vorsprüngen Schlafsäcke und Iso-Matten ausgerollt wurden. Die meisten bleiben am Feuer und warten aufs Kommando zum gemeinsamen Ausnehmen. Bürofrau Britt plante beim Lagerbau noch eine Befreiungsaktion.

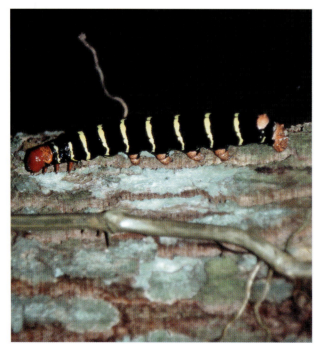

*„Würmer essen könnt ihr allein", kommentiert Ilka, doch im Urwald sollte man wissen, welche Larven man isst. Was in Signalfarben leuchtet, steht im Verdacht, giftig zu sein.*

Doch die hätte den Tod des Kaninchens in der Wildnis nur um Stunden verzögert. Stattdessen schlägt sich Britt heute auf Judiths Seite. Die ist eingefleischte Vegetarierin. Die anderen lassen sich den gekochten „Hasen" schmecken. Im Gemüsesud sieht er nicht anders aus als daheim in der Pfanne, wo ihm der Fleischer das Fell schon über die Ohren zog und ihn verbrauchergerecht portionierte. In freier Wildbahn muss man beides selbst erledigen, will man nicht nur von Wurzeln oder Würmern leben. „Würmer essen könnt ihr allein, dazu braucht ihr uns nicht", kommentiert Ilka den Spott, den sich einige Teilnehmer vorm Aufbruch anhören mussten. Nein, es geht nicht um Mutproben für den Magen, sondern um das Erlernen von Fertigkeiten, die in der Zivilisation zwar keiner je brauchen wird, die aber lebenswichtig sein könnten, wenn man das Abenteuer nicht nur sucht, sondern auch findet.

Von Ilka erfahren die Survival-Eleven, welche Pflanzen selbst in der Wüste Wasser spenden und wie eine Kondensationsgrube frisches Laub seiner Flüssigkeit beraubt. Plätschert ein Bach vorbei, ist Wissen gefragt. Sind genug unter Steinen klebende Köcher von Fliegenlarven oder Bachflohkrebse zu finden, kann man bedenkenlos daraus schlürfen. Zweite Lektion: Feuer machen mit Magnesiumblock und Feuerstein oder per Brennglas. Zur Not setzt sogar eine kurzgeschlossene Taschenlampenbatterie Birkenrindenstreifen oder Baumharzbrösel in Brand. Ein paar Funken aufs Zundermaterial, und durch die aus Reisig geschichtete Pyramide züngeln Flammen.

*Als Gurt zum Abseilen tut's im Notfall auch eine Jeans*

Am zweiten Tag ruft der Pfaffenstein. Während Ilkas kleiner Kletterknotenkunde sichert Torsten die Seile am Fels. Ralf, der höhenängstliche Förster, beobachtet skeptisch die tastenden Griffe der ersten Kletterer. Dann schlingt er sich das Sicherungsseil in den Karabinerhaken. Behände erklimmt er den Fels, selbst den Blick zurück fürs Foto hält er tapfer durch. Auf dem Weg hinab baumelt Ralf im straffen Seil, verlässt sich voll aufs Material. Nur seine Haltung gefällt Torsten nicht. „Füße an die Wand, Hintern raus, stell dir vor, du musst mal und darfst nicht den Fels treffen", ruft er von oben. Mit dem Hochleistungsmaterial schaffen alle Aufstieg und Abseilen. Ilka grinst und beschreibt, wie man sich zur Not aus einer Jeans einen Brustgurt bastelt. Schließlich ist das ein „Survival-", kein Kletterkurs. „Oder man seilt sich im Dülfersitz ab", sagt Ilka. Diese alte Bergsteigertechnik, bei der man das blanke Seil ohne Gurt um den Körper windet, während man sich herablässt, probieren auch noch alle aus. „Heiß am Hintern", kommentiert Patrick unten. Die anderen nicken. Sie wissen genau, was er meint. Lässt man das Seil zu schnell kommen, wird schmerzhaft klar, dass Reibung Wärme erzeugt.

Am Abend konfrontiert Torsten seine Schüler mit der Willenskraft, die Survival-Papst Rüdiger Nehberg in den 80ern bewies. Er durchwanderte Deutschland von Hamburg nach Oberstdorf: rund 900 Kilometer in 30 Tagen. In der ersten Woche stapfte er täglich 50 Kilometer. Also die Strecke, die es am nächsten Tag zu bewältigen gilt, wenn man beim 24-Stunden-Orientierungsmarsch die legale Route wählt. Über die grüne Grenze im Nationalpark lassen sich rund 14 Kilometer abkürzen. Die beiden Teams sind auf sich allein gestellt, ohne Torsten und Ilka. Vom Fuß des Pfaffensteins nach Tschechien, wohin genau, weiß keiner. Das Ziel wird erst am Kontrollpunkt nach der ersten Etappe verraten. Schnitzeljagd für Erwachsene. Torstens Kommentar: „Durchfallquote 50 Prozent."

Tatendurstig, aber keineswegs siegesgewiss schultern die Teams am nächsten Morgen um 10 Uhr die Rucksäcke. Patrick und Britt marschieren mit den Waldläufern Ralf und Torsten, die Bürohengste Stefan und Jens mit Judith und Sigurd. Die ersten Instruktionen sind klar. Von Pfaffendorf zur Neumannmühle. Dort sind die Zielkoordinaten versteckt. Nach der Elbquerung über die Brücke in Bad Schandau wählen Judith, Sigurd, Stefan und Jens den Weg über den Flößersteig. Kraxelig zwar, dafür bietet er malerische Blicke. An schmalen Passagen hängen die Rucksäcke überm Steilhang, die Hände fest am Geländer im Fels. Beim kilometerlangen Berganstapfen durch den Nationalpark wählt jeder sein eigenes Tempo. Der Rucksack zerrt. Zehen und Fersen zwicken. Die Uhr tickt.

*Mufflonwidder einziger Zeuge bei Schritt über die grüne Grenze*

Die Karte mit dem Ziel haben Torsten und Ilka an der Neumannmühle auf einen Pfahl gepinnt: Jetrochovice, ein tschechisches Örtchen jenseits des Nationalparks. Der kürzeste Weg führt über einen still gelegten Grenzübergang. Einhelliges Nicken. Kurze Rast, dann geht es am Zeughaus und an den über 300 Meter hohen Thorwaldwänden vorbei ins Grenzgebiet. Spähende Blicke nach Uniformen, doch außer einem Mufflonwidder gibt es keine Zeugen des illegalen Grenzübertritts. Der Bock erhebt sich unwillig aus dem Gras, starrt die nahenden Zweibeiner an und verschwindet mit mächtigen Sprüngen ins Gebüsch.

Auf tschechischer Seite führt der Weg auf dem Bergkamm entlang, unter dessen felsigen Spitzen sich Spalten zum Schlafen auftun. Zeit zum Nachtlagerbau. Sigurd entflammt die aufgeklaubten Birkenrindenstreifen allein mit Funken des Feuersteins, Magnesiumspäne braucht er gar nicht. Nach Dosenkost vom Feuer schlüpfen alle in die Schlafsäcke, noch bevor die Sonne versinkt. Das Ziel ist zwar nah, doch ein Frühstart vor 7 Uhr soll letzte Eventualitäten ausschalten. Tut er auch.

Nach den letzten Kilometern erreicht das Team am nächsten Morgen die alte Mühle am Ortsrand von Jetrochovice - anderthalb Stunden vorm Zeitlimit. Es sind die Waldläufer, die zu spät eintrudeln. Nicht, weil irgendwer schlapp machte. „Wir haben uns verlaufen", räumt Ralf später ein. „Als wir an der Hickelhöhle in der Wand hingen, haben wir uns schon gedacht, dass was nicht stimmt." Mit Höhenangst in der Wand eines 300-Meter-Felsens? „Als es drauf ankam, hab' ich gar nicht dran gedacht", sagt Ralf grinsend.

Die letzte Fünf-Kilometer-Etappe folgt einem Flüsschen: mal links vom Strom, mal rechts, mal mittendrin - wegen beidseits aufragender Felsen. Der Hosen haben sich alle entledigt, die Wanderstiefel bleiben an. Das sieben Grad kalte Wasser lässt Müdigkeit und Erschöpfung keine Chance. Die bricht erst auf dem Boot durch, mit dem die Gruppe sich das letzte Stück durch die Klamm zum Zielort Hrensko gondeln lässt.

„Sie waren wandern?" fragt eine blonde deutsche Touristin mit Blick auf die durchgewalkte Kleidung. Ein „Hm" ist die Antwort. Müde Krieger sind maulfaul. Die Ellbogen auf die Beine, das Kinn in die Hände gestützt, senken die meisten den Blick ins Boot, wo ihre Stiefel neben den Stöckelschuhen der Dame triefen. „Wir wandern auch gern, schön in der Natur zu sein, nicht?" fragt die Frau. Diesmal heben drei den Blick, und ein Schmunzeln begleitet ihre Antwort – das Schmunzeln des „Überlebenden": „Hmm."

# 5. Dino-Legenden und Monster-Affen

Nach dem bestandenen Trockentraining waren die Reisevorbereitungen über den Rest des Jahres geprägt von Schnäppchenjagd nach Ausrüstungsgegenständen, von Lektüre und abendlichen Planungsrunden mit Ilka und Torsten. Mit seiner Frage zur Route bescherte mir Torsten zunächst Gewissensbisse. Wo ich denn hinwolle? Wie, wo ICH hinwolle? Dass es plötzlich so weit gehen sollte, dass ich den beiden Vorschriften über ihre Reiseroute machte, behagte mir gar nicht. Doch Torsten ließ nicht locker: Per Boot über den Orinoko oder den Casiquiare? Mit hinauf auf einen der venezolanischen Tafelberge? Oder durch den Madidi-Nationalpark, schlug er zur Auswahl vor.
Hätte sich diese Frage jemals gestellt, bevor ich Ilka und Torsten traf, meine Antwort wäre sicher anders ausgefallen. Die Tafelberge Venezuelas hatten mich fasziniert, seit ich vor 20 Jahren das erste Mal über sie gelesen hatte, in einer Geo-Reportage des Expeditionsreisenden Uwe George. Der hatte dort neben vielem anderen sogar eine neue Vogelspinnenart entdeckt: Samt Beinen esstellergroß und rot behaart war sie seiner Gruppe plötzlich mit einer erbeuteten

*Eine Insel über den Wolken, der Roraima, auf dem Arthur Conan Doyles Romanfigur Professor Challenger die letzten Dinos des Planeten sucht.*

Eidechse zwischen ihren Chelizeren ins Basiscamp gesprungen. Einen Namen kannte die Wissenschaft für das Tier noch nicht. Auf dem Foto zumindest war es der Riesenvogelspinne Theraphosa Leblondi nicht unähnlich, von der es ein lebendes Exemplar im Chemnitzer Naturkundemuseum zu bewundern gab. Kein Wunder, dass Hollywood später den Schockerstreifen „Arachnophobia" (Spinnenangst) auf diesen Felsplateaus beginnen ließ. Zu diesen Tafelbergen, den Tepuis, was in der Indianersprache so viel wie „Häuser der Götter" heißt, waren meine Tagträume seit meiner Jugend immer wieder entfleucht. Die Phantasie von den Reportagefotos ebenso beflügelt wie von den Legenden. Klar war ich daheim auf dem Sofa, das Buch in der Hand, auch der Expedition gefolgt, zu der Roman-Autor Conan Doyle seinen Professor Challenger auf das Plateau des Berges Roraima schickte, um in dieser „vergessenen Welt" die letzten überlebenden Dinosaurier des Planeten zu suchen.

*Die letzten weißen Flecken der Erdkarte sind grün. Ins Quellgebiet des Rio Madidi hatten Ilka und Torsten Jens' Fernweh gelenkt, da der Roraima inzwischen schon oft bestiegen wurde.*

Doch Ilkas und Torstens reale Berichte der vergangenen Jahre hatten meine Träume inzwischen auf andere Pfade gelenkt: in den dichten Dschungel Boliviens. Ins obere Madidi-Gebiet, das eingebettet zwischen den Ausläufern der Anden und dem schier unendlichen Tieflandregenwald liegt – allein der Madidi-Nationalpark ein Gebiet größer als Sachsen. Und dieses Gebiet stellte nach einem Bericht des renommierten Magazins „National Geographic" eine der artenreichsten Regionen der Erde dar. Tiere und Pflanzen, von denen viele der Wissenschaft noch gar nicht bekannt waren, in einem Urwaldbereich, von dem weite Teile zu den letzten weißen Flecken der Erdkarte gehörten. Keine Frage, wenn ich eine Wahl hatte, wollte ich dort hin. In diesem Wunsch bestärkte mich auch meine Lektüre der vergangenen Monate. Mit Erstaunen hatte ich festgestellt, dass der Forscher Percy Harrison Fawcett, auf dessen Reiseberichte ich bei Internetrecherchen zum Thema Madidi gestoßen war, Arthur Conan Doyle einst sogar das reale Vorbild für seine

Romanfigur Challenger geliefert hatte. Der britische Colonel hatte zu Beginn des 20. Jahrhunderts im Auftrag der bolivianischen Regierung Landvermessungen in den Grenzgebieten zu Peru und Brasilien vorgenommen und dabei Geschmack an Dschungelexpeditionen gefunden. Weitere Unternehmungen führten Fawcett aufs große Matto-Grosso-Plateau im tiefen Urwald Brasiliens. Seine Berichte darüber faszinierten Doyle so sehr, dass er die vergessene Welt ersann, die er allerdings von Brasilien nach Venezuela verpflanzte. Außerdem war Fawcett einer von lediglich drei Männern gewesen, die schriftliche Überlieferungen über Expeditionen ins Madidigebiet hinterlassen hatten. Außer ihm war da noch der Israeli Yossi Ghinsberg. Der war zusammen mit drei Gefährten in den, wenn auch dünn, so doch noch besiedelten Ostteil des späteren Nationalparks aufgebrochen. Dieser Dschungeltrip endete als Tragödie, da von den vier Kameraden nur zwei zurückkehrten. Die anderen beiden gelten bis heute als verschollen. Und da gab es noch den britischen Wissenschaftler Simon Chapman. Inspiriert von dem uralten Schwarzweißfoto eines mannsgroßen Affen, war der Brite offenbar der Kryptozoologie verfallen, jener Pseudowissenschaft, die sich mit rätselhaften Phänomenen wie Nessie, dem Yeti und dem amerikanischen Bigfoot befasst, oder eben mit dem „Monster des Madidi". So nannte Chapman den Bericht seiner Reise ins unerforschte Gebiet am Oberlauf dieses Flusses. Der Brite hatte zwei und zwei zusammengezählt.

Zum einen waren da historische Zeitungsberichte über zwei mannsgroße Affen, die zu Beginn des 20. Jahrhunderts eine Expedition überfallen hatten. Den einen Affen hatten die Forscher beim Angriff erschossen. Das Foto seines auf eine Holzkiste gepfropften Kadavers war der einzige Beweis, den sie aus dem Dschungel mit zurück brachten. Und dieses Foto spaltet die Wissenschaft bis heute. Einigen wenigen gilt das Bild des nach seinem Finder Francois De Loy benannten „Ameranthropoides loysi" als Beweis für ein fehlendes Puzzleteil der Evolution. Sie sehen darin den Beleg dafür, dass es auch in den Regenwäldern Südamerikas eine bislang unentdeckte Menschenaffenart gab oder gibt, wie den Gorilla in Afrika oder den Orang Utan in Ozeanien. Der weit größere Teil zeitgenössischer Wissenschaftler indes hielt das Tier schlicht für eine besonders groß geratene, noch unbekannte Klammeraffenart. Simon Chapman jedenfalls nahm

*Das Foto, das die Wissenschaft bis heute spaltet. Einigen gilt der Affe, der die Expeditionsgruppe Francois de Loys' angriff, als fehlendes Puzzleteil der Evolution.*

das Foto und die Berichte zum Anlass, auf die Suche nach diesem sagenumwobenen Tier zu gehen. Im Spanischen wird es als Mono Rey bezeichnet. Übersetzt heißt das so viel wie Königsaffe, also eine Art südamerikanischer King Kong. Dass der überlieferte Angriff auf die De-Loy-Expedition nicht im bolivianischen Dschungel, sondern im Grenzgebiet zwischen Kolumbien und Venezuela stattgefunden hatte, hielt Chapman nicht davon ab, den Madidi zum Zielgebiet seiner Suche zu machen. Immerhin existierten Lagerfeuergeschichten über den Mono Rey offenbar in vielen Teilen Südamerikas.

Und zum anderen gab es da noch einen Anhaltspunkt, aufgrund dessen Chapman sein Zielgebiet festlegte: einen Bericht eben jenes zuvor erwähnten Colonels Fawcett. In seinen Tagebuchaufzeichnungen hatte der Forscher einst von riesigen, „keinem bekannten Lebewesen" zuzuordnenden Fußspuren geschrieben. Und die hatte man am Madidi entdeckt. Chapmans Suche nach dem Mono Rey war zwar erfolglos geblieben, doch das störte mich nicht im Geringsten. Dino-Legenden und Monster-Affen ungeachtet, konzentrierte sich meine eigene Sehnsucht eher darauf, vielleicht einen der Wissenschaft sehr wohl bekannten Jaguar zu Gesicht zu bekommen, leibhaftig und in freier Wildbahn, wenn auch bevorzugterweise aus sicherer Entfernung. Oder eine jener bunt gemusterten Korallenschlangen. Das Jägerlatein würde nicht zum bestimmenden Faktor unserer eigenen Expedition werden. Was unbekannte Arten betraf, so hätte ich die als Laie ohnehin nicht als solche erkennen können. Die mysteriösen Geschichten mochten bei unserem Unterfangen lediglich eins liefern: Ein bisschen zusätzlichen Nervenkitzel, wenn es dessen überhaupt bedurfte.

Dass eine Expedition in gänzlich unbekannte Gefilde Gefahren barg, war mir klar. Dennoch runzelte ich die Stirn, als Torsten eines Abends beim Wein sagte: „Verstehe das nicht falsch, natürlich kommen wir wieder zurück, aber du solltest dir trotzdem Gedanken darüber machen, ein Testament aufzusetzen, nur für alle Fälle." Natürlich war mir der Gedanke auch schon mal durch den Kopf geschossen. Schließlich hatten mir die letzten Zeilen von Fawcetts Aufzeichnungen zu denken gegeben: „Du brauchst keine Angst zu haben, dass irgendetwas schief gehen könnte." Das hatte der Forscher 1925 an seine Frau geschrieben, bevor er zum zweiten Mal ins brasilianische Matto-Grosso-Gebiet aufbrach. Dort wollte er nach einer versunkenen Stadt suchen, die manche „El Dorado" nennen mögen, die Fawcett aber schlicht mit der Variablen „Z" bezeichnete. Von genau dieser Reise kehrte er nie zurück. Sein Verschwinden wurde bis heute nicht geklärt.

Auch im Madidi-Gebiet waren einige Expeditionsreisende spurlos verschwunden. Zum einen gab es da die zwei Reisegefährten des Israelis Yossi Ghinsberg, ein Schweizer namens Marcus und ein Österreicher mit Namen Karl. Nachdem das Floß der vier Dschungelabenteurer auf den Stromschnellen des Rio Tuichi tüchtig in Mitleidenschaft gezogen worden war, hatten diese beiden es wegen Marcus' körperlicher Erschöpfung vorgezogen, sich von Ghinsberg und dem vierten Reisegefährten, einem Amerikaner namens Kevin, zu trennen. Zu Fuß wollten sie einen Weg zurück in Richtung Asariamas finden, von wo sie gestartet waren. Sie wurden nie mehr gesehen.

Zum anderen gab es da noch einen Skandinavier namens Lars, der seit Mitte der 90er Jahre verschollen war, und zwar in dem Gebiet, das heute den Westteil des Nationalparks darstellte. Simon Chapman hatte den norwegischen Biologen, der bereits seit Jahren in Bolivien lebte, in seinem Reisebericht erwähnt. Angeblich hatte es im Madidi-Gebiet kaum jemanden gegeben, der sich besser im Dschungel auskannte als dieser Skandinavier. Zigmal war er durch die Wälder im Umfeld seines Wohnorts San José gestreift. Von einem der Streifzüge kehrte auch er nicht mehr zurück.

Solcher Lektüre zum Trotz hatte ich aber auch Torstens oft wiederholten Satz so sehr verinnerlicht, dass Gedanken an ein Scheitern nie lange auf mir lasteten: „Die Wahrscheinlichkeit in einer Großstadt von einem Auto überfahren zu werden, ist weit größer als im Dschungel mit einem Raubtier aneinanderzugeraten." Dass Torsten nun die verbleibenden Unwägbarkeiten unserer Reise und ihre eventuellen Konsequenzen so offen aussprach, brachte mich wieder einen Moment lang ins Grübeln. Ilka brach das Schweigen. Sie rollte mit den Augen: „Du schon wieder. Ich hab schließlich auch kein Testament. Lass uns lieber auf gutes Gelingen anstoßen", sagte sie und hielt ihr Weinglas hoch.

Die letzten Wochen vor der Abreise vergingen wie im Flug. Das Weihnachtsfest verbrachte ich mit meiner Freundin Rina und ihren Eltern in Schneeberg. Meine Söhne Philipp und Till waren zum Fest mit ihrer Mutter zu deren Eltern gefahren, so dass meine Bescherung für sie erst nach Weihnachten folgte. Neben größeren Geschenken bekamen beide auch noch ein jeweils identisches Messingglöckchen. Ein drittes baumelte samt Rettungstrillerpfeife und Rinas Ring schon an einem Stück Reepschnur um meinen Hals. Rina besaß ein viertes Glöckchen. Wir vereinbarten, damit zu läuten, wenn wir aneinander dachten, uns sorgten oder die Sehnsucht einfach mal zu groß zu werden drohte.

Zur Silvesterparty im Erzgebirge forderten Freunde mich auf, mich am Buffet noch mal richtig durchzufuttern. „Wer weiß, wann du wieder was Richtiges zu essen siehst", scherzten sie. Und dann war er auch schon da, der Abschied auf dem Flughafen Tegel. Der weinrote Nylonsack, als Transportschutz um den Rucksack gespannt, glitt auf dem Gepäckband außer Sicht. Minuten später winkte Rina uns mit sorgenvoller Miene nach, während wir durch die Passkontrolle drängten. Meine Gefühle fuhren Achterbahn. Reisefieber rang mit Sehnsucht. Als der Schub der Triebwerke mich in die Rückenlehne des Sitzes presste, die Maschine Kurs auf unserem ersten Zwischenstopp Madrid nahm, rieb ich mir die Augen. Meine Hand stahl sich zu dem kleinen Glöckchen an der Schnur um meinen Hals. Sacht schüttelte ich daran. Um mich abzulenken, zog ich aus meiner Armeetasche den Lonely-Planet-Reiseführer über Bolivien hervor, den mir Rina zum Geburtstag geschenkt hatte. Doch zum Blättern kam ich nicht, gleich an der Widmung auf Seite eins blieb ich hängen. In blauem Kugelschreiber stand sie da. „Nur wer es riskiert, zu weit zu gehen, kann möglicherweise herausfinden, wie weit man gehen kann. T.S. Eliot - Genieße die Freiheit, so weit zu gehen, wie Du willst. Ich bin bei Dir." Den grau-dämmrigen Morgenhimmel über Berlin verließ ich mit einem Lächeln.

# 6. Flüche und Gebete

Die Katastrophe auf dem Flughafen in La Paz war privater Natur und angesichts der Unbill, die Ilka und Torsten in Jahren zuvor in der Neuen Welt durchgemacht hatten, eher nebensächlich. Das allerdings war ein schwacher Trost, als ich zur x-ten Runde ums Gepäckband ansetzte und vergeblich nach meinem Rucksack spähte. Nichts zu machen. Futsch. Schon beim Zwischenstopp in Lima war er nicht auf dem Band gewesen, was mich da allerdings noch nicht beunruhigt hatte. Schließlich hatten wir das Gepäck in Berlin nonstop bis La Paz eingecheckt und in Lima nur zur Vorsicht einen Blick aufs Band geworfen. Dass dort nur Ilkas und Torstens Rucksäcke Runden drehten, konnte nur eins heißen. Meiner war der einzige, den man korrekt weiter verladen hatte. Pustekuchen! Als meine Blicke auch in der Wartehalle in La Paz vergeblich übers Band schweiften, wurde klar: Der Rucksack war weg, verschollen irgendwo zwischen Berlin und Lima. Und mit ihm die Ausrüstung, die Reiseapotheke samt Malariatabletten und 30 Diafilme. Nur meine alte Minolta X 700 baumelte sicher samt Objektiven in der Armeetasche auf meiner Hüfte. Ich verfluchte Iberia, ein Fluch, dem in den folgenden Wochen noch viele folgen sollten. Aufmunternd klopfte mir Ilka auf die Schulter: „Wir haben doch noch ein paar Tage. Wenn dein Gepäck danach immer noch nicht da ist, dann wird es halt echter Survival." Um es vorweg zu nehmen: Es wurde echter Survival.
In den nächsten Tagen tat La Paz alles, um meine Laune aufzuheitern. Strahlend blauer Himmel, das Gewimmel in

# [ Flüche und Gebete ]

*An jeder Straße sitzen in La Paz Hochland-Indianerinnen in bunten Gewändern und bieten von Gemüse und Obst über Duschbad bis zu vermeintlich luxuriösem Tand nahezu alles feil.*

den Straßen geprägt von freundlich lächelnden Gesichtern. Sogar bei vielen der alten Hochland-Indianerinnen, die mit ihren bunten Röcken an jeder Ecke saßen und von Gemüse bis hin zu Luxus-Tand wie Plastikschmuckschalen fürs Handy regelrecht alles feilboten. Und dieses Lächeln auf den faltenzerfurchten Gesichtern wollte schon etwas heißen, denn zumeist zeigen die Indigenas unter ihren Melonenhüten selbst bei Verkaufsgesprächen kaum eine Gefühlsregung. Kurzum, La Paz zeigte sich von seiner besten Seite, als wolle es einem Neuling gegenüber seinem Namen alle Ehre machen. Dass das in der „Stadt unserer Dame des Friedens", wie der volle Name der Andenmetropole übersetzt lautet, längst nicht immer der Fall war, darauf deuteten nur die Einschusslöcher hin. Noch immer klafften sie als stumme Zeugen des „Schwarzen Februars" in vielen Fassaden des Regierungsviertels.

Baute das freundliche Gewimmel auf, so brachte mich die aufgesetzte Freundlichkeit am Telefon auf die Palme. „All lines are busy at the moment, please stay on line", säuselte mir die Stimme vom Band ins Ohr, während der Gebührenzähler tickte: „Im Moment sind alle Leitungen besetzt, bitte bleiben Sie dran." Nach unzähligen Telefonaten mit „Elisabeth", „Michael" oder „Judith" im Iberia-Gepäck-Callcenter konnte ich den Spruch in der Warteschleife beten. Drei Flüche auf Iberia. Doch Flüche oder Gebete, es half nichts, der Rucksack blieb verschollen.

Nach drei Tagen Hoffen und Warten bereiteten Ilka und Torsten mich schonend darauf vor, dass wir ohne mein Gepäck weiter mussten, wegen des Zeitplans. Immerhin stand nicht fest, wie viel Zeit die Abfahrt ins Tiefland in Anspruch nehmen würde. Es war schon wieder von Generalstreik die Rede. Und die erste Strecke nach La Paz, die im Zuge solcher Streiks meist von Aufständischen blockiert wurde, war eben jene Passstraße, auf der unser Weg aus dem Andenhochland ins Amazonasbecken führte. Gepäck hin, Gepäck her, der Regenwald lockte. Ihn wollte ich mir nicht entgehen lassen. Alles andere war entbehrlich, wenn es sich auch auf den Straßenmärkten von La Paz und beim begrenzten Reisebudget nur notdürftig ersetzen ließ. Immerhin erstand ich einen neuen Rucksack, der sogar über gepolsterte Gurte verfügte und einen halbwegs strapazierfähigen Eindruck machte. Neue Taschenlampe, neue Filme, neue Trekkingsandalen. Schlafsack? Torsten winkte ab. „Brauchst Du nicht, unterm Moskitonetz im Busch tut es auch ein Bettlaken." Malaria-Tabletten? „Kannst du von uns haben, wir nehmen die sowieso nicht vorbeugend."

In einem Laden für Jagd- und Angelzubehör erstand Torsten ein Spule mit Nylonsehne, Belastbarkeit 45 Pfund, acht Angelhaken, die, was ihre Größe betraf, mit Haken aus der Fleischerei konkurrieren konnten, und noch mal acht Stücke dünnes Stahlseil, zwei Millimeter dick und aus einzelnen Drähten geflochten. „Die nennt man Vorfach, kommen zwischen Angelsehne und Haken", erklärte Torsten. Er zwirbelte die Stahlschnur zwischen den Fingern und grinste: „Die kriegt selbst ein Piranha nicht durch. Du musst nur vorsichtig sein, wenn du einen am Haken hast. Die meisten Leute werden gebissen, wenn sie einen Piranha vom Angelhaken ziehen wollen. Das mögen die gar nicht." Offenbar erriet Torsten die Gedanken hinter meinem skeptischen Blick. Verdammt, worauf ließ ich mich ein, und das freiwillig?

Er winkte ab. „Ansonsten sind Piranhas lange nicht so gefährlich, wie man ihnen nachsagt, zumindest nicht zur Regenzeit, wenn die Flüsse Nahrung im Überfluss bieten, und wenn du nicht gerade mit ner klaffenden Fleischwunde ins Wasser fällst, die sie in Fressrausch versetzt", sagte er und grinste.

Am Abend trafen wir Waldo, einen einheimischen Freund von Ilka und Torsten. Von seiner Statur her ähnelte er einem Bären, der sich für den Winterschlaf gut gewappnet hat. Unter seinem Gewicht knarrte der klapprige Kneipenstuhl bedenklich. Ilka und Torsten hatten Waldo auf einer früheren Tour kennen gelernt. Nur mit seiner Hilfe hatten sie es geschafft, während eines Streiks durch die von Bauern blockierten Andentäler wieder zurück nach La Paz zu gelangen, wenn auch zu spät, um ihr damals für den Rückflug gebuchtes Flugzeug noch zu erwischen. Waldos unbeherrschte Flüche hatten Ilka und Torsten danach auch ein wichtiges Schriftstück beschert. Erst die Bestätigung des Konsulats, dass die Andentäler durch Aufstände unpassierbar gewesen waren, hatte es ihnen ermöglicht, den verpassten Heimflug umzu-

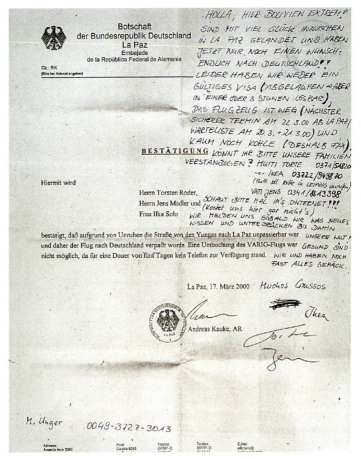

Nachdem Waldo im Umgang mit den Diplomaten undiplomatische Töne anschlug, bekamen Torsten und Ilka ein Konsulatsschreiben über die Unruhen in den Yungas.

buchen. Am Telefon hatte Waldo damals dem deutschen Konsul die Tücken der Passagen durch die Yungas klar gemacht, angesichts des anfänglichen Unverständnisses des Herrn am anderen Ende der Leitung in äußerst barschem Ton. Torsten hatte oft davon erzählt, wie verdutzt Waldo damals geguckt hatte, als Torsten ihm nach dem Telefonat erklärte, wen er da durch die Leitung gerade so ruppig angeschnauzt hatte. Immerhin, die beiden Chemnitzer bekamen vom Konsul ihr Schriftstück, das ihrem Arbeitgeber daheim die Erklärung lieferte, warum sie erst Tage nach ihrem geplanten Dienstantritt zur Arbeit erschienen.

Mit Waldos Hilfe wollten wir jetzt wieder in die Gegenrichtung durch die Täler hinab gen Amazonien. Torsten schwebte eine Abfahrt mit dem Mountainbike vor. Ob er so etwas organisieren könne, fragte er Waldo. „Si, claro", ja, natürlich, entgegnete der wortkarge Mann und nahm einen weiteren Schluck Bier. Torsten hatte sich diesmal gegen eine Fahrt mit dem Lkw und für die Touristen-Attraktion eines Fahrrad-Downhill-Abenteuers entschieden, obwohl es seine sonst streng befolgte Maxime brach. „Um ein Land kennen zu lernen, reise stets so, wie die Einheimischen es tun", pflegte Torsten zu betonen. Für den jetzigen Bruch dieser Regel gab es aber einen triftigen Grund. Von der schaukelnden Ladefläche eines Lastwagens aus ließen sich unmöglich so viele Fotos von der Landschaft schießen, wie es selbst bestimmte Pausen mit dem Rad erlauben würden. Dieses Argument überzeugte sogar Ilka, trotz ihrer Aversion gegen Mountainbikes.

Als ich am nächsten Nachmittag von meinem letzten vergeblichen Telefonat mit der spanischen Gepäckzentrale ins Café des Hotels „Torino" zurückkehrte, saßen Ilka und Torsten schon da. Ilka hämmerte an einem der Internet-Computer Mails an Freunde und Verwandte in die Tasten. Torsten und ich schlürften Kaffee. Während ich erneut auf Iberia fluchte, kramte Torsten in seiner Tasche, zog eine kleine Glasphiole mit schillerndem Inhalt heraus und reichte sie mir mit einem Schmunzeln. „Hier, haben wir dir mitgebracht." Neugierig inspizierte ich das Fläschchen. In einer durchsichtigen Flüssigkeit schwamm allerhand undefinierbares Zeug. Eine kleine Plastikfigur, die wie ein Engel aussah, konnte ich ausmachen und ein schillerndes Stück Leder, ansonsten waren es wohl Kräuter. „Wir waren auf dem Hexenmarkt und dachten, wir bringen dir einen Talisman mit, damit jetzt nichts mehr schief geht", sagte Torsten. Unwillkürlich musste auch ich schmunzeln. Zum Glück hatten die beiden keines der großen luftgetrockneten Lama-Föten ausgewählt, die an den Ständen vieler „Hexen" ihre Hälse aus den Regalen reckten. Angeblich mauern die Bolivianer sie beim Hausbau als Glücksbringer in die Wände mit ein. Sie sollen böse Geister vertreiben. Als Reisegenosse im Rucksack wäre ein lediger Lama-Leichnam allerdings wohl eher hinderlich gewesen. Da eignete sich das Fläschchen besser. „Danke schön, lieb von euch", grinste ich und ließ die Phiole in meine Armeetasche gleiten. Insgeheim fragte ich mich allerdings, ob ich das gläserne Gefäß wohl heil durch den Dschungel brächte. Lieber kein Risiko eingehen! Also wickelte ich die Flasche behutsam in das neu erstandene Handtuch ein, als ich es am nächsten Morgen nach dem Duschen im Rucksack verstaute. Sicher war sicher. Was würden die guten Geister sagen, wenn ihre Opfergaben im voll gestopften Rucksack einfach zerquetscht würden?

*Zum Glück brachten Torsten und Ilka vom Hexenmarkt keinen der getrockneten Lamaföten mit, die die Bolivianer angeblich als Glücksbringer in ihre Häuser mit einmauern.*

# 7. Auf der Straße des Todes

Nichts ist unmöglich! Fahrer, Beifahrer und neun Passagiere, zu elft zwängten wir uns in den Toyota Kleinbus, der vorm Hoteleingang wartete, um uns zum Pass zu bringen. Die gemieteten Mountainbikes waren auf dem Dachträger verzurrt, auch ein Teil unserer Rucksäcke landete dort. Wir ließen die Blechkolonnen und das Hupkonzert von La Paz hinter uns. Mit röhrendem Motor kämpfte sich der Bus unter der Last die Haarnadel-Kurven hinauf. Rund 700 Höhenmeter waren es noch von Boliviens Metropole bis zum Pass, der die Eingangspforte in die Yungas darstellt, jene Täler, die sich tief in die Kordilleren schneiden und von den schneebedeckten Höhen der Anden bis in die dampfenden Wälder des Amazonastieflands hinab führen. Oben angekommen, wummerte das Autoradio Hardrock in die dünne Höhenluft hinaus. Nach dem Abladen rollten wir auf den Mountainbikes bei 4700 Metern über Normalnull eine Runde herum und testeten die Bremsen. Alle Räder hatten vorn und hinten Scheibenbremsen, nur meins nicht. Vorn schon, aber hinten sollten zwei herkömmliche Bremsbacken auf der Felge das Tempo drosseln. Bremste trotzdem. Allerdings mussten die Backen wohl spätestens nach jeder zweiten Tour ausgetauscht werden.

Die ersten 20 Kilometer ging es über Serpentinen auf glattem Asphalt im Affenzahn hinab. Links und rechts flog die karge Landschaft vorbei, fahlgrün die Wiesen, unterbrochen von braunen Flecken, wo erodiertes Erdreich durchlugte. Nur hier und da ragte ein zerklüfteter Fels auf. Waldo und Torsten preschten vor. Waldo hatte zwar nur von zehn Metern Abstand zum Vordermann gesprochen, die wir ob des Tempos einhalten sollten. Doch ich verließ mich noch nicht ganz aufs Material, blieb gleich ein paar hundert Meter zurück. Ilka machte 30 Meter hinter mir die Nachhut. Der Rest der Gruppe Touristen aus unserem Bus, die das Downhill-Abenteuer ebenfalls gebucht hatten, blieb weit hinter uns zurück.

Vorn kam ein Tunnel in Sicht. Der war für die Autos. Wir verließen den Asphalt, nahmen eine holprige Piste, die außen am Berg entlangführte. Waldo grinste. Bis jetzt sei das was für kleine Jungs gewesen, sagte er. Sogleich wurde klar, was er meinte. Jetzt ging es einige Kilometer bergan. Schon nach kurzer Zeit kämpfte ich mit dem kleinsten der 21 Gänge. Das Aus-dem-Sattel-Steigen-und-kraftvoll-Strampeln war wohl doch keine so gute Idee. Zumindest nicht, wenn man nicht wusste, wie weit es noch bergauf ging, und ob nicht hinter jeder nächsten Biegung weitere 500 Meter Steigung auftauchten. Irgendwann mussten wir doch oben sein, verdammt. Es nützte nichts, ich schob ein Stück. Blick nach vorn. Prima, ich war nicht allein zu schlapp. Waldo und Torsten waren auch für ein Stück abgestiegen. Allerdings musste ich mich für eine weit längere Strecke auf meine Füße verlassen als sie. Ilka zog an mir vorbei und trat langsam, aber stetig und scheinbar unermüdlich in die Pedale. Endlich, nach etwa 40-minütigem Kampf gegen die Höhenmeter, hatten wir gegen 10 Uhr früh den Scheitelpunkt erreicht. Ich kam ein gutes Stück nach den anderen oben an, die sich schon über die Pausensnacks hermachten. Auch der Kleinbus mit dem Proviant war schließlich schon da. Er musste

[ 33 ]

# 7 [ Auf der Straße des Todes ]

mich im Tunnel überholt haben. Es gab Bananen, Schokoriegel und Wasser und danach eine Zigarette für die ausgelaugte Lunge. Hinter einem torartigen Felsdurchbruch auf der Kuppe verschnauften wir für eine halbe Stunde. Beim Blick ins Tal wurde die Laune schon wieder besser, von jetzt an ging es abwärts. Und wie! Steil fiel der Hang entlang der Piste 200, 300 Meter ab. Wald bedeckte ihn. Die rund vier Meter breite Schotterpiste führte rechts von uns hinunter, schmiegte sich in der Ferne an die Hänge. Jenseits des Abgrunds, den wir zunächst in einer riesigen Kurve umfahren mussten, tauchte der Weg auf der gegenüberliegenden Bergflanke wieder auf und wand sich wie eine kilometerlange Schlange dem Tal entgegen.

Der Rest der Truppe kam erst kurz vor dem Aufbruch an. Ihr Schnaufen, das verklebte Haar und Rinnsale auf Stirn und Nacken verrieten, dass auch sie ganz schön abgekämpft waren. Während sie lustlos an ihren Bananen mümmelten, erklärte Waldo die Verkehrsregeln. Auch wenn die Schotterpiste kaum Straße zu nennen war, herrschte hier ein straffes Regiment. War auch nötig, weil sonst wohl noch mehr Unfälle passieren würden. Eine amerikanische Bank, die viel Geld in Bolivien investiert, hatte der Strecke, die vom Pass oberhalb von La Paz über 3600 Höhenmeter hinunter nach Yolosa führt, ihren Namen gegeben: „The worlds' most dangerous road" (gefährlichste Straße der Welt). Der Grund war die Statistik. 26 Abstürze gab es im Schnitt pro Jahr. Der bisher schlimmste Unfall ging 1983 in die bolivianische Verkehrsgeschichte ein, als ein mit 100 Passagieren hoffnungslos überladener Laster über die Klippe kippte. Keine Überlebenden. Waldo erzählte von einem mit acht israelischen Touristen besetzten Jeep, der erst jüngst direkt hinter dem Felsentor abgestürzt war. Die Regel, die er jetzt schilderte, schmeckte mir gar nicht: Linksverkehr, und links hieß von uns aus gesehen da, wo sich die steile Wand nach unten wandte. Radfahrer fuhren ganz außen. Doch entbehrte die Re-

*Auf der „Straße des Todes" herrscht Linksverkehr. Für Radfahrer heißt das: Ganz außen fahren! Da, wo die Wand Hunderte Meter schroff nach unten abfällt.*

gel nicht der Logik. Schließlich hatte der Autofahrer, der auch links saß, so jene beiden Räder besser im Blick, mit denen es zuerst brenzlig wurde. Unsere Hände waren ständig an der Bremse. Jetzt bei dem Geholper übers Gestein nur nicht den Lenker verreißen, dachte ich, zumindest nicht nach links, sonst lernst du fliegen.

Nach den ersten Kilometern konnten wir bezeugen, dass Waldo und die Entwicklungsbank nicht übertrieben und die „Carretera del Muerte" (Straße des Todes), wie die Bolivianer schlicht sagten, ihren Namen nicht ohne Grund hatte. Nach einer Kehre sahen wir im Tal zersplitterte Holzplanken. Sah aus wie ein zerfetzter Bauwagen, war aber einer jener Laster mit hölzernem Aufbau als Ladefläche. Nur dass dieser hölzerne Aufbau da unten jetzt eher einem ungünstig gefallenen Mikadospiel mit zerborstenen Stäben glich. Der Laster musste über die Kuppe gekippt sein, die direkt hinter der Kurve lauerte. Es brauchten nicht gleich 300 zu sein, es reichten auch 50 Meter freier Fall in den Tod so wie hier.

Wir pausierten neben einem Wasserfall auf einem der Plateaus, die Bussen und Lastern alle paar hundert Meter Platz zum Rangieren boten. Auf der Straße selbst war das unmöglich. Sie war zu schmal. Mit rund drei Metern Breite

[ 34 ]

schmiegte sie sich an den schmalen Stellen in die Wand. Von fern wirkte sie wie die Überlaufrinnen in den vertikalen Kachelwänden eines Schwimmbads. Und unter dem Wasserfall wurde es auf ihr nahezu ebenso nass. Zig einzelne Fälle schienen uns entgegenzustürzen, schier endlos die senkrechte Wand herab. Ein glitschiger Teppich aus Pflanzen rankte an ihr empor, reckte sich Licht und Wasser entgegen. Weiter oben bildeten die Fälle einen nebligen Vorhang. Ein Großteil des Wassers schien gar nicht mehr unten anzukommen, sondern auf dem langen Sturz zu verdunsten. Nur an der

*Ein Großteil des Wassers aus dem Wasserfall kommt nie unten an. Er verdunstet unterwegs und bildet einen Vorhang feuchter Schwaden, der sich um emporkletternde Pflanzen legt.*

wasserreichsten Stelle prasselte es regelrecht auf unsere Piste und suchte sich von dort in Rinnsalen seinen Weg weiter ins Tal. Die Passagiere auf den Ladeflächen vorbeizuckelnder Lkw bekamen eine tüchtige Dusche. Einige kannten sich aus. Sie hatten Planen gespannt, auf die das Wasser pladderte und seitlich abrann. So blieben sie trocken und auch die Waren, die sie aus dem Tiefland hinauf nach La Paz brachten, um sie dort auf den Märkten zu verkaufen.

Auf der Nachmittagsetappe wurden alle mutiger, ließen die Räder schneller rollen. Wenn man den Hintern anhob und sich mit den Füßen in die Pedalen stemmte, federten die Beine die Steinbrocken aus. Die Handballen waren inzwischen nahezu taub vom ständigen Druck der Lenkergriffe. Weil sich die Finger um die Bremse krampften, drückte es den Griff nur umso fester in die Handfläche. Zwei Lkw begegneten sich. Was nun? Einer musste zurück, so viel stand fest. Da, wo sie aufeinander trafen, bestand keine Möglichkeit, aneinander vorbei zu kommen. Zwei Räder schrammten an der aufwärtsgewandten Felswand entlang, die anderen beiden waren der Kante bedenklich nah. Zentimeter für Zentimeter setzte der von oben Kommende zurück. Er hatte Glück. Es waren nur etwa 40 Meter bis zum nächsten

# 7 [ Auf der Straße des Todes ]

*Kommt man als Fahrgast auch nicht mehr heraus, sollte der Bus über die Kante rutschen, so bleibt man unterm Wasserfall zumindest trocken.*

Plateau. Damit solche Rückwärtsmanöver nicht in unübersichtlichen Kurven passierten, standen da, wo die Straße sich um Felskanten wand, Männer oder Jungen an kleinen Holzhütten. Sie winkten mit Schildern, deren eine Seite grün, deren andere rot gestrichen war. Waldo wies auf eines der Kreuze, die hier und da am Wegrand aufragten. Dieses hier war etwas größer als die anderen. Die Kehre hatte schon des öfteren Tribut gefordert und hieß deshalb „Curva del Diablo" (Teufelskurve). Vor einigen Jahren hatten die bolivianischen Behörden versucht, die Unfallquote zu senken, indem man die Piste als Einbahnstraße auswies, vormittags für den Weg bergab, nachmittags in die Gegenrichtung. Doch wegen der Proteste der Yungas-Bewohner, die ihren Zugang zu den Märkten im Hochland beschnitten sahen, hatte man von dieser Regelung nach wenigen Monaten wieder Abstand genommen. Jenseits des großen Abgrunds zog sich hier und da ein horizontaler grauer Streifen über die nächste Bergkette. Ilka hatte von jener neuen Straße berichtet, die sich seit Jahren im Bau befand, um eine sichere Alternative zur „Carretera del Muerte" zu bieten. Doch trotz eines 120-Millionen-Dollar-Darlehens der interamerikanischen Entwicklungsbank war sie bislang kaum mehr als eine Investruine. Ihre geplante Eröffnung verschob sich Jahr für Jahr. Keiner wusste, ob sie je fertig werden würde.
Scheiße! Fast wäre es passiert. War es der zuckende Schreck, der mich rettete, oder war es Geistesgegenwart? Der Vorderreifen sackte nach links weg, doch hatte ich die Kerbe, die von der Kante des Abgrunds her quer in den Weg hineinschnitt, gerade rechtzeitig erkannt, um den Lenker hoch zu reißen. Das Hinterrad wurde durchs Tempo über die Furche hinweg gerissen. Nach einem Zickzackmanöver über mehrere Meter hatte ich das Rad wieder im Griff. Das war knapp. Mit dem blitzartig hochgeschossenen Adrenalinpegel war auch die Konzentration wieder voll da. Überall

[ Auf der Straße des Todes ]

*Händler, die Waren auf Märkte im Hochland bringen, reisen an der frischen Luft auf einer Ladefläche. Bei Regen oder Kaskaden hilft eine Plane, wenn man sie rechtzeitig spannt.*

lauerten schließlich solche Rinnen, die der Regen und die Bodenerosion in die Straße gefressen hatten. Einige Kilometer weiter hatte Waldos Rad einen Platten. Kein Wunder bei seinem Gewicht. Wir warteten auf den Begleitbus, der hinter uns herzuckelte und Ersatzteile mitführte. Die Räder von Ilka, Torsten und mir hielten durch bis Yolosa. Torsten war zuversichtlich. Von dieser Zehn-Blechhütten-Station im Tal würden wir mit etwas Glück gleich weiter kommen, entweder per Bus oder mit einem Lkw. Zur Mittagsrast machten wir mit dem Kleinbus aber zunächst einen Abstecher nach Coroico, ein Touristendomizil einige Kilometer bergan, mit vereinzelten Schwimmbecken in Gärten, die sich an Berghänge schmiegten. Wieder unten in Yolosa, kam tatsächlich prompt ein Bus nach Ixiamas. Leider voll. Durchs Seitenfenster winkte der Fahrer auf Torstens Fragen hin ab. Der nächste Bus trudelte nur Minuten später ein. Dieser Fahrer nickte, obwohl in seinem Gefährt ebensolches Gedränge herrschte. Doch fuhr dieser Bus nur bis Caranavi. „Das liegt dort, wo die Andenausläufer ins Amazonastiefland übergehen", erklärte Ilka. Kein Problem, immerhin waren wir dort unserem Ziel ein Stück näher und würden schon eine weitere Mitfahrgelegenheit finden. Die Rucksäcke wuchteten wir in den Gang und hockten uns drauf. Torsten wurde von einem Mann in der ersten Sitzreihe, der uns und unser Gepäck neugierig beäugte, ein bisschen ausgefragt. Wo kommt ihr her? Wo wollt ihr hin? Währenddessen verfolgten Ilka und ich durch die Windschutzscheibe die riskanten Überholmanöver, zu denen unser Fahrer ansetzte. Linksverkehr bedeutete auch, dass rechter Hand überholt werden musste. Zuerst zog der Busfahrer rechts rüber und dann an den langsameren Lkw vorbei. Einer der Lasterfahrer bemerkte unseren Bus gar nicht und scherte auch nach rechts, bis unsere Hupe dröhnte. Ruckartig zog der Mann seinen Laster wieder nach links. Auf der dreieinhalbstündigen Fahrt wurde klar, wie es zu den schweren Unglücken kam. Erst tags zuvor hatten wir eines im Fernsehen gesehen. Über den Bildschirm im Foyer des Hotels „Torino" in La Paz waren Bilder von einem Unfall auf der gut asphaltierten Hochlandstrecke von La Paz nach Oruro geflimmert. Zwei Busse rasten seitlich versetzt frontal ineinander. Ihre Flanken wurden dabei regelrecht aufgerissen. Zu getragener Musik schickte der bolivianische Fernsehsender detaillierte Bilder von Wrackfetzen, weinenden Hinterbliebenen, sogar von abgerissenen Körperteilen hinaus ins Land. Mediales Mitleid auf bolivianisch. Doch wir kamen gegen 19 Uhr wohlbehalten in Caranavi an. Während Torsten und ich es uns auf einer Bank auf dem Bussteig zwischen den Rucksäcken gemütlich machten, besorgte Ilka Abendessen bei einem der fliegenden Händler, die überall herumstanden und alles mögliche verkauften. Es gab Hühnerbeine mit gebackenen Bananen und Kartoffeln; nach den Anstrengungen des Tages ein Festmahl, über das wir uns gierig hermachten.

Die öffentlichen Badezellen am anderen Ende des Bussteigs lockten, doch das Duschen musste ausfallen. Keiner wusste, ob wir nicht im Handumdrehen wieder aufspringen und den nächsten Bus erklimmen mussten. Ich schlüpfte in das am Morgen feucht von der Leine genommene T-Shirt. Herrlich. Es vermittelte zumindest kurz das Gefühl, frisch zu sein. Doch nach einer halben Stunde klebte es bereits wieder am verschwitzten staubigen Körper. Für die Austausch-T-Shirts, die in meinem Erst-Rucksack dank Iberia irgendwo in der Weltgeschichte herumflogen, hatte ich jetzt zwei neue: Souvenirs, mit denen Touristen belegen konnten, dass sie die „World's most dangerous road" mit dem Mountainbike bezwungen hatten. Diese Gratis-Gimmicks der Tour leuchteten zwar in knalligem Gelb und Rot, doch egal. So würde man sie auf den Urwaldfotos wenigstens prima sehen.

Gegen 22 Uhr bestiegen wir den Nachtbus nach Ixiamas. Gemächlich holperte er wenig später über die Piste Richtung Norden. Wo würden wir in zehn Tagen sein? Würde ich meine Entscheidung verfluchen, als untrainierter Bürohengst mit zwei gestandenen Waldläufern aufgebrochen zu sein? Würde ich es überhaupt schaffen? Die Zweifel schnürten mir regelrecht die Kehle zu. Wo zum Teufel war Bob, der Baumeister? Ich spürte einen Druck auf der Brust, als läge ein zentnerschwerer Stein darauf. Vielleicht war das auch dem zu abrupt überwundenen Höhenunterschied zu verdanken. Immerhin über 3000 Höhenmeter in knapp zwölf Stunden. Durchs Seitenfenster fegte ein erfrischender Windhauch. Ich steckte den Kopf durch den Schlitz, um mehr von der Brise einzusaugen. Millionen Sterne leuchteten und spendeten gerade so viel Licht, dass es die Silhouette des Waldes erkennen ließ, durch den die Straße führte. Hier und da wurde das Blätterdach, das sich tiefschwarz vom ebenfalls dunklen Himmel abzeichnete, von einem größeren Baum überragt. Der eine glich einem riesigen Schirm, die Krone eines anderen thronte wie ein großes Ei über dem Rest der Bäume. Vorn im Kegel unserer Scheinwerfer trippelte plötzlich ein aufgeschrecktes Tier von der Fahrbahn ins Gestrüch. Konnte das sein? Sein Umriss glich den Bildern von Gürteltieren, die ich in Büchern gesehen hatte. Nur hätte ich es mir größer vorgestellt. Außerdem sollten die extrem selten sein. Wäre schon ein Wunder, eins zu sehen, bevor wir überhaupt in den tiefen Busch vorgedrungen waren. Während meine Blicke wieder über den schwarzen Horizont glitten und die Hand das Glöckchen auf der Brust fest umklammert hielt, wiegte mich das Geschaukel des Busses allmählich in einen unruhigen Schlaf.

# 8. Weder Führer noch Karten

Ich weiß nicht, was ich erwartet hatte, trotzdem war ich überrascht, als der Bus kurz nach dem Morgengrauen in Rurrenabaque einrollte. Natürlich waren über 100 Jahre vergangen, seitdem Colonel Fawcett diesen Ausgangsort seiner ersten Dschungelexpedition als Haufen armseliger Hütten beschrieben hatte. Bei seiner Rückkehr nach den Wochen der Einsamkeit im Busch kam ihm der gleiche Ort wie eine Metropole vor. Nein, eine Metropole war es nach wie vor nicht, dennoch wunderte ich mich darüber, dass zumindest die zehn Häuserkarrees im Zentrum sogar über betonierte Straßen verfügten. Und als wir den Eingang zu Ilkas und Torstens Stammquartier, dem Hostel „Santa Ana", durchschritten, fühlte ich mich ins Paradies versetzt. Ein kleiner Garten Eden. In schmucken kleinen Höfen, ringsum gesäumt von Türen der Zimmer, besprenkelte ein junger Boliviano die bunte Pflanzenpracht der Beete. In einem der Höfe unter einem runden Strohdach waren neun Hängematten gespannt. Vom mächtigen Mittelpfosten des Daches baumelten sie, Blütenblättern einer bunten Blume gleich, in alle Richtungen. Nach der ersehnten Dusche und kurzem Entspannen in dieser Hängemattenblüte machten wir uns auf den Weg, Mails zu verschicken. Sogar in dem Dschungelstädtchen, zu dem Rurrenabaque binnen 100 Jahren gereift war, gab es gleich zwei Internetcafés. Deren Satelliten-Verbindung ins Netz funktionierte allerdings nur bei blauem Himmel, was jetzt zur Regenzeit mitunter nervenaufreibende Konsequenzen hatte. Doch schließlich gelang es uns, Familie und Freunde über unsere sichere Ankunft zu unterrichten. Danach versuchten wir zunächst in einer Agentur unser Glück, einen Führer zu finden. „Die Agencia fluvial", schlug Torsten vor. Dort war ab und zu Pichucco unter Vertrag, mit dem Ilka und er drei Jahre zuvor bereits mehr oder weniger die Route bewältigt hatten, die wir jetzt planten. „Jungle-Tour, si", sagte der junge Mann, der im Türrahmen lehnte und auf der Straße nach eventueller Kundschaft Ausschau gehalten hatte. Wir folgten ihm ins Büro und ließen uns in die Sessel fallen. Gleich neben meinem begrüßte uns der ausgestellte Schädelknochen eines Krokodils. Während Ilka mit dem Jungen verhandelte, wanderten meine Blicke über den Schädel. Was für Zähne der hatte! Angesichts der Größe musste es einer der seltenen Mohrenkaimane sein. Die von den anderen zu unterscheiden, war zumindest, wenn sie ausgewachsen waren, sogar für mich als Laien möglich. Immerhin werden sie mehr als doppelt so lang wie der Rest, laut Fachliteratur bis zu sieben Meter. Angesichts des Kolosses von Kopf auf dem Beistelltisch war das leicht vorstellbar. Allein die Zahnreihe im Kiefer reichte von meinen Fingerspitzen auf der Sessellehne bis hinauf zum Oberarm. Ob ich auch so ruhig bleiben würde, sollte so ein Kopf in ein paar Tagen ebenso nah neben unserem Floß auftauchen? Wohl kaum, obwohl der Mohrenkaiman nicht als Menschenfresser gilt wie das vergleichbar große Nilkrokodil in Afrika oder das Leistenkrokodil in Ozeanien. So viel hatte ich vor der Abreise gelesen. Allein die letzteren beiden Arten sind für weit mehr als die Hälfte aller Krokodilangriffe auf Menschen verantwortlich und haben damit den schlechten Ruf ihrer kompletten Panzerechsenverwandtschaft verschuldet. Die meisten anderen Arten gelten unter Experten als vergleichs-

# [ Weder Führer noch Karten ]

*Laut Statistik keine Menschenfresser, aber Respekt einflößend. Kaimane Südamerikas können nichts für den schlechten Ruf, den Nil- und Leistenkrokodil ihrer Sippe verpasst haben.*

weise harmlos, selbst große wie der Mohrenkaiman. Der hatte über die Jahrhunderte viel mehr unter Menschen zu leiden als umgekehrt. Einst nahezu bis zur Ausrottung bejagt, steht er inzwischen längst unter Schutz. Angriffe auf Menschen waren extrem selten belegt. Dennoch, allein seine Größe verschaffte Respekt. Und wer wusste schon, ob ein Exemplar, das in der Einöde der Wildnis noch nie Menschen zu Gesicht bekommen hatte, wirklich beherzigte, was weise Wissenschaftler über ihn zu wissen glaubten: dass Menschen nicht in sein Beuteschema passen.

Ilka erklärte dem jungen Mann von der Agentur, was wir vorhatten. Eine etwa dreiwöchige Runde durch die unbesiedelte Westhälfte des Madidi-Nationalparks, zuerst zu Fuß zu den Quellen des gleichnamigen Flusses, und auf dem dann hinab bis in die Ebene. Bei ihrer Frage nach Pichucco gestikulierte der Junge und griff zum Telefonhörer auf dem Schreibtisch. Nach ein paar Telefonaten verzog er wie im Schmerz das Gesicht und sagte nur zwei Worte, die sogar ich verstand: „Muchos problemas." Nachdem er auf Spanisch mit Ilka konferiert hatte, schlenderten wir zunächst unverrichteter Dinge aus der Tür. Ilka klärte mich auf: „Pichucco ist für eine Woche in einem der Dschungelcamps für Touristen. Die unterhält die Agentur ein Stück weiter den Fluss hinab. Der fällt also aus", sagte sie. Und außer ihm gebe es in ganz Rurre nur zwei andere Führer, die das Gebiet überhaupt kannten, in das wir vordringen wollten, hatte der Mann behauptet. Zwar gab es zig Agenturen in den Häuserkarrees, doch die meisten Touren, die sie auf Pappschildern oder Kreide beschrifteten Tafeln anpriesen, dauerten drei, maximal fünf Tage. Einen Tag hinein in den Busch bis zum nächsten Camp, ein paar Tage Aufenthalt zum Wildlife-Gucken, dann wieder retour. Die Chancen für einen Vorstoß in den tiefen Dschungel standen schlecht.

*500 Quadratkilometer größer als Sachsen, doch war eine rudimentäre Karte nach einer Luftbildaufnahme die einzige, die vom Madidi-Nationalpark zu existieren schien.*

Im Büro der Nationalparkverwaltung hatten wir kaum mehr Glück. „Hay un mapa del parque?" fragte Torsten. Die Frau schüttelt den Kopf: „No. No hay muchos mapas." Nein, viele Karten vom Park gebe es nicht. Nicht viele, war gut gesagt. Die einzige Karte, die überhaupt zu existieren schien, war in einer Broschüre des Nationalparks abgedruckt, die uns die Frau in die Hand drückte. Sie basierte auf Luftbildaufnahmen und maß gerade mal Din-A5-Format. Und das wohlgemerkt für den kompletten Park, ein Gebiet, das mit 19.000 Quadratkilometern Fläche rund 500 Quadratkilometer größer ist als Sachsen. Außerdem waren auf der rudimentären Skizze lediglich die Wasseradern und die wenigen Orte eingezeichnet, die es im östlichen Teil des Parks gab. Zwar war der Madidi-Park nach einem National-Geographic-Bericht aus dem Jahr 2000 zum bekanntesten National-

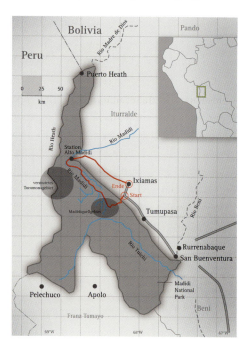

[ 40 ]

park Boliviens avanciert, doch konzentrierte sich der seither eher träufelnde als strömende Ökotourismus auf den östlichen Teil im Umfeld einer Lodge namens Chalalan. Auch die alles in allem 1700 Einwohner des Parks, auf die es in Sachsen damals allein das kleine Erzgebirgsdörfchen Hormersdorf brachte, verteilten sich auf eine Handvoll Orte im Ostteil des Parks. Übertrüge man die rein rechnerisch durchschnittliche Einwohnerdichte des Parks flächenmäßig auf Berlin, hätte die Bundeshauptstadt gerade mal 80 Einwohner. Da sich aber auch im Madidi-Gebiet Einwohner nicht einzeln und in regelmäßigen Abstand übers Land verteilten, sondern im Ostteil des Parks am Rio Tuichi und in den Andenausläufern im Süden konzentrierten, war die ganze Westhälfte unbesiedelt. Vom Quellgebiet des Rio Madidi, unserem ersten Etappenziel, bis an die bolivianische Grenze zu Peru erstreckte sich nur noch unerschlossener Urwald. Außer mit der Zivilisation noch nicht in Berührung gekommenen Indianern, die man dort vermutete, war das Gebiet menschenleer. In Sachen Flora und Fauna dagegen zählte der Madidi-Park laut „National Geographic" zu den Gebieten mit der größten Artenvielfalt der Erde.

Während wir durch Rurrenabaque schlenderten, dachten wir über Ausweichvarianten nach, für den Fall, dass wir keinen Führer finden sollten. Vielleicht wäre Waldos Angebot einer fünftägigen Floßtour auf dem Beni doch eine sichere Bank gewesen. Doch so schnell sich Ilka bei Waldos Vorschlag in La Paz auch dafür erwärmt hatte, so sehr musste ich ein enttäuschtes Gesicht gezogen haben. Für eine reguläre Touristen-Runde war ich schließlich nicht so weit gereist. So sehr die Zweifel manchmal auch nagten – was ich sehen wollte, war die unberührte Wildnis. Die Tier- und Pflanzenwelt lockte. Schließlich hoffte ich insgeheim, auch einen Blick auf einen Jaguar erhaschen zu können, so wie der Zufall ihn Ilka und Torsten Jahre zuvor beschert hatte.

Im Moment allerdings, angesichts der ersten Pleite bei der Suche nach einem Scout, kamen mir Zweifel, ob wir überhaupt ins Revier des südamerikanischen Dschungelkönigs würden vordringen können. Ob ich Waldos Idee nicht zu schnell verworfen hatte? Immerhin war ich es, für den die Uhr tickte. Nach fünf Wochen lief sie ab, während Ilka und Torsten noch rund zwei Monate mehr Zeit hatten. Für sie war es kein Problem, noch ein paar Tage länger in Rurrenabaque auszuharren, bis einer der drei Indianer mit ausreichend Walderfahrung auftauchte. Torsten erriet meine Gedanken. „Mach dir mal keine Sorgen, es wird schon klappen." Er klopfte mir auf die Schulter. „Das ist hier ganz verrückt, bei uns in Deutschland kannst du gar keinem klarmachen, wie es manchmal läuft", sagte er und schilderte die Suche nach den Führern, wie er sie vor drei Jahren erlebt hatte. „Drei Tage hatten wir ganz Rurrenabaque auf der Suche nach ortskundigen Leuten auf den Kopf gestellt. Schließlich kam uns die 152-Jahr-Feier des Ortes zugute", begann er. Viele Goldsucher, Holzfäller und Indianer hatten sich dieses große Ereignis nicht entgehen lassen. Immer wieder waren zwei Namen genannt worden: Mexicano und Pichucco. „Wir begegneten ihnen beim Stierkampf auf dem Fußballplatz", erzählte Torsten. „‚Ihr könnt froh sein, gerade uns getroffen zu haben', brüllte mir Pichucco ins Gesicht. Von seiner Alkoholfahne wurde mir blümerant. Sie behaupteten, den Park zu kennen wie ihre Westentasche, was mir allerdings kaum vorstellbar schien. Im Norden die Pampa, im Osten Tieflandregenwald, im Südwesten die Gletscher der Anden und dazwischen der Nebelwald der Andenabhänge. 60 Prozent der 1,9 Millionen Hektar Fläche des Parks gelten noch immer als weißer Fleck auf der Landkarte, vom Dschungel ringsum gar nicht zu reden", sagte Torsten.

# 9. Wenn man vom Teufel spricht

Während Torsten erzählte, führte unser Weg die Straße hinab zum Rio Beni. Ein Fluss, bereits hier hunderte Kilometer vor seiner Mündung in den Madre de Dios, so mächtig, dass er sich als vergleichbarer Strom in Europa wohl in jedem Schulbuch wieder gefunden hätte. Im Amazonasbecken indes, wo die Dimensionen derart verschoben sind, dass man die Jahresniederschläge nicht in Zentimetern sondern in Metern misst, war dieser Strom nur einer der vielen Zuflüsse des Amazonas. Einige Kilometer stromabwärts schwoll der Beni auf stattliche Breite von knapp einem halben Kilometer an, erhoben sich aus seinen lehmigen Fluten große bewaldete Inseln, doch direkt vor uns, kurz hinter der so genannten Bala-Enge, wo der Fluss zwischen zwei Gebirgsrücken hervortrat, maß er lediglich ein- bis zweihundert Meter. Noch

*In Europa stünde ein Fluss der Größe des Beni in jedem Schulbuch, doch im Amazonas-Becken sind die Relationen verschoben. Dort ist er nur einer von Tausenden Nebenflüssen.*

vor einigen Jahren hegte die bolivianische Regierung Pläne, die beiden Bergrücken der Bala-Enge zwecks Stromproduktion durch einen Staudamm zu verbinden. Dadurch wäre ein großer Teil des jenseits der Berge beginnenden Madidi-Parks überflutet worden. Derzeit waren diese Pläne auf Eis gelegt, ebenso wie ein weiteres den Park bedrohendes Infrastruktur-Projekt: Eine Straße, die man zwischen Apolo im Süden und Ixiamas im Norden des Parks erwog und die das geschützte Gebiet in der Mitte durchtrennt hätte.

Am Ufer des Beni herrschte reges Markttreiben. Auf der letzten Kreuzung, gleich vor den ersten Verkaufsständen, fasste ein Mann in rotem T-Shirt Torsten plötzlich an der Schulter. „Torto?" „Si." Ein kurzer verdutzter Blickkontakt. „Mexicano?" „Si." Ich konnte es nicht recht glauben. Sollte uns einer der Männer, auf die wir gerade hofften und von denen vor nur wenigen Minuten die Rede gewesen war, jetzt tatsächlich zufällig über den Weg laufen? So klein war Rurrenabaque schließlich nicht. Oder war es vielleicht gar kein Zufall? Hatte sich die Nachricht von der Ankunft dreier spinnerter Gringos mit Urwald-Ambitionen wie ein Lauffeuer herumgesprochen und so Mexicano auf den Plan gebracht? Nach kurzem Gespräch, in dem Torsten Mexicano unsere Pläne erklärte, nickte der. „No problem", sagte er mit spanisch gerolltem „R" und grinste von einem Ohr zum anderen. So wie er dastand, klein, aber stämmig, die Hände herausfordernd in die Hüften gestemmt, machte er den Eindruck, als gebe es für ihn überhaupt niemals ein Problem, das sich nicht mit einem Grinsen beiseite schieben ließ. Für die Detailverhandlungen folgten wir Mexicano in eine Bar ein paar Blöcke weiter. Torsten drehte sich zu mir um und lächelte triumphierend: „Hab doch gesagt, dass hier alles wundersame Wege nimmt. Wird schon klappen."

Die Moskkito-Bar war eine mit hölzernem Schnitzwerk verzierte Kneipe, in der Touristen und Einheimische auf Holzblöcken um Tische herum oder am Bambustresen hockten, getrocknete Bananenchips knabberten und Bier oder Caipirinha schlürften. Aus den Lautsprechern schallte Pink Floyds „Wish you were here", was meine Laune nochmals deutlich hob. Weil ich dem Gespräch in Spanisch nur schwer folgen konnte, wanderten meine Blicke über die Dekoration. Ein in Holz geschnitzter Tapirkopf, ein hölzernes Gürteltier, ein Ara. Unters Dach hatte man ein künstliches Spinnennetz drapiert mit drei handtellergroßen Spinnen darin, die Beine aus Draht. In einer der Ecken hing ein Wespennest. Das war echt, aber offenbar verwaist. Ein kleiner Hauch Urwald für Touristen beim Abhängen auf der Durchreise. Bei Bananenchips und Cola wurden Ilka, Torsten und Mexicano schnell handelseinig: 275 Dollar pro Nase und wir würden für rund drei Wochen einen Führer haben, mit dem wir ins geschützte Gebiet des Parks durften. Einen Führer inklusive Vollpension, übersetzte Torsten, denn Mexicano bestand darauf, am nächsten Tag die Einkäufe an Proviant zu übernehmen, während wir nur unsere Ausrüstung komplettieren sollten. Dass die Führer das Essen besorgten, kannten Ilka und Torsten schon von vorangegangenen Touren. Vor ihrer ersten Madidi-Runde hatte Pichucco die beiden aufgeklärt. Es habe schon viele Führer gegeben, die vom Essen, das die Fremden mitbrachten, Probleme bekommen hätten. Torsten grinste: „Das ist doch mal ein ganz neuer Aspekt für die Rubrik ‚Gefahren und Ärgernisse' in den einschlägigen Reiseführern. So was steht da meist nicht drin, eher umgekehrt." Ich lächelte gequält, da ich die Hinweise der Reiseführer zu Verträglichkeit und Tücken einheimischer Kost für europäische Mägen derzeit nur allzu gut nachvollziehen konnte. Seit La Paz hatte mich Montezumas Rache so fest im Griff, dass nach fünf Tagen Dauerkontraktion der besttrainierte Teil meines Körpers wohl der Schließmuskel war. Torstens folgende Schilderung gab mir eine Ahnung, welche Muskeln in den nächsten Wochen ein ähnliches Training erfahren würden. An den Schreck, der ihm damals in die Glieder gefahren war, als die beiden Führer beim Aufbruch den Proviant aus ihren Kartons luden, um ihn auf die Rucksäcke zu verteilen, erinnerte sich Torsten gut: „Unzählige Dosen und anderes mega-schweres Zeug kam zum Vorschein. Die Krönung waren vier Stangen Zigaretten, eine Flasche 90-prozentiger Alkohol, große Tüten mit massenhaft Kokablättern und als Sahnehäubchen ein Kanister mit acht Litern Speiseöl. Alles musste verstaut werden, und wir waren doch so stolz auf unsere leeren Rucksäcke! Sogar die Schlafsäcke hatten wir in Rurrenabaque gelassen", erzählte Torsten. Na prima, das konnte was werden.

9 [ Wenn man vom Teufel spricht ]

Wir nahmen Mexicano mit zum Internetcafé. Torsten wollte ihm die Regenzeit-Website vorführen, auf der auch die Fotos von ihrer letzten gemeinsamen Tour zu finden waren. „Hoho, mas aventura", kommentierte Mexicano das Foto von Ilka mit ihrem schweren Bacu an der Angel. Torsten erinnerte sich an seinen ersten Fang, einen stattlichen Wels, den er beim Herausziehen unbedarft an der Angelsehne hochhielt, zumindest so lange, bis der Fisch durch sein Gezappel zwischen seinen Beinen baumelte. Mit der messerscharfen Front seiner Rückenflosse hatte er Torstens Hose im Schritt aufgeschlitzt. „Was glaubst du, wie froh ich war, dass er keine eng anliegenden Hosen trägt", witzelte Ilka. Angesichts des Fotos, auf dem der lange Schlitz zu sehen war, der in Torstens Hose klaffte, kniff ich instinktiv die Beine ein Stück zusammen. Mexicano war bei den Fotos hellauf begeistert, doch als Torsten weiterscrollte zum Textteil übers neue Hilfsprojekt, über das die Website auf Deutsch, Englisch und Spanisch informierte, schweiften Mexicanos Blicke ab. Zu viel Text? Gehörte er vielleicht auch zu den mehr als zehn Prozent der Bolivianer, die weder lesen noch schreiben konnten? Wie Torsten zuvor berichtet hatte, hatte Mexicano sie auf der letzten Tour mehrfach mit Kenntnis unterschiedlichster Sprachen beeindruckt. Er lockte Affen an, indem er ihre Stimme nachahmte, konnte Schlangenarten ausmachen, bevor man sie sah, weil sie eine Art Gesang ausstießen. Er vermochte sogar den Brunftschrei des Jaguars zu imitieren. War er der spanischen Schrift aber vielleicht nicht mächtig? Seine Mutter war Tacana-Indianerin, hatte Torsten erzählt, doch sein Vater stammte ursprünglich aus Mexico, was ihm den Spitznamen Mexicano beschert hatte. Sollte er nie gelernt haben, in der Sprache seines Vaters zu lesen?

Ilkas Glück, dass Torsten keine engen Hosen trägt. Sonst hätte die scharfe Rückenflosse des zappelnden Wels' wohl mehr als den Stoff durchtrennt.

Nachdem wir uns für den nächsten Morgen zur Routenplanung in unserem Hostel verabredet hatten und Mexicano aufbrach, um mit den Vorbereitungen zu beginnen, machten wir uns auf die Suche, um das geplante Hilfsprojekt ein Stück weiter zu bringen. Die ersten Gespräche hatten wir bereits in La Paz mit der Nationalparkbehörde Sernap und mit der Wildlife Conservation Society geführt, doch waren die alles andere als fruchtbar gewesen. Die beiden Damen, mit denen wir uns in einem Café getroffen hatten, ließen uns freundlich, aber bestimmt wissen, dass mit den jährlich auf ein paar tausend Dollar begrenzten Summen, die Ilka und Torsten durch Einnahmen bei ihren Diavorträgen in Aussicht stellen konnten, kaum etwas zu bewerkstelligen sei. „Versteht das nicht falsch, aber in erster Linie seid ihr für uns Arbeit", hatte die Sernap-Frau gesagt und eingeschlafene Gesichter provoziert. Nichtsdestotrotz hatte sie zumindest einen Tipp parat, der sich nun in Rurrenabaque als überaus hilfreich erwies. Nachdem Torsten bereits in La Paz und auch in den wenigen Stunden in Rurrenabaque zahlreiche seiner mitgebrachten Poster an den Mann gebracht hatte, die nun Wäschereien, Hotelfoyers und Touristenagenturen zierten, machten wir uns jetzt auf die Suche nach Karin Allgoewer, einer angeblich deutschen Einwandererfrau, die mit indianischen Handwerkern vor Ort zu tun haben sollte. „Vielleicht hat sie eine Idee, wie man mit kleinen Beträgen an der Basis helfen kann", hatte die Frau in La Paz geraten. Nach einigem Herumirren im Ort, weil die betreffende Dame an der genannten Adresse weder auffindbar noch bekannt war, hatten wir schließlich Glück. Wir fanden ihr Haus und trafen dort nicht nur Karin Allgoewer, die übrigens keineswegs Deutsche war, sondern Argentinierin. Nein, wir lernten auch gleich ihren Mann Carlos Espinoza kennen – ein Glückstreffer. Als Mitarbeiter örtlicher Handwerkskooperativen hatte er gleich mit mehreren der Rurrenabaque umgebenden Indianerdörfer Kontakt. Zu unserem ersten Gespräch rief er gleich noch den örtlichen Vertreter des Deutschen Entwicklungsdienstes (DED) dazu. Der hieß Stefan Rybak und war vom DED mit der Aufgabe betraut, in der Beni-Region um Rurrenabaque herum Menschen zu befähigen, sich in Einklang mit der Natur auskömmliche Formen des Lebenserwerbs zu erschließen. Mit rund 1000 Fachkräften in rund 40 Ländern galt der DED zu diesem Zeitpunkt als einer der größten europäischen Entsendedienste von Entwicklungshelfern. Rybak hörte sich unser Anliegen an. Schließlich nickte er. Er sah sehr wohl Chancen, auch mit kleinen Schritten etwas anzuschieben, das Torstens und Ilkas Anliegen, den Urwald zu schützen, entgegenkam. Der

*Erste Kontakte fürs Projekt: Ilka und Jens im Gespräch mit DED-Mann Stefan Rybak, Karin Allgoewer und deren Mann Carlos Espinoza*

Schutz der Natur beginne damit, dem Raubbau vorzubeugen. Und der sei sogar in den Randzonen des Nationalparks allgegenwärtig, erklärte Rybak. „Es nützt nichts, den Leuten hier zu sagen, ihr müsst eure Umwelt schützen, dürft keine Jaguare schießen. Man muss ihnen Alternativen zur illegalen Jagd, zur Brandrodung oder zum Fällen von Mahagoni bieten", sagte der DED-Mann. Er beratschlagte mit Espinoza, welches der ihnen bekannten Dörfer am meisten Aussicht auf Erfolg böte, sich mit ein bisschen finanzieller Hilfe zu einem Vorbild für andere indianische Kommunen zu entwickeln. Wir vereinbarten, ein kleines Dorf namens Villa el Carmen zu besuchen, dessen Gemeinschaft von der Produktion von Uña-de-Gato-Saft lebte. Den in Bolivien als Allheilmittel gehandelten Saft der Katzenkrallen-Liane verkauften diese Bauern für ein paar Bolivianos die Flasche auf örtlichen Märkten. Nach unserer Rückkehr aus dem Busch wollten uns Espinoza und Rybak in das Dorf führen, um zu klären, ob die Produktionsgemeinschaft aus Ilkas und Torstens Sicht für ein Förderprojekt in Frage kam.

Doch zunächst rief der Urwald. In meiner Ausrüstung klafften nach wie vor ein paar Lücken, die es zu schließen galt. In einem der Läden ergatterte ich einen Regenponcho, in einem weiteren Machete und Bowiemesser. Im dritten fand ich sogar eine gummiarmierte Taschenlampe, zwar kein Ersatz für die praktische Stirnlampe, die im Rucksack um die Welt flog, aber immerhin solider als das klapprige Plastiklämpchen, das ich vorsichtshalber schon in La Paz erstanden hatte. Dazu Batterien, eine Zip-Off-Hose zum Wechseln, Sonnenmilch. Die angeblich auch gegen lästige Sandfliegen wirkende No-Bite-Creme im Rucksack ersetzte ich notdürftig durch herkömmliches Johnson-Anti-Insektenspray. Beim Bummel über den Markt überraschte mich Ilka mit einem neuen Regenüberzieher für meinen Rucksack. An einem der Stände für bäuerlichen Bedarf hatte sie einen jener himmelblauen Kunststofffasersäcke gekauft, in denen die Bolivianer ihre zentnerschwere Fracht von den Feldern auf den Markt schleppten. „Ein paar passgerechte Schnitte mit dem Messer, und du kannst den beim Wandern prima über deinen Rucksack ziehen", riet Ilka. An einem Stand mit Lederprodukten wurden wir Zeugen jenes Raubbaus, von dem Rybak zuvor gesprochen hatte. Zwischen ledernen Taschen und Gürteln lagen Geldbörsen aus Fell. Das markante Fleckenmuster machte deutlich, wem für dieses kleine Stück bolivianischen Luxus sein Fell über die Ohren gezogen worden war. „War das ein echter Jaguar?" fragte ich. Ilka nickte grimmig. „Zum Glück gibt es hier keine Stände mit ausgestopften Krokodilen, haben wir auch schon erlebt. Und dann gibt es tatsächlich Touristen, die neben dir stehen, Deutsch sprechen und so ein Ding mitnehmen, obwohl die es besser wissen müssten. Die hatten schließlich Schulbildung. Außerdem müssten sie auch wissen, dass sie damit nie im Leben durch den Zoll kommen."

Warum sich auch an diesem Abend Montezuma ausgerechnet an mir rächte, vermochte ich nicht zu sagen. Schließlich stammte das Fleisch des „Pique macho", das wir uns zum Essen gegönnt hatten, nicht von einem gewilderten Tier, sondern von gezüchteten Rindern. Torsten hatte mir seine Leibspeise, deren Name auf Deutsch so viel wie Fleischberg bedeutete und die zu den traditionellen Gerichten in Bolivien gehörte, empfohlen und ich hatte mich hungrig darüber hergemacht. Nun forderte der Fleischberg Tribut, oder besser Platz im Bauch. Er drängte, was immer an nicht ganz Koscherem zuvor darin gelandet war, mit Macht heraus. Während ich auf der Kloschüssel im Hostel hockte, versuchte eine riesige Cucharacha-Schabe mit dem Nagel meines großen Zehs Freundschaft zu schließen. Während ich sie in Europa wohl angewidert weggeschnippt hätte, ließ ich sie gewähren, ein erster vorsichtiger Kontakt zur Tierwelt. Schon komisch, offenbar war das mit der Nähe zum Wildlife alles relativ. Die Agenturen in den Straßen boten „mas aventura" (viele Abenteuer) für jeden Geschmack: 1-Tag-Anakonda-Tour, 3-Tage-Jaguar-Tour, natürlich ohne Garantie, aber doch mit hoher Wahrscheinlichkeit, zumindest ein Exemplar zu sehen. Schon komisch, dass wir fast drei Wochen in den tiefsten Urwald vordringen wollten und eigentlich nicht darauf hoffen durften, sehr viel von den vorhandenen Tieren

*Routenplanung mit Mexicano und seiner Frau Amalia anhand einer Din-A-5-formatigen Karte aus dem National-Geographic-Magazin*

aus der Nähe zu sehen, so lange sie genug Rückzugsmöglichkeiten hatten. Auf den Anblick der jungen Anakonda, die auf dem Markt von einem selbst ernannten Dompteur unsanft aus einem Korb gezerrt wurde, hätte ich lieber verzichtet. Zu allgemeinem Geraune aus der Menge hatte der Mann dem Tier dicke Fleischstücke ins Maul gestopft und es ihm, wenn es mit dem Schlingen nicht nachkam, mit einem Stock in den Schlund gedrückt. Gut zu wissen, dass sich die Anakondas, Kaimane oder Jaguare da draußen uns nur nähern würden, wenn die Neugier sie packte und sie sich absolut sicher fühlten. Wenn es zur Begegnung kam, wäre die zumindest natürlich, kein inszeniertes Dressurstück.

Für den Vorabend des Aufbruchs hatten wir uns mit Mexicano erneut in der Moskito-Bar verabredet. Während Torsten und Ilka mit ihm Erinnerungen austauschten, stocherte ich mit dem Strohhalm in meinem Caipirinha und versuchte ein paar Gesprächsfetzen aufzuschnappen. Eine Frage lag mir auf der Zunge: Ob Mexicano wohl den Kryptozoologen Simon Chapman kannte? So lange war dessen Expedition durchs Madidigebiet schließlich nicht her. Und auch er war von Rurrenabaque aus gestartet. Mit zusammengestückelten Vokabeln versuchte ich mein Glück. Mexicano schüttelte den Kopf: „No, Chapman? No conozco." Nein, Chapman kenne er nicht. Vielleicht sagte ihm die Mission des Briten mehr als dessen Name. Wie war es mit dem sagenumwobenen Königsaffen, zu dessen Suche der Mann ausgezogen war. „Chapman buscaba Mono Rey." Chapman suchte Königsaffen, versuchte ich es erneut. Plötzlich leuchteten Mexicanos Augen: „Mono Rey, si, es mono grande". Den Königsaffen kenne er natürlich, berichtete Mexicano. „Tu has visto?" Gesehen? Nein, gesehen habe er noch nie einen, aber die Berichte kenne jeder hier. Mexicanos folgende Schilderung, zeitweise von Ilka übersetzt, deckte sich ziemlich genau mit den Geschichten, die Chapman über den gesuchten Affen gehört hatte, über seine Gestalt und über seine Kräfte. Der lebe irgendwo oben in den Bergen, sagte Mexicano. Und er sei bärenstark. Mit bloßen Händen sei er in der Lage, Palmen zu zerreißen. Wenn ich mich recht erinnerte, hatte Chapman in seinem Buch „Das Monster des Madidi" Ähnliches berichtet. War das nun schönstes Jägerlatein, das Mexicano mangels Lagerfeuer am Kneipentisch vom Stapel ließ, oder barg das vergilbte Schwarzweiß-Foto, das Chapmans Suche vor etwa zehn Jahren ausgelöst hatte, doch ein größeres Geheimnis, als die Wissenschaft wahr haben wollte? Die Frage schwirrte durch meinen Kopf, doch nach dem dritten Caipirinha schien mir die Antwort nicht mehr so wichtig. Das Klirren der Gläser holte mich aus meinen Gedanken zurück an den Tisch. Die anderen hatten die Gläser auf gutes Gelingen erhoben. „Buen viaje y mas aventura", sagte Mexicano. Gute Reise und viele Abenteuer!

# 10. Zurück zu den Wurzeln

Das Boot schwankte, als wir am nächsten Morgen mit den Rucksäcken bepackt über die schmale Planke balancierten, die die behelfsmäßige Gangway zur Fähre darstellte. Fähre war ein hochtrabendes Wort für den Holzkahn, der in der Breite vielleicht anderthalb Meter maß. Er neigte sich bedenklich zur Steuerbordseite, als sich die ersten Passagiere allesamt auf der rechten Bank einrichteten. Als der nächste Schwung auf der Backbordseite Platz nahm, pendelte der Kahn wieder in die Horizontale. Als Abschiedskomitee hatte Mexicano zur Überfahrt ins verschlafene San Buenaventura nicht nur seine Frau Amalia, sondern auch drei seiner Kinder mitgebracht, vier, fünf und sechs Jahre alt. Ingesamt habe er neun,

*Fähre war ein hochtrabendes Wort für den schmalen Holzkahn, der sofort ins Schwanken geriet, wenn auf der einen Seite Passagiere mehr Gewicht konzentrierten als auf der anderen.*

hatte er am Vortag berichtet. Der Mann am Heck gab Kommandos und schmiss den Außenbordmotor an. Tuckernd löste sich der Kahn vom Ufer. Meine Blicke wanderten auf der Suche nach Krokodilen übers Wasser – vergeblich, an der lehmbraunen Oberfläche war nichts zu sehen. In 50 Metern Entfernung kreuzte ein Holzponton in die Gegenrichtung über den Beni, beladen mit einem großen Lkw. „Damit setzen die auch Busse über", erklärte Ilka angesichts meines erstaunten Gesichts. „Wer weiß, was passiert, wenn da mal der klapprige Motor versagt. Am liebsten sind mir die Fähren mit Seilen, die über den Fluss reichen. An denen kann man sich zur Not noch rüberziehen, wenn es drauf ankommt." Unser klappriger Außenborder hielt und schob uns langsam aber stetig durch die Fluten.

Am anderen Ufer spielten Kinder mit etwas, das aus der Ferne aussah wie eine junge flauschige Katze. Als der Kahn sich näherte, erkannten wir jedoch an der Musterung ihres Fells, das es sich bei dieser Katze nicht um ein schlichtes Haustier handelte. Es war ein Ozelotbaby. „So sind die noch süß, aber irgendwann ist der ausgewachsen. Dann gehen die Probleme los, weil er ja ein Raubtier bleibt und andere Tiere reißt", sagte Ilka. „Nur ist es dann zu spät, ihn noch auszuwildern, weil er sich bis dahin zu sehr an Menschen gewöhnt hat."

Nach dem Ausstieg stellte uns Mexicano unseren zweiten Begleiter vor, seinen Schwager Vicente. Ein hagerer Kerl, dessen hohlwangiges Gesicht ihn vermutlich älter wirken ließ, als er tatsächlich war. Er begrüßte uns mit einem Lächeln, das zwei Reihen schiefer Zähne entblößte. Während er uns half, die Rucksäcke auf das Dach des roten Toyota Landcruisers zu hieven, schlenderte Mexicano zur Hütte hinüber, in der die Nationalparkverwaltung ihren Kontrollposten unterhielt. Nachdem alle

*Nicht nur Passagiere kreuzen den Beni, auch Lkw müssen über den Fluss. Brücken Fehlanzeige. Daher setzen sie mit Holzflößen über.*

*Ist der süß! Ein Satz, der für manches Katzenbuby zum Todesurteil wird. Als Haustier gehalten, wächst das Raubtier heran und kann später kaum noch ausgewildert werden.*

Gepäckstücke auf dem Dach verzurrt waren, folgten wir Mexicano – allerdings nur, um vor der Hütte gleich wieder abzudrehen. „Problemas, no es posible trabajar en parque", zeterte die Frau gerade. Es sei derzeit nicht möglich, im Park zu arbeiten. Torsten bedeutete uns, Mexicano in Ruhe verhandeln zu lassen und uns zurückzuziehen. Die Zeit zog sich hin, während Mexicano in der Hütte auf die Frau einredete. Wir warteten 20 Minuten, eine halbe Stunde. Das Warten stellte nicht nur unsere Geduld, sondern auch meine guten Vorsätze auf eine harte Probe, eine zu harte. Eigentlich hatte ich mit den verbliebenen Zigaretten meiner zur Neige gehenden Packung Astoria auskommen und im Urwald einen Versuch unternehmen wollen, mit dem Laster zu brechen. Doch während wir warteten, fiel mein Blick auf stapelweise Zigarettenstangen, die ein Händler vor seinem Laden deponiert hatte. Als ich schließlich hinüberging, um mit einer davon wieder zum Toyota zurückzukehren, konnte sich Torsten das Lästern nicht verkneifen. „Dass du das in deinem Tagebuch aber ja nicht verschweigst", grinste er.

Während wir bereits wieder Zweifel hegten, ob nicht alles zum Scheitern verurteilt war, sammelte der Fahrer des von Mexicano gecharterten Jeeps weitere Passagiere ein, deren Gepäck ebenfalls auf dem Dach landete. Endlich, nach einer Dreiviertelstunde, kam Mexicano vergnügt grinsend auf uns zu. „Todo bien" sagte er, alles in Butter, und hielt uns die Aufenthaltsgenehmigungen für den Nationalpark hin.

Inzwischen schien es höchste Zeit, endlich aufzubrechen. Die Zahl der Passagiere war auf 13 angewachsen. Während Ilka und Torsten vorn neben den Fahrer krabbelten, zwängte ich mich in die erste der beiden Rücksitzreihen. Rechts neben mir in der Mitte saß Vicente, daneben Mexicano. Links neben mir, halb auf dem Radkasten, halb auf meinem Bein eine indianische Frau, die noch dazu ihre kleine Tochter auf dem Schoß hatte. Gemächlich holperte der Toyota über die

*Der Rio Tequeje füllte nur die Mitte seines Bettes aus, als wir auf der Brücke abluden, doch schoss er in erheblichem Tempo dahin. Sein nahes Rauschen half später bei der Orientierung.*

Piste nach Westen. Mexicano zückte eine Plastiktüte, prallvoll mit Blättern, aus seinem Handgepäck: „Coca leaves. For no sleep", erklärte er. Kokablätter, damit du nicht einschläfst. Er hielt mir eine Handvoll hin. Zögernd griff ich zu und stopfte sie mir in den Mund, wo ich sie mit der Zunge als Klumpen in die Backe schob. Der Saft, der sich beim Kauen allmählich daraus löste, schmeckte bitter. Zwar hatte mir Ilka am Vorabend in der Moskkito-Bar noch gut zugeredet, dass ich die Tagesmärsche auch ohne die aufputschende Wirkung der bolivianischen Nationaldroge schaffen würde, aber sicher war sicher. Während der Jeep sich die Piste entlang über Hügel und durch Senken samt der darin fließenden Bäche quälte, krabbelte das kleine Indianermädchen neugierig vom Schoß ihrer Mutter und inspizierte den Fond. Ich zog ein Foto von Till und Philipp im Schnee aus dem Handgepäck und zeigte es ihr. „Mis hijos", meine Söhne, erklärte ich, doch war das Mädchen wohl eher von der weißen Landschaft fasziniert als von den beiden Kindern in ihren dick wattierten Ski-Overalls. Nicht verwunderlich, Schnee hatte, wenn nicht in den Anden, so doch im Amazonasbecken wohl erheblichen Seltenheitswert. Die Serranias, die steilen Berghänge, die sich südlich von uns erhoben, strahlten in sattem Grün, nur ihre Rücken lagen in den Wolken. Irgendwo da hoch würde die erste Etappe unseres Weges führen.

Nach einer Mittagsrast in dem kleinen Dorf Tumupasa und einer Reifenpanne, bei der sämtliches Gepäck zunächst wieder vom Dach runter musste, um an den Reservereifen darunter zu gelangen, näherten wir uns am Nachmittag der Missionsstation Ixiamas. Kurz davor, so hatte uns Mexicano am Vortag auf der winzigen Karte gezeigt, kreuzte die Piste den Rio Tequeje. Über den gab es sogar eine steinerne Brücke, und die sollte der Ausgangspunkt für unseren Fußmarsch sein. Als wir das Viadukt erreichten, rauschte der Fluss darunter mit erheblichem Tempo dahin. Der Jeep hielt. Wir luden die Rucksäcke vom Dach. Und nicht nur die. Es folgten noch drei große Kartons, die wir auf einem schmalen Trampelpfad hinab unter die Brücke zum Flussbett schleppten. Angesichts Torstens Erzählungen hatte ich beim Auspacken eine Art Déjà-vu. Da war er, der grüne Speiseölkanister, da waren die prallen Plastikbeutel mit kiloweise Reis und Nudeln, Dosenfleisch und die Extrarationen an Cocablättern. Während Vicente sich auf den Boden hockte, um seine aus Naturfasern bestehende, klapprig anmutende Tragevorrichtung zu überprüfen, auf der er Proviant und Alutöpfe festband, zog Mexicano aus einem der Kartons eine Schachtel mit Kleinkalibermunition. Ich stutzte, schließlich war Jagen im

*Wer braucht schon einen Hightech-Rucksack? Vicentes Tragekiepe aus Lianenfasergeflecht tut es auch, und hält im Zweifel wohl die schwerere Last aus.*

Nationalpark verboten. „For hunting?" fragte ich. „No, for protection", entgegnete er. Nicht zum Jagen, sondern zum Schutz, falls man irgendwo fernab aller Hilfe auf zwielichtiges Gesindel treffen sollte. Ich dachte an Torstens Schilderungen von Holzfällertrupps, Goldsuchern und geheim abgesetzten Bohrtrupps ausländischer Ölgesellschaften, die im Urwald, mitunter sogar im Nationalpark, ihrem ungesetzlichen Treiben nachgingen und nicht gerade erfreut sein würden, wenn man sie zufällig dabei ertappte. Ich nickte. Als Mexicano allerdings die Waffe aus dem Gürtel zog, die er mit der Munition bestücken wollte, kamen mir Zweifel, ob dieses Ding im Ernstfall Schutz bieten könnte. Abschrecken würde es mit Sicherheit niemanden. Ein uralter, rostiger Revolver. Da, wo früher einmal die Trommel gesessen hatte, war er statt ihrer mit einem nachgerüsteten langen Lauf ausgestattet, der aussah wie ein gekapptes Stück Heizungsrohr. In dessen hinteres Ende schob Mexicano eine der Patronen. Angesichts der Beschreibung auf der Munitionsschachtel konnte ich mir ein Lächeln nicht verkneifen: „Benutzen Sie Armscor 22er Präzisionsmunition nur in modernen Feuerwaffen, die sich in gutem Zustand befinden", stand dort in englischer Sprache. Modern musste in Bolivien offenbar eine andere Bedeutung haben. Zumindest brauchte Mexicanos Colt nicht wie ein Vorderlader gestopft zu werden. Dennoch konnte ich mir kaum vorstellen, dass er überhaupt etwas Kleineres als ein Scheunentor damit treffen würde.

*Benutzung nur mit modernen Feuerwaffen in gutem Zustand, stand auf Mexicanos Munitionspäckchen. Angesichts seines Revolvers konnte da kaum etwas schief gehen.*

Obwohl ich so meine Zweifel hatte, was das Gewicht betraf, das ich bei der Hitze würde durch den Urwald schleppen können, wollte ich angesichts der Proviantberge nicht als Mimose gelten. Ich stopfte mir einen Sack Reis und einen mit Nudeln in den Rucksack, ins Bodenfach noch ein paar Konserven. Den Ölkanister hatte Vicente schon aufgeschnallt, wie ich dankbar bemerkt hatte. Dennoch hatte ich es wohl zu gut gemeint. Die verstohlenen Blicke, die Torsten und Ilka miteinander tauschten, bemerkte ich nicht. Erst am Abend klärte mich Torsten darüber auf, wie er sich insgeheim amüsiert hatte und mich einfach machen ließ. In Tumupasa hatten die beiden noch ohne mein Wissen über das Problem der Gepäckverteilung beratschlagt. Beide waren sich sicher gewesen, dass ich mir zu viel zumuten würde, ein Anfängerfehler, weil „Neulinge" im Urwald so bei den Mitstreitern Eindruck schinden konnten. Ilka hatte Torsten zwar ermahnt, auf eine gerechte Verteilung zu achten, wie er mir später gestand. „Doch da unter der Brücke hatte ich ihre Worte einfach vergessen! So ein Pech", gab er später zu. Angesichts der nur etwa dreistündigen Etappe, die uns am ersten Tag auf einem halbwegs ausgetretenen Trampelpfad bevorstand, hatte er es für das Beste gehalten, mich einfach machen zu lassen und auf den Lerneffekt der Last zu hoffen, statt Diskussionen zu führen.

Der erste Lerneffekt betraf allerdings nicht meine Schultern, sondern meine Ausrüstung. Schon beim Aufhucken forderte die Last Tribut. Mit einem Knacken barsten die ersten beiden Schnallen des Rucksacks. Das war wohl der Unterschied zwischen einem europäischen Topmodell und dem Ersatz vom Straßenmarkt in La Paz. Drei Flüche auf Iberia. Aber wirklich geholfen hätte der verschollene Tatonka wohl auch nicht, denn ich selbst hatte genauso zu kämpfen. Mit den schätzungsweise 30 Kilogramm auf dem Rücken stolperte ich hinter Vicente ins Unterholz. Es dauerte nicht lang, bis mein Atem sich zu heftigem Schnaufen wandelte. Leichtfüßig eilte Vicente voraus. Für mich war jeder Schritt ein Kampf. An jedem der umgestürzten Baumstämme, die quer über unseren Pfad hingen, blieb ich hängen. Es reichte nicht aus, den Kopf einzuziehen, wenn ich darunter hindurchschlüpfte. Nein, die oben auf den Rucksack geschnallte Iso-Matte war das Problem. Immer wenn sie den Stamm rammte, zwang sie mich in die Knie, bis ich von vorn herein dazu überging, niederzuknien und auf allen Vieren unter den Stämmen durchzukrabbeln. Wie hatte Ilka im Diavortrag gesagt: „Irgendwann hörst du auf, darüber nachzudenken, wem das Loch gehört, in dem deine Hand gerade wieder steckt." Beim Vortasten achtete ich sehr genau darauf, dass meine Hände eben nicht in einem der zum Teil fußballgroßen Löcher landeten, die hier und da im Boden klafften. Ich kam mir vor wie in der Evolution vier Millionen Jahre zurückversetzt, in die Zeit, da unsere Vorfahren noch stets auf allen Vieren herumgekreucht waren. Angesichts der Wurzeln, die bei jedem „Schritt" in meinen Handflächen drückten, schien mir plötzlich klar, dass der übertragene Sinn des Satzes „Back to the roots", zurück zu den Wurzeln, wohl einen sehr plastischen Ursprung hatte. Vicente war stehen geblieben und hatte mit den lässigen Schwüngen aus dem Unterarm innegehalten, mit denen er die Machete wedelte, um das über den Trampelpfad wuchernde Unterholz zu lichten. Er zeigte linker Hand ins Gesträuch. Wie von einer transparenten Plane waren Büsche und Blätter von einem riesigen Spinnennetz überspannt. Es maß bestimmt zwei Meter. Wie groß mochte da die Bauherrin sein? Doch Vicente deutete auf winzige Tierchen, die auf dem Netz herumkrabbelten. Als die anderen hinter uns aufschlossen, erklärte Mexicano, dass diese Spinnenart untypischerweise in Gemeinschaften lebte. In einer Art Patchwork-Netz, das einer ganzen Kolonie Nahrung bieten sollte. Obwohl ich vor der Abreise einiges über Spinnenarten gelesen hatte und wusste, dass Gefährlichkeit nicht unbedingt proportional zur Größe sein musste, atmete ich erleichtert durch. Eine Vogelspinne gleich am ersten Dschungeltag wäre ein bisschen heftig gewesen. Auch wenn gerade diese Exemplare ihren berüchtigten Ruf völlig zu Unrecht hatten, weil sie verhältnismäßig ungefährlich waren. Die mit einer Beinspannweite von bis zu 60 Zentimetern wohl größte Spinnenart, die Geißelspinne, auf die ich in einem Lexikon über die bolivianische Amazonasfauna gestoßen war, galt ebenfalls als völlig harmlos. Die einzigen beiden Arten unter unseren achtbeinigen Nachbarn, vor denen wir hier auf der Hut sein mussten, waren die südamerikanische Version der schwarzen Witwe (Latrodectus spectans) und die so genannte Kamm- oder Bananenspinne (Phoneutria fera). Die Erste nur rund einen Zentimeter groß, letztere in etwa so groß wie eine Vogelspinne, allerdings weniger behaart. Und Phoneutria war es, der man möglichst nicht zu nahe kommen sollte. Nicht nur, weil ihr Gift wohl das einzige unter denen der südamerikanischen Spinnenarten war, das auch einen völlig gesunden Erwachsenen töten konnte, sondern auch, weil sie ziemlich springfreudig war und einem vermeintlichen Angreifer bis zu einem Meter entgegenzuhüpfen vermochte. Sie wurde für über 60 Prozent der Spinnenunfälle in Südamerika verantwortlich gemacht, wohl deswegen, weil sie nachts, wenn sie auf Jagd ging, mitunter auch in Häuser krabbelte und dort in dunkle Nischen oder herumstehende Schuhe kroch. Ihren volkstümlichen Namen Bananenspinne hatte sie daher, weil ab und zu ein Exemplar unbeabsichtigt in einer Bananenstaude verborgen mit nach Europa importiert worden war. Da waren doch die winzigen Achtbeiner auf dem Riesennetz viel possierlicher. Doch viel Zeit, sie zu beobachten, blieb nicht, wir mussten weiter. Das Krabbeln unter den umgestürzten Baumstämmen hatte den Vorteil, dass sich das Gewicht sicher auf vier Kontaktstellen mit dem Boden verteilen konnte. Das an den Sachen zerrende Geäst und der holprige Weg über die Wurzeln brachten mich auf zwei Beinen mitunter ins Wanken. So mussten sich wohl auch unsere Vorfahren gefühlt haben, als sie einst dazu ansetzten, auf zwei statt auf vier Beinen zu laufen. Wegen meines wackligen rechten Sprunggelenks, Andenken der vielen Bänderdehnungen, die mir das Basketballspielen als Teenager beschert hatte, versuchte ich mich an Bäumen abzustützen. Das aber nur zweimal. Der erste Stamm besaß daumengroße Dornen, auf dem zweiten machte ich knapp über meiner Hand in einer Astgabel ein weißes Gespinst aus. Also stolperte ich ohne zusätzlichen Halt weiter, während mir der Schweiß über die Stirn in die Augen rann und mir die Sicht trübte. Beim Überqueren eines kleinen Bachs passierte es dann. Etwa einen Meter tief hatte das Rinnsal sein Bett in den Urwaldboden gegraben. Ein dünner Baumstamm war quer darüber gestürzt. Und auf dem balancierte Vicente mit leichten Trippelschritten nach drüben. Sah ganz einfach aus, doch mit dem Rucksack, der wegen der geborstenen Schnallen wie ein nasser Sack auf meinem Rücken hing, hatte ich keine Chance, es ihm nachzutun. Vorsichtig tasteten sich meine Schuhe auf dem glitschigen Holz vor bis zur Mitte. Dort geriet ich ins Wanken, zwei schnelle torkelnde Schritte vor, um nicht in den tiefen Schlamm unter mir zu stürzen. Geschafft, die Hand packte den rettenden Halt eines Astes auf der anderen Seite und griff zu. Ein stechender Schmerz durchschoss meine Hand. Die Dornen waren zwar kleiner als die am Stamm zuvor, dafür aber nadelspitz. Aus zahlreichen Einstichen quoll das Blut.

Gut, dass ich weder Torstens Augenrollen hinter mir sah, noch wusste, was ihm in diesem Moment durch den Kopf schoss. Darüber klärte er mich erst später auf: „Oh je, das geht ja gut los. Nach einer Stunde im Urwald schon die ersten schmerzhaften Erfahrungen. Wie soll das bloß weiter gehen? Vor uns hunderte Kilometer, der größte Teil durch völlig unwegsames Gelände! Ich muss heute Abend noch mal in Ruhe mit Jens reden. Das sind keine zwei Tage wandern im Erzgebirge, sondern Wochen in einem der letzten Wildnisgebiete der Erde, ohne Netz und doppelten Boden. Wenn wir durchkommen wollen, muss er seine Nervosität und Hektik abstellen."

Unterdessen wollte ich durchkommen und versuchte es irgendwie, doch das Geäst zerrte an Hut, Shirt und Rucksack. Nach wenigen Schritten krachte es erneut, die nächsten zwei Rucksackschnallen. Nun stell' dich nicht so an, dachte ich: Weiter! Ilkas Rufen nahm ich zunächst gar nicht wahr. „Warum rennt Jens ohne Rücksicht auf Verluste weiter", dachte Torsten. Am Arm hielt mich Ilka fest. „Nun wart doch mal!" Mit wenigen Handgriffen verknotete sie die Gurte. Verstellen ließ sich dieses Provisorium zwar nicht mehr, doch es hielt, und der Rucksack saß jetzt sogar da, wo er sollte. Meine Miene musste Bände gesprochen haben, denn Ilka klopfte mir aufbauend auf die Schulter: „Das schaffst du schon!" Nach weiteren zwei Stunden Gekeuche und Gekrabbel erreichten wir eine Stelle, an der das Unterholz gelichtet war. Offenbar ein verlassener Lagerplatz. Vicente saß an einen Baum gelehnt, seine Tragekiepe neben sich. „Campamiento", schallte Mexicanos Stimme von hinten. Das würde für die Nacht unser Lagerplatz sein. Ächzend ließ ich mich neben Vicente nieder und lehnte mich samt Rucksack an den Baum.

# 11. Ein Opfer für Pachamama

Das durchs Blattwerk gedämpfte Rauschen hatte ahnen lassen, dass wir den ganzen Weg bis hierher in einigem Abstand dem Lauf des Flusses gefolgt waren. Und von der Lagerstelle aus lag das Ufer nur ein paar Schritte eine lehmige Böschung hinab. Schäumend schossen die Fluten an dicken Findlingen vorbei. Ich hielt meinen Hut ins Wasser und ließ ihn bis zur Krempe voll gurgeln, dann setzte ich ihn auf. Der kalte Schwall, der sich über Gesicht und Schultern ergoss, war eine Wohltat. Er spülte auch das beißende Anti-Insektenspray weg, das mir in den letzten Stunden mit dem Schweiß in die Augen geronnen war. Ich verspürte den Drang, ein Vollbad zu nehmen, doch zunächst galt es, das Lager zu errichten. Mexicano und Torsten fegten bereits mit den Klingen ihrer Macheten das Laub weg, so dass der lehmige Untergrund zum Vorschein kam. Nur so waren verdächtige Löcher im Boden auszumachen, über denen man Plasteplane oder Zeltboden besser nicht ausbreitete. Ich bildete mir zwar ein, auch nicht ganz ungeschickt beim Aufbauen meiner Campingbehausung daheim zu sein, doch die eingespielten Handgriffe, mit denen Ilka und Torsten binnen Sekunden das Zelt auslegten, Alustangen aufrichteten und die Plane einhängten, waren phänomenal. „Wenn gerade ein Regenguss runtergeht, während du es aufbaust und du länger dazu brauchst, ist alles klatschnass", kommentierte Ilka mein Staunen achselzuckend. „Eines der wichtigsten Qualitätsmerkmale für ein Zelt ist, wie schnell es steht", erklärte sie. Während Mexicano loszog, um abseits im Gestrüpp ein paar dünne Holzstangen für das Campdach zu suchen, raspelte Vicente mit seiner Machete Holzspäne fürs Feuer. Reis und Fleisch hatte er schon bereitgelegt. Als Ilka damit begann, Zwiebeln und Knoblauch zu hacken, auf lange Zeit unser einziges frisches Gemüse, warf Vicente ihr scheele Blicke zu. Ganz geheuer waren ihm diese Touristen nicht, die selbst etwas tun wollten, statt sich auszuruhen. Er war es gewohnt, allein zu hantieren.

Mexicano kam zurück, ein Bündel Äste unterm Arm, das untere Ende mit Machetenschlägen zu einer Spitze behauen, das obere jeweils mit einer Astverzweigung. Die dicksten rammte er im Abstand von vier Metern in den Lehm. Ihre Astgabeln würden den Dachfirst tragen: Ein weiterer langer Ast, der quer hineingelegt und über den die Plasteplane gespannt werden sollte. Es folgten ähnliche kleinere Gestänge, die Mexicano parallel zum ersten aufstellte. „An deren Querstangen bindest du oben das Moskitonetz fest, das dann wie ein Kasten aus Stoff herunterhängt. Unten verknotest du das Netz unter deiner Iso-Matte, damit du vor unerwünschten Nachbarn sicher bist", erklärte Ilka. „Aber heute mache ich den Außenschläfer." Angesichts der unerwünschten Nachbarn, die sich inzwischen längst wieder auf unserem Lagerplatz tummelten, war ich ehrlich gesagt froh darüber, meine erste Nacht im Urwald nicht unbedingt im Freien nur unter einer dünnen transparenten Bahn Kunststoffnetz verbringen zu müssen. Vor der Abreise hatte Torsten noch abgewinkt. „Zelt? Brauchst du nicht. Wir haben doch eins." Doch sich über drei Wochen zu dritt in das kleine Vaude zu zwängen, schien doch nicht gerade eine gute Idee, so dass Torsten in Rurrenabaque vorgeschlagen hatte, wir könnten uns als Zelt- und Netzschläfer abwechseln.

Während Mexicano die zweite Plastikplane auf dem Boden ausrollte, machte ich zwischen den zahlreichen „kleinen" Ameisen, die auch schon rund anderthalb Zentimeter maßen, noch ein anderes Exemplar aus. Es hatte zwar kleinere Beißwerkzeuge, dafür war es die wohl größte Ameise, die ich je gesehen hatte. Mehr als doppelt so groß wie die anderen und leicht rötlich schimmernd. Auch Mexicano hatte sie gesehen. „Venticuatro atención", rief er aus und machte einen schnellen Ausfallschritt, mit dem er das Tier unter der Sohle seines Turnschuhs begrub. „No mas venticuatro", grinste er, keine Venticuatro mehr. „It's very poisonous", erklärte er, die sei sehr giftig. Angesichts des Namens eine überflüssige Warnung. Von der berüchtigten Tucandera oder Venticuatro, was übersetzt so viel wie 24-Stunden-Ameise bedeutet, hatte ich schon vor Jahren Beschreibungen gelesen. Schilderungen, die klar machten, warum Mexicano das Tier so schnell und gnadenlos ausgelöscht hatte. In seiner Geo-Reportage „Inseln der Zeit" aus dem Jahr 1986 hatte der Forscher Uwe George von Überlieferungen berichtet, die besagten, dass Indianer dieses Insekt mehr fürchteten als Schlangen und Skorpione. Mehr als das. Dass sie sich auf der Stelle Finger oder Zehen abzuhacken pflegten, wenn sie von der Tucandera dort gestochen wurden. Einen einprägsamen Bericht über eigene Erfahrungen mit dem Rieseninsekt hatte auch der britische Botaniker Richard Spruce im 19. Jahrhundert hinterlassen. Nach einem Stich berichtete er von einem Gefühl, als ob sein Arm bei lebendigem Leibe abbrenne. Dass diese „Höllenqualen" angeblich 24 Stunden lang anhielten, bescherte dem Tier, das mit lateinischem Namen Paraponera clavata heißt, seine volkstümliche Bezeichnung. Ob die Berichte nun übertrieben waren oder nicht, sie ließen mich schwanken, ob ich über das ausgelöschte Leben der Venticuatro in diesem Moment eher Groll oder Erleichterung empfinden sollte. Zum Glück hatte ich noch keine Ahnung, dass wir auf unserer Expedition noch das zweifelhafte Vergnügen bekommen sollten, über die Qualen eines Tucandera-Stichs einen Bericht aus erster Hand zu erhalten.

*Luxus pur: An manchen Stellen hält der Urwald nicht nur eine Badewanne bereit, um klebrigen Schweiß abzuwaschen, ab und zu bietet er sogar einen gurgelnden Whirlpool.*

Vor dem Essen musste noch der klebrige Schweiß vom Körper. Mit nichts als Sandalen stakste ich die Böschung wieder zum Fluss hinab, in dem Ilka und Torsten schon genüsslich planschten. Das Wasser sah zwar reißend aus, war aber nur knietief. Ich setze mich auf die Kiesel und ließ mich bis zum nächsten Felsen mittreiben. Dort schubberte ich mir mit dem Hintern eine gemütliche Kuhle im Kiesbett. So ließ es sich aushalten. Ich lehnte mich zurück und ließ mir die Fluten durchs verschwitzte Haar spülen. Dann nahm ich den Kopf unter Wasser. So war zwar nichts zu sehen, weil der aufgewühlte Lehm des Grundes den Fluss braun färbte, dafür konzentrierte ich mich auf den Klang. Über und unter mir gurgelte das Wasser wie in einem Whirlpool. Wie lang genau dieser Schwall wohl brauchen würde, um den Amazonas zu erreichen und durch seine Mündung in den Atlantik zu strömen? Wohlig räkelte ich mich im Kies. Ganz vergessen hatte ich die Horrorgeschichte von dem Vampirfisch namens Candiru zwar nicht, aber wie sollte sich so ein kleiner Fisch schon in so reißendem Wasser halten. Simon Chapman hatte in seinem Expeditionsbericht jenen Miniaturwels Vandellia cirrhosa erwähnt, nur einige Zentimeter lang und einen halben Zentimeter dick, der als Schmarotzer vom Blut anderer Fische lebte. Er schwamm zwischen ihre Kiemen und setzte sich mit Widerhaken dort fest. Die Horrorgeschichte, die Chapmans Begleiter ihm aufgetischt hatten, war, dass der Candiru nicht immer wählerisch war und bei Bedarf auch mit menschlichen Körperöffnungen vorlieb nahm. Das I-Tüpfelchen der Story war der Fall eines Mannes, der achtlos in den Fluss pinkelte, wobei ihm der Wels im Urinstrom hinauf bis in die Harnröhre schoss, in die er eindrang, um sich dort drin festzusetzen. Da helfe nur noch, ein Feuerzeug unter den Fischschwanz zu halten und beim Entflammen zugleich dran zu reißen. Wenn er dann nicht loslasse und wieder rausrutsche, helfe nur noch Amputation, war Chapman empfohlen worden. Was für ein Quatsch. Ich hatte zwar mal gelesen, dass Lachse auf ihren Wanderungen bis zu zwei Meter hohe Stromschnellen überwinden konnten. Aber wie sollte ein Fisch, sei er noch so winzig, zielgenau einem dünnen gelben Strahl folgen, der sich im Bogen vom Ufer in den Fluss ergoss? Ob es die Gedanken an Blasenentleerung waren, wusste ich nicht, jedenfalls verspürte ich Sekunden später ziemlichen Druck auf derselben. Ich ließ es einfach laufen. Beim Auftauchen hörte ich eine Signalpfeife und schaute nach Torsten und Ilka. Doch sie hatten nicht gepfiffen. „Ein Vogel, klingt gut, nicht?" rief Torsten von seiner Badestelle aus herüber.
Nach dem Abtrocknen griff Ilka ihre Plastikflasche und hielt sie in den Fluss. „Jetzt vergiss erst mal alles, was du beim Survivalkurs über Entkeimung und Trinkwasseraufbereitung gelernt hast", sagte sie. Aus dem Röhrchen mit den Vitamintabletten ließ sie eine in die Brühe in der Flasche plumpsen, deren Farbe sich nach einigem Schütteln von Hellbraun zu sattem Orange wandelte. „So, trinkbar und hat sogar Geschmack", schmunzelte Ilka. Ich nahm auch einen Schluck, ohne mir groß Gedanken über Keime zu machen. Wenn nicht gerade ein Goldsuchercamp flussaufwärts lag, was nicht zu erwarten war, dürfte das Wasser schließlich trotz seiner Trübung ziemlich unverschmutzt sein. Als ich vom Lager meine eigene Flasche holte, um es Ilka nachzutun, hielt mich Vicente am Arm und griff die Flasche. Er zeigte mit dem Finger den Fluss hinauf und begann, durch den Strom zu waten. Ich folgte ihm. Nach einigen hundert Metern kamen wir an einen winzigen Bach, der munter über sein Kiesbett plätscherte. Bevor sein Wasser sich an der Mündung mit den braunen Massen des Flusses vermischte, war es glasklar. Vicente ließ meine Flasche voll gluckern und reichte sie mir. „Aqua limpia", sagte er, „es mejor", sauberes Wasser sei schließlich besser. Es sah auf jeden Fall appetitlicher aus. Ich nahm einen kräftigen Zug, schmeckte sogar ohne Orangengeschmack. Prima, meine Vitamintabletten waren schließlich dank Iberia ebenfalls verschollen. Nach dem Abendessen dämmerte es schnell, und das Konzert des Urwalds hob an. Ohrenbetäubendes Zirpen, das Quaken von Fröschen, manche Geräusche klangen wie australische Didgeridoos. Mexicano erklärte, das sei ein kleines Insekt namens Cigarro. Ich hockte barfuß am Lagerfeuer und leuchtete im Dunkel ab und an rings um meine Iso-Matte herum auf den Lehmboden. Auf dem hatten sich zahlreiche kleinere Artgenossen der zuvor ausgelöschten Ameise längst wieder ihr Terrain erobert. Ob Venticuatro wohl auch eine Familie hatte, die auf Rache sann?

# [ Ein Opfer für Pachamama ]

*Opfergaben für Pachamama: Coca, wie man es auf dem Markt beutelweise kaufen kann, und Guabira, 96-prozentiger Trinkspiritus, den Mexicano euphemistisch Whisky nannte.*

„Vamos a la playa?" fragte Mexicano unvermittelt, gehen wir an den Strand? Allseitiges Nicken. Auf dem Weg zum Ufer schärfte mir Torsten ein, dem Ritual, das nun folgen sollte, mit Ehrfurcht zu begegnen und nicht hineinzuplappern. Auf den Kieseln am Ufer machten wir es uns mit Iso-Matte und Taschenlampe bequem. Mexicano zog seinen grünen Pastikflachmann aus der Hosentasche. „Ceibo" sagte er und ergänzte grinsend, „Whisky". Eine etwas euphemistische Bezeichnung für jenen 96-prozentigen Trinkspiritus, den man in Rurre und La Paz für ein paar Bolivianos je Liter an jedem Markstand feilgeboten hatte. Vicente legte seinen Stoffbeutel auf die Steine, holte Cocablätter heraus und hölzerne Fasern, die an Streifen von Baumrinde erinnerten. „Chamaira", sagte er und hielt mir einen hin. Eine Lianenart, erklärte er, die wie Coca aufputschende Wirkung habe und außerdem gegen alle möglichen Wehwehchen helfe, auch gegen Durchfall. Das war das Stichwort, ich nahm die Liane und begann darauf herumzukauen. Schmeckte holzig, welch Wunder, und bitter. Wenn ich auch skeptisch war, ob sie das Toben in meinem Bauch würde lindern können, schaden würde sie wohl auch nicht. Dann nahm Vicente noch einen schwarzen Klumpen aus dem Beutel, der an einen Teeziegel erinnerte.

*Auf dem Hexenmarkt gibt es in allen erdenklichen Größen Figuren von Pachamama, der Mutter der Erde, der selbst von missionierten Indianern immer noch gehuldigt wird.*

Ich hatte diese Ziegel schon auf dem Markt in La Paz gesehen. Gepresste Bananenstaudenasche, die die Marktfrauen zusammen mit Coca verkauften. Kleine Kügelchen davon, zusammen mit den Blättern in den Mund geschoben, sollten als Katalysator für den Effekt der Cocasäfte wirken. Mexicano grub eine Kuhle in den Kies und legte Cocablätter und Chamairastreifen hinein. Dann goss er Ceibo darüber, entzündete eine Zigarette und steckte sie aufrecht daneben. Er begann, leise zu murmeln, Spanisch war das nicht, es musste irgendeine indianische Mundart sein, vielleicht Quechua. Ich konnte nur das Wort „Pachamama" ausmachen. Das war das indianische Wort für die Madre de Tierra oder Mutter der Erde, der die indianischen Völker, auch die missionierten, nach wie vor huldigten. Ihre Figuren gab es sogar in sämtlichen Größen auf dem Hexenmarkt in La Paz zu kaufen. Auf dem Weg zum Strand hatte Torsten kurz erklärt, was das Ritual bedeutete. Mexicano bat Pachamama für uns alle um gutes Gelingen und unversehrte Wiederkehr. Dafür opferte man von seinen Genussmitteln jeweils einen kleinen Anteil. An der Zigarette war sogar abzulesen, ob Pachamama die Bitte erhörte. Glomm der Stängel bis zum Ende ab, hatte die Mutter der Erde das Opfer angenommen. Wir alle schwiegen. Torsten starrte wie gebannt auf die allmählich herabglimmende Glut der Zigarette. Später im Zelt weihte er mich in die Gedanken ein, die ihm während des Rituals durch den Kopf gegangen waren. Die Kurzversion dieser Geschichte kannte ich bereits, doch en detail machte sie umso deutlicher, warum das Ritual für Torsten so große Bedeutung hatte:

„2002 waren wir auf dem Rio Ucayali in Peru unterwegs", erzählte Torsten, „wir fuhren noch eine Stunde bis zum Indianerdorf der Shipipo, vier Hütten mitten im Sumpf! Wir waren ziemlich fertig. In der Abenddämmerung ging ein gewaltiges Gewitter nieder. Das Abendlicht und die hell zuckenden Blitze tauchten das Überschwemmungsland in einen diffusen Lichtschein. Weltuntergangsstimmung! Als das Unwetter vorbei war, fuhren wir in der Dunkelheit noch einmal Krokodile gucken. Zwei kleine Mohrenkaimane waren der Lohn der Mühe, ansonsten nichts als Wasser und Moskitos. Mit Einbruch der Nacht nahm das Unglück seinen Lauf. Urplötzlich bekam ich wahnsinniges Fieber. 40 Grad abwechselnd mit Schüttelfrost. Ich lag apathisch unterm Moskitonetz. Ilka wachte von der Hitze auf, die ich verbreitete, aber ich war nicht ansprechbar. Am nächsten Morgen konnte ich nicht mehr alleine laufen. Ich glühte wie ein Backofen. Ilka und Uwe, ein Freund, der uns damals begleitet hatte, trugen mich zum Boot. Wir mussten schnellstens zu einem Arzt. An die siebenstündige Rückfahrt nach Pucallpa und an die anschließende Taxifahrt in die Tropenklinik Amazonico konnte ich mich später nicht mehr erinnern. In der Notaufnahme mussten sie mich stützen. Mir war schwindlig, die Augen brannten, und überhaupt schmerzte jedes Körperteil.

Das Erste, was ich hörte, war Malaria. Mir wurde mehrfach Blut fürs Labor abgezapft. Ilka passte auf, dass wenigstens die Kanülen steril waren. Dann legte ich mich auf eine Pritsche und dämmerte vor mich hin. Irgendwann bekam ich eine Spritze gegen das Fieber. Nach einer Stunde kamen die Laborwerte. Die gute Nachricht: Malaria negativ, dafür aber Denguefieber. Zu diesem Zeitpunkt wusste keiner von uns, ob das eine gute oder schlechte Nachricht war. Ilka redete lange mit dem dicken Arzt und ließ sich alles erklären. Wenn man nur lateinisch gekonnt hätte! Zumindest wurde klar, dass es gegen Denguefieber kein Mittel gab. Man konnte nur etwas gegen die Symptome tun. In dem National-Geographic-Heft, das Uwe aus Deutschland für

*Am Wasser lauert Gefahr. Gar nicht mal durch solche Kaimane, eher in Form jener winzigen Urwaldbewohner, die Krankheiten wie Dengue oder Malaria übertragen.*

## [ Ein Opfer für Pachamama ]

uns mitgebracht hatte, war kurioserweise der neueste UN-Seuchenreport drin. Und genau diese Zeitung ließen sie mir als Lektüre im Krankenhaus zurück. Tolle Freunde! Dort las ich, dass Dengue auf dem Vormarsch war und meist tödlich verlief. Ich hatte Angst! Im Internetcafé suchte Ilka abends fieberhaft nach Informationen und konnte mich anschließend etwas beruhigen. Denguefieber unterteilte man grob in zwei Hauptarten. Die klassische Form verschwand nach einer Woche Fieberwahn von allein wieder. Die weitaus gefährlichere Art war die hämorrhagische Form, bei der die Blutgerinnung unterbrochen wird. Adern platzen auf, Schleimhäute im Mund und Magen beginnen zu bluten. Unmengen an Blutkonserven werden benötigt. Die Sterblichkeitsrate liegt bei 50 Prozent. Uwe und Ilka ‚betankten' mich ständig mit unzähligen Litern Wasser und kontrollierten die Temperatur. Mehr konnten sie nicht tun! Erst nach drei Tagen stand endgültig fest, dass ich nur mit der leichten Form zu kämpfen hatte."

An dieser Stelle unterbrach ich Torsten. „Hattet ihr nicht Angst, dass sich die anderen auch noch anstecken?" fragte ich. „Ja, besonders, weil der Zustand auf der Denguestation schrecklich war. Kinder und Erwachsene dämmerten auf ihren Pritschen vor sich hin. Die Mückenschutznetze an Fenstern und Türen hatten große Löcher. Wunderbar! Die Aedes-Mücke, die das Fieber überträgt, sticht erst den kranken, dann den gesunden Menschen. Die Wahrscheinlichkeit, sich dort im Krankenhaus noch zu infizieren, war für Ilka und Uwe um ein Vielfaches höher, als draußen im Regenwald. Endlich gaben die Ärzte grünes Licht. Ich durfte die Klinik verlassen. Der nächste Bus brachte uns über staubige und holprige Straßen zurück ins Gebirge. Gelesen hatte ich, dass das Denguefieber ursprünglich kein südamerikanisches Problem gewesen sein soll, sondern ein importiertes. In den 60er Jahren soll der Erreger erstmals in der Region Leticia im Dreiländereck Kolumbien, Peru, Brasilien als biologische Waffe eingesetzt worden sein, von amerikanischen Drogenbekämpfungseinheiten zum Aufspüren von Guerillas. Man erhoffte sich so, den Drogenkurieren und dem militärischen Arm der Kommunistischen Partei, als Beschützer der Drogenbarone, auf die Schliche zu kommen. Jeder Infizierte braucht bei der B-Form Unmengen an Blutkonserven. Und die bekam man natürlich nicht im Busch, sondern nur in Krankenhäusern. Der Erreger breitete sich dann unkontrolliert über die ganze Amazonasregion aus. Inzwischen soll es jährlich mehr als 200.000 Neuinfizierungen geben. Bevor wir damals ins peruanische Tiefland reisten, waren wir vorher im Madidi-Gebiet unterwegs gewesen. Die Inkubationszeit bei Dengue-Fieber beträgt zwischen vier und 20 Tagen. Ich hätte mich also durchaus auch hier infiziert haben können."

Angesichts dieser, Torstens späterer Erklärung, war mir nachträglich klar, warum er mitten im Ritual plötzlich noch zwei Zigaretten gezückt und entbrannt hatte. „Eine für mich und eine für Pachamama", wie er erklärte. Und Pachamama schien uns gewogen. Sie rauchte ihre beiden Zigaretten bis zum Ende.

Als Mexicanos Murmeln verstummt war, und er wieder in die Runde blickte, befragte Torsten ihn noch mal zur Vorgehensweise, was dieses Ritual betraf. „Primero dia y ultimo dia?" Am ersten und am letzten Tag der Reise? Mexicano grinste. „No, no, solamente primero dia, ultimo dia, no hay coca leaves." Nee, nur am ersten Tag, am letzten, da seien schließlich keine Cocablätter mehr da. Der Ceibo, der zwecks Verdünnung samt Wasseraufguss in der Blechtasse die Runde machte, lieferte einen willkommenen Schlummertrunk nach einem anstrengenden ersten Tag. Und er stumpfte meine Sinne genug ab, um bei Torstens „Gute-Nacht-Geschichten" im Zelt nicht doch noch kalte Füße zu bekommen.

*Gespannt verfolgte Mexicano, ob Pachamama die zwischen die Kiesel gesteckte Zigarette bis zum Ende raucht, um unser Unterfangen dann wohlwollend unter ihre Fittiche zu nehmen.*

# 12. Nächtlicher Raubüberfall

Die Zeit der Ungewissheit und die lichten Momente, die er im Wahn des Denguefiebers verbracht habe, seien für ihn die bisher schlimmste Erfahrung auf Reisen gewesen, erzählte Torsten. „Zuviel Zeit zum Nachdenken. Warum lag ich nicht, wie die meisten anderen Touristen, all inclusive irgendwo am Strand? Aber eigentlich stellt sich diese Frage nicht wirklich, denn das hier, das ist Leben." Und da gehörten die Risiken auch irgendwie dazu, meinte er. „Neben Malaria und Gelbfieber, gegen die man vorbeugen kann, gibt's da noch Amöbenruhr", erzählte Torsten, als wir im Zelt nebeneinander lagen. „Oder die Chagasche Krankheit. Die wird von Wanzen übertragen, die einem in Gesicht oder Hals beißen. Versucht man, sie zu entfernen, spritzen sie ihren Kot unter die Haut, ähnlich wie Zecken. So gelangen Protozoen in den Blutkreislauf. Viele Jahre später stirbt man an unheilbaren Erkrankungen an Herz und Hirn. Dann gibt es noch die Flussblindheit, übertragen von schwarzen Fliegen, deren Maden zu den Augäpfeln wandern. Nicht zu vergessen die Leishmaniose, die von Sandfliegen übertragen wird. Wenn man sie nicht schnell behandelt, zerfrisst sie einem die befallenen Körperteile. Ähnlich der Lepra, sterben sie der Reihe nach ab. Die großen Tiere sind da viel freundlicher, zumindest, solange sie sich nicht bedroht fühlen", sagte Torsten gähnend.
„Am gefährlichsten sind eigentlich die Dschungelschweine, die Pekaris. In Gruppen bis zu 200 Tieren streifen sie durch den Urwald. Die angriffslustigen, mächtigen Keiler vorneweg. Vor ein paar Jahren erlebten wir selbst so eine Attacke. Mit einem Tacana-Indianer durchstreiften wir die Wälder am Rio Tuichi. Mit grunzenden Lauten lockte er eine Horde von etwa 30 Tieren aus dem Dickicht. Dummerweise hatte ich meine rote Regenjacke an. Als einer der Keiler die durchs Grün schimmern sah, rannte er schnaubend auf uns zu. Nur wenige Meter vor uns stoppte er seinen Angriff! Warum, keine Ahnung."
Auch ein Jaguar greife eigentlich keine Menschen an, fuhr Torsten fort. „Aber wenn, dann hast du wohl kaum eine Chance. Er springt sein Opfer aus dem Hinterhalt an und tötet durch einen gezielten Biss in den Nacken." Was Torsten erzählte, deckte sich bis auf Details mit dem, was ich zuvor gelesen hatte. Der Name Jaguar stammte aus dem Indianischen. „Jag war" hieß so viel wie „der im Fliegen tötet". Mit bis zu 150 Kilo Gewicht, das zum Großteil aus Muskeln besteht, eine perfekte Jagdmaschine. Torstens Version vom Biss in den Nacken lag nahe an dem, was der amerikanische Raubkatzen-Experte Les Line beschrieben hatte. Nur dass der Jaguar laut Line mitunter noch viel präziser zuschlug. Er vermochte seine Fangzähne im Niederreißen eines Opfers sogar genau im Ohr zu platzieren, sie gewissermaßen dort einrasten zu lassen, so dass er sein Gebiss auf die fragilste Stelle des Kopfes in Anschlag brachte. Erst dann biss er mit mehreren Tonnen Gewichtskraft zu, bis es den Schädel zerknackte. Die einzige Raubkatze überhaupt, die so zu jagen vermochte und sogar in der Lage war, Schildkrötenpanzer zu zerbeißen.

## [ Nächtlicher Raubüberfall ]

*Im Sprung reißt der Jaguar seine Beute nieder, bringt seine Zähne auf die fragilste Stelle des Kopfes in Anschlag und zerknackt den Schädel, die einzige Raubkatze der Welt, die das kann.*

„Auch eine Korallenschlange greift Menschen nur an, wenn man auf sie tritt", fuhr Torsten fort. „Der Zitteraal bringt seine vollen 640 Volt nur zur Geltung, wenn er noch nicht gefrühstückt hat, und Piranhas zeigen, solange man keine offenen Wunden hat, kein Interesse an Menschen. Eine richtig große Anakonda wäre dir im Ernstfall zwar weit überlegen. Sie schlingt sich um ihr Opfer und drückt zu, wenn es ausatmet. Aber auch die meiden den Menschen wohl eher, außerdem müssen sie nur alle paar Monate fressen." Nein, nach Torstens Ansicht waren die Insekten mit ihren verschiedenen Krankheiten viel gefährlicher. „Andere sind einfach nur lästig", sagte Torsten. „Mücken, Wespen, Bienen, Schweißbienen, Dasselfliegen. Deren Larve bohrt sich in die Haut, bis sie nach 35 Tagen als Made wieder he-

rauskommt. Weiter unten am Rio Beni haben wir mal miterleben dürfen, wie ein Flussindianer versucht hat, eine Made herauszuholen, die sich in seinen Bauch gefressen hatte. Er band sich einen Streifen Tapirspeck über die Wunde. Angelockt vom verführerischen Duft soll die Made so herausgelockt werden." Von dieser Behandlungsmethode hatte ich auch schon gelesen, ich glaubte, bei Rüdiger Nehberg, wenn da auch nicht vom Duft des Specks als Lockmittel die Rede war, sondern eher von dessen Kompressenfunktion, der der Made die Luftzufuhr von außen abklemmen sollte. Angeblich drehte die Made dann um, um sich wieder zurück bis zur Oberfläche durchzufressen. Wenn sie im Speck statt im eigenen Fleisch steckte, konnte man sie weit wegwerfen. Oder auch nicht. Nehberg hätte sie bestimmt lieber gegessen.

„Als besondere Spezialität ist da noch der Candiru", fuhr Torsten fort. „Ein winziger Wels, so groß wie ein Zahnstocher, der sein parasitäres Leben an die Verdauungskanäle und Kiemen größerer Fische angepasst hat. Solltest du im Amazonas-Urwald zuviel getrunken haben und beim Schwimmen unwillkürlich urinieren, hält dich der Candiru, angezogen vom Geruch, für einen großen Fisch und schwimmt überglücklich deinen Urinstrom hinauf. Dann arbeitet er sich in die Harnröhre vor. Dort angekommen, spreizt er seine Kiemendeckel und stellt rückwärtsgerichtete Stacheln auf. Der Schmerz soll von ganz spezieller Art sein. Bevor die Blase platzt, muss man ins Krankenhaus zum Amputieren." Ich hatte unwillkürlich unter meinem Laken die Beine zusammengekniffen. Wie hatte ich nur so blöd sein können? Natürlich hatte der von Chapman geschilderte Mann wahrscheinlich nicht in den Fluss, sondern im Fluss gepinkelt. Klar, so war sehr wohl vorstellbar, dass der kleine Schmarotzer seinen Weg fand. Meine Hand fuhr schützend zwischen die Beine, wo sich eine Art Phantomkribbeln breitgemacht hatte. Ich nahm mir vor, in den kommenden Wochen tunlichst im Wasser kein Wasser mehr zu lassen.

Was mich in der Nacht mehrfach hochschrecken ließ, waren weder Träume noch imaginäres Kribbeln. Nein, das Zwicken war real und es zwickte nicht zwischen, sondern an den Beinen, auch mal am Bauch oder am Po. Zuerst klatschte ich heftig mit der Hand auf die Ameisen, denn nur um die konnte es sich handeln. Doch da das nicht wirklich lange Ruhe bescherte, wurde meine Gegenwehr allmählich schwächer. Schließlich zerzwirbelte ich die kleinen Biester nur noch dann und wann in ihre Einzelteile, wenn ich zufällig eins zwischen die Finger bekam. Es musste eine ganze Armee sein. Wo die bloß herkamen? Dass ein paar von ihnen mit uns von draußen ins Zelt gekrabbelt waren, okay, aber so viele? Daraus, dass Torsten neben mir manchmal ebenso zuckte, schloss ich, dass die Invasoren auch ihn piesackten. Doch nicht nur die Ameisen störten unsere Nachtruhe.

Ilka hatte als Erste das ferne Grollen und die Windböen wahrgenommen, mit denen sich der Regen ankündigte. Binnen Sekunden schwollen die ersten Tropfen zum Guss an. Insgeheim hatte Ilka sich gewundert, dass es offenbar immer dasselbe Ritual war. Die Einheimischen warteten bis zur letzten Minute damit, Vorkehrungen zu treffen. Erst mit den ersten Tropfen hatten Mexicano und Vicente im Stockfinsteren begonnen, ihre Ausrüstung zusammenzuklauben. Hastig scharrten sie mit der Machete Wassergräben, ehe sie, längst klatschnass, wieder unter die Plane krochen. „Ich weiß, das wird sich wohl nie ändern, und ich werde es doch nie verstehen. Scheint auch eine Art Ritual zu sein", dachte Ilka, bevor sie wieder einschlief.

Auch Torsten und mich hatte es erst aus dem Zelt getrieben, als Vicente und Mexicano in Aktion verfallen waren. Hektisch sammelte ich T-Shirt, Handtuch und Socken vom Zeltfirst, wohin ich sie zum Trocknen gehängt hatte. Übrigens ein Fehler mit potenziell schweren Folgen, worauf mich Torsten später hinwies. Torsten zerrte seinen Bunderwehr-Poncho ins Vorzelt und breitete ihn auf dem Waldboden aus. Die verschwitzten Wanderschuhe stellten wir ebenfalls dort ab. „Die musst du morgen vor dem Reinfahren nur gut ausschütteln", mahnte Torsten. Dann zog er den Reißverschluss des Innenzelts wieder zu.

Als der Morgen graute, hatte sich der Wolkenguss längst verzogen. Vereinzelt drangen Sonnenstrahlen durchs Blätterdach in den Wald. Und jetzt bei Licht wurde klar, wie die nächtliche Invasion der Ameisen ins Zelt gelangt war. Zwecks Frischluft hatten wir während der Nacht statt der Zelttür nur die Moskito-Gaze zugezogen. Und in der klafften stattliche Löcher, einige bis zu zehn Zentimeter groß. „Blattschneider-Ameisen", kommentierte Torsten, „beim Lagerbau haben wir wohl ihre Straße weggefegt. Und die haben sich in der Nacht wieder eine gebaut. Oder vielleicht brauchten die ein-

*Der gummierte Stoff eines Bundeswehrponchos wird von Blattschneiderameisen locker durchtrennt. Ob ihr Pilz von der Kost Magenverstimmung bekam, wissen wir nicht.*

fach etwas Zeltgaze für die Fenster in ihrem Bau." Ärger über das demolierte Moskitonetz war ihm nicht anzumerken. Ilka jedoch, die unsere Diskussion von draußen gehört hatte und ins Vorzelt spähte, spottete: „Typisch Jungs, lassen sich doch tatsächlich im Schlaf das Zelt unterm Hintern wegfressen!" Draußen vor dem Vorzelt schleppten zwei der kleinen Räuber gerade kleeblattgroße grüne Blattstücke weg. Olivgrün und irgendwie künstlich schimmernd, fast wie von einem Gummibaum. Gummi war das Stichwort. „Torsten", rief ich aus, als ich die Bescherung im Vorzelt sah. „Guck dir das an! Das ist dein Poncho!" In der Tat. Der Bundeswehrponcho hing buchstäblich in Fetzen. Ich war fassungslos. Mehrfach hatte ich im Chemnitzer Naturkundemuseum die hinter Glas zur Schau gestellte Kolonie von Blattschneider-Ameisen betrachtet. Die Insekten fraßen die zerschnittenen Blätter nicht etwa selbst. Sie betrieben gewissermaßen Agrarwirtschaft. In unterirdischen Bauten, die mitunter Hohlräume umfassten, in denen ein erwachsener Mann hätte aufrecht stehen können, züchteten sie einen Pilz. Und für den waren die Blätter bestimmt. Die Ameisen selbst ernährten sich von Sekreten, die der Pilz absonderte. Ich hatte auch davon gelesen, dass die Scheren der Blattschneider-Ameise recht scharf sein sollten. Dass sich Indianer die Tiere mitunter bewusst über Schnittwunden in der Haut hielten und zubeißen ließen, um den Körper dann abzukneifen und mit den festgebissenen Köpfen einen Wundsaum zu klammern. Aber wie die Biester mit ihren Scheren den dicken gummierten Stoff des Ponchos durchtrennt hatten, war mir schleierhaft. Wir schleiften seine Überreste ins Freie und hielten ihn hoch. Gelächter bei Mexicano und Vicente. Auch Torsten lachte. „Na, als Regenschutz ist der nicht mehr zu gebrauchen, der dient später höchstens noch als Anschauungsmaterial beim Diavortrag." Wir zückten die Kameras, um das Ganze zu dokumentieren. Ilka orakelte, dass der Pilz, den die Ameisen in ihrer Behausung nun irrtümlicherweise mit Gummifetzen statt mit Blättern fütterten, bestimmt an Magenverstimmung würde leiden müssen. Mir schoss ein anderer Gedanke durch den Kopf. Immerhin sollten diese Ponchos Bundeswehrsoldaten Schutz vor Wind, Wetter und im Gefecht auch vor Kampfmitteln bieten. Sollte die Bundeswehr je in die Verlegenheit kommen, die freiheitlich-demokratische Grundordnung am Amazonas zu verteidigen: Sie würde sich zunächst wohl besser ausstatten müssen.

# 13. Konkurrenz für Martin Pescador

Der Weg ins Abenteuer war steinig. Der Trampelpfad, der uns am Vortag neben dem Fluss durchs Unterholz geführt hatte, endete an unserem ersten Lager. Von nun an ging es im Flussbett den mäandernden Lauf des Rio Tequeje hinauf, langsam, aber stetig. Wir kletterten über meterhohe Findlinge, Geröll, über umgestürzte Bäume oder unter ihnen hindurch. Das Dickicht am Ufer wurde schließlich so dicht, dass es nicht mehr zu durchdringen war. Wir mussten quer durch den Fluss zur anderen Seite. Beim ersten Schritt gluckerten meine Stiefel voll, beim zweiten sank ich bis zum Knie ins Wasser. In der Mitte reichte es mir bis zum Oberschenkel. Ich kam mir vor, als liefe ich auf Eiern. Die Bollersteine am Grund waren zwar weniger zerbrechlich, dafür aber glitschig und manchmal alles andere als trittfest. Sie rutschten seitlich weg und ich hinterdrein.

„So wie damals beim Survivalkurs. Ist doch hier viel angenehmer, wo das Wasser nicht eiskalt ist wie zu Ostern in der Kamenice", rief mir Torsten zu. Er war längst drüben und beobachtete meinen Kampf vom Ufer aus. Der hatte gut reden. Kalt war mir zwar nicht, doch hatten in dem Gebirgsfluss in Tschechien zumindest klare Verhältnisse geherrscht. Hätte ich wie damals den Grund erkennen können, ich hätte die sieben Grad Kälte gern ertragen. Doch in dem lehmigen Strom hier konnte man absolut nichts erkennen. Es sollte noch einige Querungen dauern, bis ich den Bogen rausbekam und nicht mehr storchenähnlich durchs Wasser stelzte, sondern die Füße kaum noch hob und tastend vorgleiten ließ. Die Etappe am anderen Ufer war kurz. Nach wenigen Flusswindungen schnitten uns vertikal aufragende Felsen auch hier den Weg ab. Bei der nächsten Querung versuchte ich, Vicentes Fußtritten genau zu folgen, ein Fehler. Minuten später stand ich bis zur Hüfte in reißenden Fluten. Weil er kleiner war, reichte Vicente das Wasser schon bis über den Bauch. Damit der Proviant nicht absoff, hatte er die mittlere der drei Lianenfasern, die ihm als Tragegurte für seine Kiepe dienten, über die Stirn gezogen. An diesem Gurt stemmte er die Last mit der Kraft des Nackens

*Keine Piranhas? Vicente winkte ab. Piranhas gebe es nur, wo das Wasser ruhig dahinfließe. Hier sei die Strömung zu stark. Dafür stand ihm das Wasser wenig später bis an die Brust.*

nach vorn und hielt sie damit über der Wasseroberfläche. „No hay Pirañas?", fragte ich, bemüht, einen unbesorgten Gesichtsausdruck aufzusetzen. Vicente drehte sich um und winkte ab. „No pirañas. Agua es fuerte" sagte er, für die ströme das Wasser zu stark. Piranhas gebe es nur an Stellen, wo das Wasser des Flusses ruhig fließe oder stehe. Als wir das andere Ufer erreichten, nahm Ilka mich beiseite: „Bei der nächsten Querung folge Mexicano", riet sie. „Vicente kann den Fluss nicht lesen. Sonst seid ihr beide gleich bis zum Kopf weg." Auch auf dem Trockenen hatte ich mit dem Geröll zu kämpfen. Ilka dagegen quälte ein ganz anderes Problem: Langeweile. „Es ist was ganz anderes, wenn man schon vorher weiß, dass der Fluss den Weg bestimmt und eine Flussquerung sich an die andere reihen wird. Aber ich bin erstaunt, wie einfach es diesmal ist. Vor allem, wie schnell man bei dem niedrigen Wasserstand vorankommt. Keine Strömung, die einen umzureißen droht." Beim letzten Mal, als sie diesen Weg in die Berge genommen hatten, sei der Fluss mindestens doppelt so tief gewesen und reißender, erzählte sie. Ich schüttelte den Kopf. Auf diese Erfahrung konnte ich gut verzichten.

Ilka war bei den folgenden Querungen eher zum Scherzen aufgelegt. Außerdem hatte sie sich die Pocketkamera in den Ausschnitt geklemmt, um ein paar Fotos von unserem Treiben zu schießen. Wie sie Torsten zuvor gewarnt hatte, wartete sie nur darauf, dass einer von uns stolperte.

*Ilka war erstaunt über den niedrigen Wasserstand des Rio Tequeje, den sie schon ganz anders erlebt hatte. Mäandernd führte er uns zwischen Berghängen hindurch in unerforschtes Terrain.*

In einem Baum über uns machte Ilka zwei Papageien aus. „Aras", sagte sie und deutete darauf. Obwohl ich ihrem Zeigefinger folgte, spähte ich vergeblich. Erst als sie sich kreischend in Gleitflug fallen ließen, konnte ich sie sehen. Sie flogen ans andere Ufer. Als sie aus dem Gegenlicht herausegelten, erkannte man nicht nur ihre markante Silhouette, sondern auch die strahlend rote Farbe. Den nächsten Urwaldbewohner entdeckte ich. Nicht strahlend rot, in sattem Gelb und Schwarz saß er da. Ein Tiger war es nicht, so viel war klar, auch wenn seine Streifen dem alle Ehre gemacht hätten. Nein, es war eine etwa zehn Zentimeter lange Heuschrecke, die sich nicht von meinem Genestel am Gürtel stören ließ, als ich versuchte, die Kamera aus ihrem wasserdichten Halfter zu kramen. Sie hockte auf ihrem Blatt und rührte sich nicht, so

*Nur wo ein Gegenstand die Wasseroberfläche durchbricht, wird die Macht der Strömung sichtbar. Ilka zückte die Kamera und lauerte auf den ersten Umfaller.*

dass ich ein paar gute Schnappschüsse von ihr bekam. Allerdings halfen später auch diese Fotos nicht, als es um ihre Bestimmung ging. Trotz Anfrage bei Internetforen und Experten blieb meine Tigerheuschrecke bis heute unbestimmt. Zwar glich sie einem Grashüpfer namens Traulia azureipennis bis auf die Fühlerspitze, doch kam dieser nach Expertenurteil nur in Ostasien vor.

*Experten vor! Alle Versuche, die Tigerheuschrecke zu bestimmen, scheiterten bisher, einziges bis auf den Fühler gleichendes Exemplar ist Traulia azureipennis, doch die lebt in Ostasien.*

Ich beeilte mich, wieder zu den anderen aufzuschließen, die mich während meines Fotoexkurses inzwischen weit hinter sich gelassen hatten. Ich holte sie erst ein, als Mexicano anhielt. Er zeigte auf Spuren im Schlick einer Sandbank. Sie sahen aus wie Hufe mit drei Zehen. „Ein Tapir, der zum Trinken an den Fluss kommt", erklärte Torsten. Unweit der unseren Weg kreuzenden Spur lupfte Mexicano seinen Rucksack von den Schultern und lehnte ihn gegen einen Findling. „Cinco minutos", sagte er, fünf Minuten Pause. Dass diese Zeitangaben offenbar nicht so genau zu verstehen waren, kam mir sehr zu Pass. Aus den fünf Minuten wurden 20, in denen sich mein längst wieder zu Keuchen angeschwollener Atem allmählich beruhigte. Zusammen mit Vicente langte ich kräftig in seinen Coca-Beutel. Ilka und Torsten naschten stattdessen von grünen schotenartigen Früchten großer Bäume, die überall am Ufer wuchsen. „Man isst nur das süße weiße Fruchtfleisch", erklärte Torsten und zog die Fasern samt den schwarzen Kernen mit den Zähnen ab. Ilka und er lieferten sich einen Wettstreit im Weitspucken, bei dem die dicken Kerne auf dem Wasser platschten.

Nach dem Aufbruch wurde klar, dass wir uns einer Art Canyon näherten. Felsen ragten bald links, bald rechts vom Fluss senkrecht hoch, die Wechsel von einem zum anderen Ufer wurden immer häufiger. Nach der 15. Querung hörte ich auf zu zählen. An manchen Stellen gab es gar keine Uferstreifen, wir mussten mitten im Fluss zwischen Felsen und undurchdringlichem Dickicht hindurch. Zum Glück hatte sich Ilka zuvor an ihr Sicherheitsbewusstsein als Outdoortrainerin erinnert. Bevor wir in eine regelrechte Klamm vordrangen, suchte sie sich am Ufer einen Stecken zum Abstützen und riet uns, das Gleiche zu tun. Sie wusste warum. Das Wasser reichte hier selbst unter Mexicanos Führung bis über die Hüfte. Die Strömung war stark. Sogar die anderen gerieten aus dem Gleichgewicht. Der Stock ersparte nicht jeden Ausfallschritt, aber er gab zusätzlich Halt. An manchen Stellen reichten wir einander die Hand. Der Vordermann zog den Nachzügler voran. „Normalerweise läuft hier kein Mensch durch, aber uns würde inzwischen was fehlen", sagte Torsten. „Wildwasser der Stufe drei bis vier wäre das in Deutschland. Mit dem Kajak würde das sicher Spaß machen." Mit den monströsen Rucksäcken auf dem Rücken hielt sich der Spaß in Grenzen. Auf Ilkas Geheiß hatte ich wie sie den Hüftgurt des Rucksacks gelöst, damit er im Ernstfall abzuwerfen war und mich nicht unter Wasser zog, sollte ich von den Fluten mitgerissen werden. „Alles was nass wird, kann man rausfischen und später trocknen", hatte sie geraten, „aber umfallen und schwimmen?" Sie schüttelte den Kopf. Hier hätte sie am ehesten die Chance gehabt, ihr Foto vom Umfaller zu schießen. Doch da auch sie mit der Strömung kämpfte, ließ sie die Kamera im Ausschnitt stecken. Getrocknet wäre zwar auch die in der Sonne wieder, nur ob die Technik ein Schlammbad verziehen hätte, war fraglich. Wie durch ein Wunder gab es keine Stürze. Und zumindest alles oberhalb der Bodentasche des Rucksacks blieb weitgehend trocken.

*Wenn man es einmal weiß, ist das eine unverkennbare Spur. Die Hufe mit den drei Zehen stammen von einem Tapir, der zum Trinken ans Wasser kommt.*

*Nach der 15. Flussquerung hörte Jens auf, diese zu zählen. Während die anderen sicher und stetig durchs Wasser liefen, brachten wacklige Bollersteine am Grund Jens oft ins Wanken.*

Mehrere Kilometer hinter der Klamm erreichten wir nach sechsstündigem Tagesmarsch eine Stelle, an der das Flussbett auf eine stattliche Breite von mehr als 50 Metern anwuchs. Ein kleinerer Fluss mündete hier in den Tequeje. Rio Yubama nannte ihn Mexicano. Munter plätscherte er in seinen großen Bruder. Und auch der wirkte hier trotz, oder vielleicht eher

# Konkurrenz für Martin Pescador

*Eine scheue Nachbarin am zweiten Lagerplatz an der Mündung eines kleinen Flüsschens in den Tequeje. Die Zecken auf ihrem Panzer schienen die Waldschildköte nicht zu stören.*

wegen seiner Breite ganz zahm. Einen traumhaften Platz fürs nächste Camp hätten wir uns nicht wünschen können. Wir hatten sogar eine Nachbarin, wenn die auch etwas scheu war. Auf den Steinen am Ufer saß eine Schildkröte, etwa 30 Zentimeter lang. Tief in den Schutz ihres Panzers zurückgezogen, schauten ihre Augen in die Objektive unserer Kameras. Für Torsten, der sich in ihrer Nähe eine ganze Weile auf die Lauer legte, streckte sie schließlich sogar einmal den Kopf heraus.

In dem kleinen Delta, das die beiden Flüsse bildeten, sengte die Nachmittagssonne. Beste Bedingungen für einen Waschtag. Im Fluss wusch ich meine verschwitzten Klamotten und breitete Socken, Shirt und Hose über den dünnen Ästen verdorrter Büsche aus. Auch die noch klammen Sachen vom Vortag, die in einer Tüte im Rucksack vor sich hin moderten, hatten hier gute Chancen, endlich wieder trocken zu werden. Bald bog sich sämtliches Gesträuch unter der Last der Wäsche. Der Versuch, auch die Schuhe trocken zu kriegen, war jedoch vergeblich. Egal, am nächsten Tag würden sie sowieso wieder nass. Das Einzige, was nicht mehr zu retten schien, war der Klumpen Pappmaché, der in einer der unteren Seitentaschen meines Rucksacks zu oft hatte auf Tauchstation gehen müssen. Das Klopapier war nicht mehr zu gebrauchen. Ich hatte mich ohnehin gefragt, wie ich mit der einen Rolle drei Wochen hinkommen würde. Nun stellte sich die Frage der Improvisation eben früher als geplant. Als Hygiene-Ecke erkor ich eine Sandbank im Schatten eines Felsens ein Stück flussabwärts. Vicentes zerkaute Chamaira-Liane hatten binnen 20 Stunden offenbar Wunder gewirkt. Was ich da wenig später verscharrte, hatte immerhin Ähnlichkeit mit einer kleinen Sandburg. Und das Gefühl nach dem anschließenden Nacktbad im Fluss hätte einem Werbespot entstammen können: Wie frisch gewaschen! Als ich durch den

Sand wieder zurück zum Lagerplatz stapfte, stieß ich auf eine weitere Hinterlassenschaft, unverscharrt. Spuren daneben verrieten, von wem sie stammen musste. Die Fußstapfen glichen denen, die uns Mexicano mittags gezeigt hatte, doch hier waren es gleich zwei Spuren, eine große und eine etwas kleinere. Vielleicht würden wir Mama Tapir und ihren Nachwuchs sogar noch höchstpersönlich zu Gesicht bekommen.

Das Camp schlugen wir einige Meter die Uferböschung hinauf im Wald auf, gleich neben einem Baumriesen mit fahnenartigen Brettwurzeln. Sie zu umspannen, hätte es wohl sechs bis sieben Leute gebraucht. Zwischen den Wurzeln am Boden gähnte dunkel eine Art Höhle. Was immer dort drin wohnen mochte, hatte hoffentlich vor unserem Lagerfeuer Respekt. Über dem brodelte im großen Alutopf inzwischen bereits der Nudeleintopf mit Würstchen, den Vicente gezaubert hatte. Ich empfand Bewunderung für diesen kleinen Mann mit seinen erstaunlichen Fähigkeiten. Mochte er auch weniger Buscherfahrung haben als Mexicano, so stemmte er mit seinem schmächtigen, doch sehnigen Körper allem Anschein nach die schwerste Last. Allein der Ölkanister musste bei sieben Litern

*Trautes Heim: Den Rucksack hängte Jens vor der Schlafenszeit ans Gestell neben dem kastenförmigen Moskitonetz, um unerwünschtem Getier den Zugang zu erschweren.*

ja knapp sieben Kilo wiegen. Außerdem türmten sich Topf, Säcke und Taschen zu einem prallen Paket geschnürt auf seinem Tragegestell. Von wegen Hightech, das selbst gezimmerte Naturfasergeflecht hielt offenkundig auch mehr aus als meine Rucksackschnallen. Trotz dieser Last war Vicente den ganzen Tag in seinen dünnen Stoffturnschuhen stetig seinen Weg gegangen. Leichtfüßig war sein Gang bei genauerem Betrachten nicht zu nennen. Ich hatte in den letzten beiden Tagen versucht, genau auf seine Technik zu achten, während ich ihm im Gänsemarsch gefolgt war. Mit minimalem Aufwand, die Füße kaum hebend, war er vorausgeschlurft. Diesen Stil zu kopieren, war mir nicht ganz gelungen.

Nach dem Essen schlenderte Vicente allein den Fluss hinab und setzte sich an einer breiten Kehre in den Kies am Ufer. Wir erkundeten derweil das breite Flussbett unterhalb des Lagers nach Spuren, konnten aber außer den Tapir-Tapsen keine weiteren ausmachen. Plötzlich riss Mexicano die Hand hoch. „Martin pescador", rief er. Ein Eisvogel war pfeilgerade über den Fluss geschossen. Ob es ein Rotbrust- oder ein Amazonasfischer war, konnten wir im Gegenlicht nicht erkennen. Und auf bolivianisch trugen ohnehin beide den gleichen Namen: Martin pescador, der Fischer Martin. Mexicano berichtete von der Legende, wie der Vogel zu seinem Namen gekommen war. Ein junger Fischer namens Martin habe eines Nachts seine Liebste mit zum Fischen genommen, erzählte Mexicano. Als das Boot in den Wellen schwankte, sei das Mädchen über Bord gegangen. Sie konnte nicht schwimmen und versank. Verzweifelt suchte der Fischer nach ihr. Unzählige Male kreuzte er mit dem Boot hektisch hin und her über den Fluss, tauchte hier nach ihr und dort. Und das nicht nur in jener Nacht, sondern fortan tagein, tagaus. Als sei er verflucht, habe sich Martin, der Fischer, dabei irgendwann in den Vogel verwandelt, den deshalb jeder nach wie vor Martin Pescador nenne. Da Martin bis heute zur Suche

## Konkurrenz für Martin Pescador

nach dem Mädchen verdammt sei, kreuze der Vogel im Fluge nach wie vor über den Fluss und tauche mal hier, mal da, schloss Mexicano. Ob unser Martin Pescador nun tatsächlich seine Liebste suchte oder eher nach Fischen spähte, hatten wir nicht erkennen können. Fest stand nur, wenn er auf Nahrungssuche gewesen war, hatte Martin Pescador an diesem Abend Konkurrenz bekommen: Pescador Vicente. Als der nach einiger Zeit wieder zum Lager zurückkam, wurde klar, dass er nicht zum Meditieren den Fluss hinabgewandert war. Sechs dicke Fische schleppte er an, der größte bestimmt 40 Zentimeter lang. „Salmon", sagte Mexicano freudig, eine Art Lachs. Torstens Augen leuchteten. „Warte erst ab, wenn wir unser erstes Camp am Madidi aufschlagen. Da gibt es Fisch satt", sagte er. Torsten hatte zuvor schon oft berichtet, dass der Begriff Angel in Bolivien nicht wirklich etwas mit dem deutschen Pendant zu tun hatte. Dennoch war ich erstaunt, nun bezeugen zu können, was Vicente mit dem kleinen Stück Holz, das eigentlich eher zum Aufwickeln und Transport der Nylonsehne diente, da aus dem Fluss gezogen hatte. „Hauptsache, der Haken ist groß genug", sagte Torsten und hielt mir gleich begeistert einen Vortrag: „Als erstes schlägt man mit der Machete ein Stück Schilfrohr ab. In jedem Segment wohnt mindestens eine dicke Made. Zehn davon würden auch schon für ein Essen reichen", grinste er. „Aber wenn wir Fische fangen wollen, sind die nur der Köder für den Köderfisch. Einen kleinen Wels zu fangen, dauert selbst für einen ungeübten Angler höchstens fünf Minuten. Und der kommt dann seinerseits an den wirklich großen Haken. Meinen ersten Katzenfisch hatte ich nach weiteren fünf Minuten gefangen, zwölf Kilo schwer und 1,30 Meter lang. Das war der, der mir mit seiner Rückenflosse im Schritt die Hose zerschnitten hat."
Über messerscharfe Rückenflossen verfügten Vicentes Lachse zwar nicht, dafür über ziemliche spitze Zähne. Lachs hatte ich mir völlig anders vorgestellt, aber wer wusste schon, was man in Bolivien alles unter „Salmon" verstand. Entschuppen und in Stücke schneiden war angesagt. Eine Stunde später gab es den zweiten Gang unseres Abendmenüs, Reis mit Lachsstücken, die aber leider vor Gräten nur so strotzten. Den anschließenden Tee am Feuer versetzten wir mit dem Rest des Rums, den wir für 14 Bolivianos, also rund 1,50 Euro, in Rurrenabaque ergattert hatten. Danach schlüpfte ich unters Moskitonetz. Ich hatte mich inzwischen mit dem Gedanken angefreundet, dass der kleine Gazekasten für den Rest der Tour meine Behausung werden sollte. Die Rotation im Zelt schien mir ein wenig albern, vor allem fand ich es unpassend, Torsten auszuquartieren, um mit seiner Freundin das Zelt zu teilen. Mit der Stablampe, durch die ich meine mit dem Rucksack verschollene Stirnlampe ersetzt hatte, leuchtete ich die Wände des Netzes von innen ab. In der Tat, es gab eine Nachbarin. Irgendwie war eine Spinne unter der Iso-Matte hereingekrabbelt und hatte es sich in einer der oberen Ecken des Netzes gemütlich gemacht. Kurz erwog ich, sie hinauszubefördern, doch dann ließ ich sie sitzen. Der Saum des Netzes war jetzt fest unter die Matte gepresst und dicht. Wer wusste schon, wen ich beim Versuch, die Spinne hinauszuscheuchen, alles unbemerkt hineinließ, wenn ich nun alles wieder rausrupfte? Wahrscheinlich war sie sowieso eher ein nützlicher Mitbewohner, falls es doch auch einige Moskitos hinein verschlagen hatte. Nachts brach erneut ein Wolkenguss los. Diesmal nützte es nichts, ich musste raus. Schlaftrunken zog ich meine Wäsche vom Plastedach und verstaute sie am Fußende des Netzes. Später fuhr ich noch einmal aus dem Schlaf hoch. Hatte die Erde gebebt? Ich saß kerzengerade und lauschte eine Weile in die Nacht, doch nichts regte sich. Musste wohl ein Traum gewesen sein. Ich legte mich wieder hin und schlummerte ein.

# 14. Zweifel und Adrenalin

Das Beben war kein Traum gewesen. Das schloss ich am nächsten Morgen aus Mexicanos Frage, ob wir auch den Tapir gehört hätten, der nachts durchs Lager gestampft sei. Torsten und Ilka nickten. Sie glaubten sogar, dass er im Vorbeitrotten ihr Zelt gestreift hatte. Während wir seine Spuren untersuchten, brutzelte Vicente auf dem Lagerfeuer das Frühstück. Was da auf dem ölbedeckten Topfboden schwamm, sah aus wie kleine runde Pfannkuchen. Als er einen ganzen Haufen davon fertig gebacken hatte, schallte seine Stimme durchs Lager: „Desayuno", Frühstück. Die Dinger dufteten nicht nur köstlich, sie schmeckten auch prima, sowohl mit dem süßen braunen Melasseschleim, den Vicente aus einer Tüte als Marmeladenersatz kredenzte, als auch ohne. Nur Ilka mümmelte ein wenig lustlos auf ihnen herum. Sie träume schon jetzt von Schwarzbrotschnitten mit dick Teewurst drauf, verriet sie. Nach dem Essen packten und schulterten wir die Rucksäcke. Wir ließen nicht nur das Lager, sondern auch den Lauf des Tequeje hinter uns zurück. Von nun an ging es den Rio Yubama hinauf, der auf die Serrania führte, auf die Gebirgskette. Hinter deren Rücken, dem Cumbre, sollte im Tal der Madidi liegen, zumindest wenn Mexicanos Berechnung stimmte. Doch zunächst galt es, ein bis zwei Tage bergan zu steigen. Wie Torsten und Ilka sich erinnerten, zum Teil straff bergan. Und eben das war es, was erneut meine Zweifel schürte. Bisher hatte ich mich, so gut es ging, durchgekämpft. Doch war ich alles andere als sicher, ob ich der zusätzlichen Herausforderung gewachsen sein würde, im Dickicht den Berg hoch zu krabbeln. Zwei Stunden stapften wir zunächst durch den Flusslauf. Den Stecken, den mir Mexicano in die Hand gedrückt hatte, stieß ich bei jedem Schritt zwischen die kokosnussgroßen Kiesel. Er bewahrte davor, auf dem Geröll umzuknicken. Da ich ihn krampfhaft umklammerte, zeigte sich die erste Blase auch nicht an den Füßen, sondern an der Daumeninnenseite, da, wo das Holz rieb. Doch diese Blase und der leichte Sonnenbrand an den Armen, weil das Wasser bei Flussquerungen den Sonnenschutz ständig wieder abwusch, waren bislang die einzigen schmerzlichen „Verluste". Nur der Rucksack ächzte und knarrte. Das Deckelfach hatte inzwischen auch seinen Geist aufgegeben. Es hatte mir nicht verziehen, dass ich es missbrauchte, um die Iso-Matte auf dem Rucksack festzuzurren. Die Spannung hatte auch seine Schnalle gesprengt. Zumindest gab es jetzt kaum noch Schnallen, die bersten konnten. Was nun noch ab und zu krachte, waren die Fasern des in Rurre erstandenen Getreidesacks. Auf Ilkas Geheiß hatte ich ihn zurechtgeschnitten und als Schutz vor Geäst und Regen um den Rucksack gezerrt. Schien zu halten. Bei den nächsten „cinco minutos" Pause, aus denen wieder fast 30 Minuten wurden, stopfte ich den Rucksackdeckel mit ins Hauptfach und band die Iso-Matte mit den zwei verbliebenen Riemen fest. Mexicano hielt mir seinen Coca-Beutel hin. Ich ließ mich nicht zweimal bitten. Auch naschte ich ein wenig von seinem weißen Pulver. Nein, Kokain sei das nicht, sondern Carbonat, erklärte Mexicano. Das benutze er als Katalysator, so wie Vicente seinen Bananenasche-Klumpen. Der sei schließlich nicht wirklich appetitlich. Das Pulver wirkte prompt. Binnen weniger Minuten wurde meine Backe, in der der Blätterbrei aufquoll, taub. Hoffentlich würde das Ganze auf die müden Beine ähnliche Wirkung haben. Mexicano spähte in die Baumwipfel um uns herum. Dann nahm er den Zeigefinger an den Mund. Während er ihn zwischen den Lippen vibrieren ließ, stieß er hohe markige Schreie aus. „Er will Affen anlocken und ahmt ihre Stimmen nach", erklärte Torsten. Auch wenn Torsten bereits geschildert hatte, dass es tatsächlich funktionierte, hier und jetzt am Flusslauf klappte es nicht. Kein Affe ließ sich blicken. „Du bist im Moment der einzige Affe weit und breit", feixte Ilka und sah Torsten grinsend an.

Kurz nach dem Aufbruch folgten wir statt des Yubamas einem kleinen Bachlauf, der, von Baumkronen überhangen, einem Hohlweg glich. Er führte rechter Hand in den Wald. Schon nach wenigen Kilometern wurde klar, dass er zwar weiter zur Orientierung dienen mochte, es aber unmöglich war, ihn als Weg zu nutzen. Die kurzen Abstände zwischen den Bäumen, die quer über seinen Lauf gestürzt waren und in Brusthöhe den Weg versperrten, machten die Passage zu beschwerlich. Wir schlugen uns ins Unterholz. Vicente hieb mit der Machete einen notdürftigen Pfad durchs Geäst. Wir folgten im Gänsemarsch. Auch hier gab es umgestürzte Bäume. Doch deren Abstand vom Boden ließ es wenigstens zu, sich unter den Stämmen hindurchzuhangeln, zumindest bei den meisten. Bei anderen blieb mein Rucksack wie am ersten Tag hängen, bis ich wieder dazu überging, auf allen Vieren unter ihnen durchzukriechen. Torsten, der mein leises Fluchen mitbekommen hatte, versuchte mich aufzumuntern: „Sei doch froh, dass die schon liegen, so können sie dir nicht mehr auf den Kopf fallen", sagte er. „Das ist eins der größten Risiken hier. Ich habe mal gelesen, dass die Wahrscheinlichkeit größer ist, im Urwald von einem umstürzenden Baum erschlagen als von einem Tier angefallen zu werden." Wenn man die vielen Totholzstämme betrachtete, die von Nachbarbäumen in ihrem Fall gebremst in allen

*Kein Vergleich mit parkähnlich aufgeräumten deutschen Stadtwäldern. Doch zwingen die kreuz und quer wachsenden und umgestürzten Bäume oft zu Kniebeugen und Gekrabbel.*

erdenklichen Winkeln im Sturz verharrt waren, um nach und nach weiter zu stürzen, war das sehr wohl vorstellbar. Kein Vergleich mit parkähnlich aufgeräumten Stadtwäldern in Deutschland. An diesem Wald hier hätten die Umweltschützer in Chemnitz ihre wahre Freude gehabt. Vor einigen Jahren hatten sie gegen ursprünglichen Widerstand der Forstbehörden erfochten, dass die Stadt das internationale Gütesiegel für Forstwirtschaft beantragte. Damit ging einher, zumindest in Teilen der Wälder tote Stämme stehen oder eben langsam umfallen zu lassen, um so einer Vielzahl von Tierarten Lebensraum zu bieten. Doch angesichts der erzwungenen Kniebeugen samt Vollgepäck, des Gekreuchs und der Dornen, die an T-Shirt und Hut zerrten, hielt sich meine Freude über Bäume in der Horizontalen derzeit in Grenzen. Wurzeln und über den Boden krauchende Lianen bildeten zudem Fußangeln, über die ich häufig stolperte. Anders als im Fluss war es hier sehr wohl nötig, die Füße stelzend hochzuheben. „Vielleicht sollte man einfach laufen und nicht immer alles zerdenken, analysieren und zerreden", kommentierte Ilka, als ich laut über die unterschiedlichen Wandertechniken nachdachte. „Man guckt doch immer, wo man die Füße hinsetzt. Ist doch logisch, dass man bei Hindernissen die Beine hebt." Natürlich, aber nur, wenn man sie rechtzeitig unter den Blättern erkannte. Denn was Vicente da vor uns freischlug, war schließlich kein Trampelpfad, dessen Boden problemlos zu überschauen war. Er beschränkte sich darauf, im Vorübergehen nur das dichteste Geäst zu lichten. Zu dem Gezerre des Dickichts an Hemd und Gepäck kam bald erschwerend hinzu, dass die Steigung merklich zunahm. Jeder Schritt erforderte ein Vielfaches an Kraft. So ähnlich musste es Schneewittchen auf der Flucht über die sieben Berge ergangen sein. Nur gut, dass wir statt der sieben nur einen vor uns hatten. Torsten und Ilka hatten von einem einzigen zu überwindenden Bergrücken gesprochen. Doch selbst der stellte mein Durchhaltevermögen vor eine harte Probe. Als ich Torsten gegenüber meine Zweifel erwähnte, ob ich es bis hinauf schaffen würde, lächelte er aufmunternd: „Geht gar nicht anders. Ein Zurück gibt es jetzt nicht mehr." Rinas Widmung im Bolivien-Buch kam mir in den Sinn, jenes Eliot-Zitat, das sich zu Hause auf dem Sofa noch so schön gelesen hatte. „Nur wer es wagt, zu weit zu gehen, kann möglicherweise herausfinden, wie weit man gehen kann." Ob ich zu weit gegangen war? Zum Glück verweilte der zehrende Gedanke nicht lang. Stattdessen schweifte die Erinnerung zu meinen Kindern, zurück zu Philipp, zurück zu Till, und zu dessen Zuversicht. „Klar Papa, du schaffst das!" Bei der Erinnerung an den überzeugten Blick meines fünfjährigen Sohnes schwoll jetzt ein dicker Kloß in meinem Hals an. Doch war es nicht Rührung allein, die aufwallte, offenbar drückte sie eine gehörige Portion Adrenalin vor sich her, ein Schub ungeahnter Kraft im Kopf. Ich biss die Zähne zusammen, kämpfte weiter: Los, so weit die Füße tragen! In der Tat, nach einer halben Stunde hatte ich den Bogen halbwegs raus. Das Stolpern wurde seltener, und auch den Hut machte mir das Geäst nicht mehr so oft streitig. Nach einigen weiteren Stunden stießen wir am frühen Nachmittag auf ein verlassenes Camp.

Torsten inspizierte etwas, das gelb im Gestrüpp neben dem freigelegten Lagerplatz schimmerte. „Ein Stapel Plastikröhren", sagte er. „Das Camp muss von illegalen Goldgräbern stammen. Mit solchen Röhren leiten sie einen Teil des Wassers aus Bächen oder Flüssen um, damit sie in deren Betten besser arbeiten können. Zum Glück scheinen sie hier kein Glück gehabt zu haben." Als wir abschnallten und es uns gemütlich machten, streifte Ilka ihr Hemd ab. Es war völlig durchnässt. Sie hängte es zum Trocknen über einen Strauch. Zumindest war ich nicht der Einzige, der nach dieser Etappe schweißgebadet schien.

Die am weitesten verbreitete, weil simpelste Methode der Goldgewinnung sei das Goldwaschen mit einem pfannenartigen Sieb, hob Torsten zu einer Erklärung an. „An den Oberläufen der Flüsse schürfen Glücksritter mit ihrem Sieb den Grund nach Goldkörnchen und Goldstaub ab. Aber dabei belassen es einige eben nicht. Manche ketten auch Eimer zu einer Art Bagger zusammen, so genannten Dragas. Die fördern das Material vom Flussbett rationeller nach oben. In einer rotierenden Siebtrommel wird der Schlamm mit Wasser gemischt. Durch die Drehbewegung sinken die goldhaltigen Steinchen schneller nach unten und gelangen durchs Sieb auf Rüttelbleche. Im Extremfall werden mit Wasserpumpen

14 [ Zweifel und Adrenalin ]

*Manuelles Goldwaschen mit der Pfanne greift noch am wenigsten in die Umwelt ein. Im Extremfall wühlen die Glückssucher ganze Berge maschinell zu Mondlandschaften um.*

ganze Berge weggeschlämmt. Oder es werden riesige Gruben in den mineralhaltigen Lehm geblasen. Der goldhaltige Schlamm wird über Auswaschrinnen geleitet. Dort setzen sich die Körnchen ab." Torsten entsann sich seiner Reise ein Jahr zuvor, als Ilka und er auf dem oberen Orinoko durch den venezolanischen Yacabana-Nationalpark in Richtung der Goldgräberstadt Yagua geschippert waren: „Frederico, der Sohn unseres Kapitäns, erzählte, die Armee sei auf beiden Augen blind. Jeder, der genug Schmiergeld zahle, könne in dieses Gebiet einreisen, obwohl es unter Schutz der Indianerbehörde stehe. Breite Schneisen hatten die Goldsucher in den Urwald geschlagen. Und das Schlimmste: Weil die Körnchen so klein sind, band man sie und den Goldstaub mit Quecksilber. Um reines Gold zu erhalten, muss dieses Gemisch später über offener Flamme erhitzt werden. Das Quecksilber verdampft, gelangt in die Atmosphäre und kommt mit dem Niederschlag postwendend zurück in den Urwald", schilderte Torsten. Und nicht nur dieser südamerikanische saure Regen sei das Problem. „Aus kleinen Flüssen werden durchwühlte Schlammlagunen. Hinterher sehen ganze Gebiete aus wie Mondlandschaften. Auch das Wild wird rücksichtslos gejagt. Die Männer träumen vom großen Fund, den die meisten nie machen. Verdient wird woanders, nicht in diesen elenden Nestern, die mit urtümlichen Indiosiedlungen nichts gemein haben. Bevor wir in Yagua anlegten, hatte unser Kapitän jedes der Boote mit einer großkalibrigen Flinte ausgerüstet. Die Gewalt unter den Mineros ist enorm hoch. Ein Menschenleben zählt da nicht viel."

Durch Torstens Erzählen abgelenkt, hatte ich gar nicht gemerkt, dass wir binnen der wenigen Minuten selbst von Goldsuchern eingekreist worden waren. Allerdings von kleinen Suchern, deren Gold in der Regel aus dem Nektar der Pflanzen bestand. Im Moment jedoch schien der sie nur wenig zu interessieren. Jetzt lockte sie eher der Schweiß, der in unserer Kleidung klebte. Zunächst hatte ich nur beiläufig die eine oder andere Biene verscheucht, die mir ums Gesicht surrte, doch inzwischen waren es zu viele. Als ich mich umschaute, fiel mein Blick auf Ilkas Hemd am Strauch. Es war übersät mit Bienen. Sie stand auf, um es abzunehmen und auszuschütteln. Als sie hinüber schritt, sahen wir, dass die Bienen nicht nur ihr Hemd besiedelt hatten. Auf ihrem Rücken und Po wimmelte es nur so von ihnen. Sie bedeckten den Stoff wie eine zusätzliche Haut. „Keine Sorge, Schweißbienen stechen nicht", erklärte Torsten. „Am meisten stehen die Viecher wohl auf lieblichen Frauenschweiß." Doch ganz schien das

*Während Torsten referierte, wurden wir selbst auch von kleinen Goldsuchern eingekreist. Ihr Gold war unser Schweiß. Ilkas am Strauch hängendes Hemd besiedelten die Bienen prompt.*

nicht zu stimmen. Bei einem genaueren Blick auf unsere Rucksäcke sahen wir, dass sie auch an deren Rückenpolstern schleckten. Jede Stelle, wo sich salziger Schweiß naschen ließ, war ihnen recht.

Mir war schon klar gewesen, dass wir an diesem Tag noch nicht weit genug gekommen waren, um hier zu bleiben und das fertige Lagergestänge des Goldgräbercamps für unsere eigene Plane zu nutzen. Die Nachmittagsetappe stand noch aus. Und die Bieneninvasion schuf einen zusätzlichen Ansporn für die müden Beine. Ich wedelte mit dem Hut die belagerten Polster des Rucksacks wieder frei und huckte ihn auf. Durch dichtes Gestrüpp ging es weiter steil bergan. Mehrfach mussten wir wieder durch den Bachlauf. Um sich die glitschigen Auf- und Ab-Passagen an der Uferböschung

*Jede Stelle, wo sich lieblicher Schweiß naschen ließ, war den Biestern recht. Besonders unangenehm sind sie, wenn sie in Mund und Nase dringen. Da hilft nur Kettenrauchen.*

zu ersparen, nutzten Vicente und Mexicano wieder über den Bach gestürzte Baumstämme als Brücke. Ein leichtfüßiger Schritt in die Mitte des Stamms, schon waren sie drüben. Meine Passagen waren weniger elegant. Nachdem ich beim ersten Mal auf dem moosbewachsenen Holz fast ausgeglitten war, nahm ich den nächsten Stamm lieber rittlings und rutschte auf dem Hintern langsam zur anderen Seite. Sah bestimmt nicht cool aus, aber Hauptsache, ich kam sicher drüben an.

Mexicano deutete in die Baumkronen hinauf. Dort turnten zwei Klammeraffen behände umher und schienen uns ebenso neugierig zu beobachten wie ich sie. Neidisch schaute ich ihnen zu. Wenn ich doch ebenso problemlos hier hätte durchschwingen können. Torsten und Ilka waren ein Stück zurückgeblieben und außer Sichtweite. Ich griff zur Signalpfeife und blies kräftig hinein, um sie zu bewegen, schneller zu uns aufzuschließen. Doch als sie hastig hinter uns durchs Blattwerk brachen, hatten sich die Affen wieder verzogen. „Hast dich wohl verlaufen gehabt?" fragte Torsten. „Nö, wollte nur, dass ihr die Affen noch sehen könnt", antwortete ich unbedarft, was bei Torsten Augenrollen provozierte. „Ich hab dir doch gesagt, dass die Pfeife nur für den Notfall da ist, sonst nehmen die anderen sie irgendwann nicht mehr ernst", mahnte er. „Ach ja", sagte ich schuldbewusst, während mir ein beunruhigender Gedanke durch den Kopf schoss. Ich konnte mir schlecht vorstellen, wie ich die Pfeife hätte an den Mund bringen sollen, während ich mit einem Jaguar rang, der seine Zähne zum Biss in Anschlag brachte. Oder auch, dass mir mit einer um den Brustkorb geschlungenen Anakonda genug Puste zum Pfeifen bleiben würde. Hatten Ilka und Torsten unsere beiden Affen auch verpasst, so hatten sie ohnehin selbst welche ausgemacht. „Ich finde, dass deutlich mehr Aras und Affen da sind als beim ersten Mal. Vielleicht bedeutet das ja, dass es tatsächlich mehr gibt. Wir konnten sie eben richtig gut beobachten", schilderte Ilka. „Dummerweise gibt es auch deutlich mehr stechende Bienen." Zwar hatten wir die Bienenwolke nach wenigen hundert Metern abgehängt, doch einige der Biester hatten uns weiter verfolgt und dabei ihre großen Brüder dazugeholt. Und die hatten Ilka auf dem Weg einige Male mit dem Stachel erwischt.

Bei einer der nächsten Bachquerungen nahm ich den Weg die Böschung hinunter und durchs Wasser, statt wie die anderen den nächstliegenden Baumstamm. Aber auch das war keine Patentlösung, denn beim Schritt in den Bach sackte ich bis zur Wade in den Schlamm am Grund. Es kostete Kraft, den Fuß wieder herauszuzerren. Der Schweiß rann mir inzwischen wieder in Strömen. Am häufigeren Stolpern merkte ich, dass meine Kraft für heute rapide schwand. Hauptsache ich blieb nicht in einem der fußballgroßen Löcher stecken, die immer mal im Boden klafften. Mexicano sah mir meine Erschöpfung an und klopfte auf meine Schulter: „un poco mas", sagte er, nur noch ein kleines Stück weiter. Die letzten Kilometer schleppte ich mich nur noch vorwärts und atmete auf, als Vicente vor uns in Sicht kam. Er saß auf dem Waldboden. Auch Mexicano ließ sich nieder und sprach das Wort der Erlösung: „Campamiento!"

# 15. Tiefflieger mit und ohne Stachel

Ein Blick auf die Armbanduhr, es war 16 Uhr. Abzüglich Pausen hatten wir also rund sechs Stunden reine Marschzeit hinter uns, obwohl von reinem Marsch nicht die Rede sein konnte, angesichts des ständigen Gekrabbels. Während des Lagerbaus wurde klar, dass die Wahl des Platzes alles andere als ideal war. Schon wieder wurden wir von summenden Wolken umhüllt. Und diesmal hatten die Schweißbienen ihre stacheligen Kumpel gleich im Schlepptau. Zwar waren die größeren Exemplare nicht so zahlreich, aber einige Hundertschaften hatten auch sie entsandt. Was mehr nervte, war kaum zu sagen: das Gebrumm in den Ohren oder das Gekrabbel an der Nase. Doch zum Glück waren es nur die stachellosen Schweißlecker, die auch in Körperöffnungen zu dringen versuchten. Ich zündete eine Zigarette an. Rauch hält Bienen fern, alte Imkerweisheit. Doch schienen bolivianische Bienen von deutschen Imkern und ihren Weisheiten nicht viel zu halten. Sie umschwirrten meinen Kopf munter weiter, während ich mich hinhockte, um ein paar Zeilen im Tagebuch zu Papier zu bringen. Auf Hose und T-Shirt herrschte längst wieder reges Gekrabbel. „Take shower", riet Mexicano grinsend, dusch dich! Er deutete mit dem Kopf in Richtung Bach. Ich blies den Rauch der Zigarette auf die gerade geschriebenen Zeilen. Doch selbst davon ließen sich die drei Invasoren nicht verscheuchen, die Block und Kugelschreiber inspizierten. Ein stechender Schmerz am Hals ließ mich zusammenzucken. Offenbar hatte ich bei der Kopfdrehung eins der gestachelten Biester mit dem T-Shirt-Saum eingeklemmt. Und schienen sie sonst auch friedfertig, zerdrücken lassen wollten sie sich eben nicht. Torsten fluchte auch. Ihn hatte es gleich zweimal erwischt. Ich sprang auf, um Mexicanos Rat zu befolgen. Auf den wenigen Schritten zum Wasser schmerzte es erneut, diesmal in der Kniekehle. Trotz Gummizugs am Knöchel war mir ein Miststück ins Hosenbein gekrochen und geriet jetzt in Panik. Ausziehen Fehlanzeige, ich hüpfte ins Wasser und legte mich in voller Montur der Länge nach in den Bach. Erst als das kalte Wasser Shirt und Hose ballonartig aufblähte, schien es sicher, das T-Shirt über die Ohren zu ziehen. Im Liegen wusch ich den Schweiß aus.
Einige Meter den Bach hinauf warf Ilka ihre verschwitzten Klamotten ins Wasser. „Die Biester bleiben einfach drauf sitzen und scheinen noch nicht mal zu ertrinken", rief sie. Dass sie zum Schutz ihre Wetterjacke angezogen hatte, half ihr auch nicht viel. Zwei vorwitzige Exemplare hatten einen Weg hinein gefunden, durch die Lüftungslöcher unter den Achseln. Dass alle anderen Öffnungen fest zugezurrt waren, machte Ilkas Befreiungsversuche nicht leichter. Dennoch, geduldig und scheinbar völlig gelassen nestelte sie an der Jacke und entließ die Bienen ins Freie. „Ganz schön nervig, und dieser Terror wird bis zum Dunkelwerden weitergehen", kommentierte sie. Als ich aus dem Wasser gestiegen war und mir unter ständigem Händewedeln frische Sachen angezogen hatte, nahm ich ein zweites Bad: in Insektenschutzspray. Zwei kräftige Ladungen pumpte ich in mein Gesicht, dann bot ich Ilka die Sprühflasche an. Doch sie schüttelte augenrollend den Kopf. „Gegen Bienen nützt kein Repellente. Es verschiebt das Wärmebild der Haut, um Blut saugende Insekten zu

15 [ Tiefflieger mit und ohne Stachel ]

*Während Jens sich nach den ersten Bienenstichen in voller Montur in den Bach legte, wusch Ilka geduldig ihre Sachen aus. Auch als die Bienen in ihre Jacke krabbelten, blieb sie ruhig.*

*Auch Falter und Motten laben sich an Körpersalzen. Wolkenweise schwärmen sie um aufgehängte Wäsche. Wer einen Platz auf dem Handtuch ergattert, hat Glück.*

verwirren. Die Bienen suchen aber kein Blut, da hilft es nicht. Pass einfach auf, dass du keine einklemmst, dann tun sie dir nichts." Leichter gesagt als getan. Beim Weiterschreiben krabbelten die Biester prompt wieder über Kuli und Block. „No desayuno", sagte Vicente angesichts des Gebrumms, kein Frühstück. Schließlich werde es am Morgen mit der Attacke noch schlimmer. Dann müssten wir schon wieder weg sein, spätestens so gegen 7 Uhr, überschlug Mexicano. Bis es dämmerte und die Wolken sich lichteten, stellten wir uns in den Rauch des Lagerfeuers. Dort hatten wir etwas Ruhe. Offenbar war doch etwas dran an den Imkerweisheiten, wenn nur genug Rauch vorhanden war. Das Abendessen gab es unter der Lagerplane. Dort war es um einiges dunkler, so dass nicht so viele Tiefflieger umherschwirrten. Dennoch mussten wir aufpassen, dass wir keine mit runterschluckten, zumindest nicht lebend. Auf den Nudeln waren sie zwar gut auszumachen, aber auf den Gemüsestücken hätte man sie leicht übersehen können, genauso auf der Unterseite des Löffels.

Doch je dunkler es wurde, desto mehr lichteten sich die tierischen Wolken. Nach dem Essen und seinem abendlichen Toilettengang kramte Torsten im Rucksack und zog seine Kamera hervor. Ich fragte, was er fotografieren wolle. Er zeigte auf sein Handtuch. Das hing wenige Meter entfernt über einer Astgabel. Hunderte Falter und Motten machten sich darauf die Plätze streitig. „Die laben sich auch an den ausgewaschenen Körpersalzen", sagte Torsten. Nach dem Fotografieren schüttelte er das Handtuch aus und wusch es im Bach. „Niemals nachts verschwitzte Sachen draußen lassen", mahnte er. „Wieso?" fragte ich unbedarft. „Einige Falter legen mit Vorliebe ihre Eier in Handtücher. Die kannst du dir dann beim Abtrocknen leicht unter die Haut reiben. Ist mir schon mal passiert, anschließend hatte ich einen dicken Abszess am Hals, in dem es von Getier wimmelte", erzählte Torsten. Na prima, dachte ich, und entsann mich meiner in den ersten Nächten über den Zeltfirst gehängten Socken. Die musste Torsten in der Dunkelheit übersehen haben. Warum sonst warnte er

# 15 [ Tiefflieger mit und ohne Stachel ]

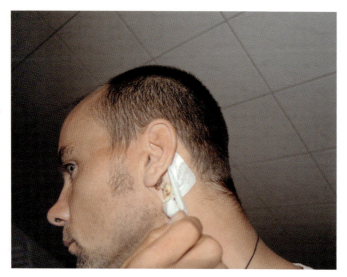

Ein unter die Haut gehendes Erlebnis: Wenn man Pech hat, bringt man sich aus dem Urwald ein krabbelndes Andenken mit nach Hause wie einst Torsten.

mich erst jetzt? Ich sagte nichts und hoffte einfach, dass der nächtliche Regenguss sämtliche Eier, denen meine Socken als kuscheliges, wenn auch müffelndes Nest gedient haben mochten, wieder herausgewaschen hatte. Dennoch, beim Ausziehen unterm Moskitonetz kratzte ich unwillkürlich über meine kribbelnden Waden.

Mexicano, Vicente und ich richteten uns unter den Moskitonetzen für die Nacht ein. Inzwischen hatte ich die allabendliche Möblierung meines Schlafzimmers nahezu perfektioniert. Der Rucksack lag quer am Kopfende. So diente er als Kopfkissen, während er zugleich die Iso-Matte beschwerte, so dass von unten nichts hineinkrabbeln konnte. Die klammen Wanderstiefel nutzte ich am Fußende als Eckpfosten. Sie spannten das Netz nach außen. So blieb genug Platz, mich im Schlaf zu drehen, ohne gleich mit dem Hintern das Netz nach außen zu wölben und durchs Lager schleichendem Getier eine lediglich gazebewehrte Pobacke zum Biss zu offerieren. Mit den Klamotten stopfte ich die Längsseiten des Netzes aus und legte die Taschenlampe griffbereit oben drauf. Als ich mich auf der Matte zurechtgeschubbert hatte, lauschte ich den Sätzen, die Mexicano neben mir mit Vicente wechselte. Sie sprachen über den frühen Aufbruch, zu dem uns die Bienen am Morgen nötigen würden und darüber, dass es am Wetter liegen müsse, dass so viele Bienen unterwegs waren. Klang logisch, Hautflügler scheuen in der Regel dicke Regentropfen. Und bisher hatten wir zumindest tagsüber relatives Glück mit dem Wetter. So lange es nur nachts goss wie aus Eimern, ließ es sich im Urwald aushalten. Bis auf die Bienen eben. Die seien ihm aber bedeutend lieber als Schlangen, meinte Mexicano. Was das eine mit dem anderen zu tun habe, schaltete ich mich ins Gespräch ein. Bei Regen stoße man zwar kaum auf Bienen, dafür umso öfter auf Schlangen, erklärte Mexicano. „Por qué", fragte ich, warum? Das wisse er nicht, es sei einfach so. Und im Vergleich zur Gefahr eines Schlangenbisses seien ein paar Bienenstiche kein Problem. Besonders auf jene grüne Schlangenart müssten wir acht geben, Mexicano nannte ihren Namen, doch merken konnte ich ihn mir nicht. Eine Art, die meist um Äste geschlungen in Kopfhöhe laure, um zuzuschlagen, wenn man ihr im Vorbeigehen zu nahe komme. Welche von allen die giftigste Schlangenart hier sei, wollte ich wissen. „Coral", sagte Mexicano, die Korallenschlange. Wenn die zubeiße, dann helfe nichts mehr, sagte er. „Si ella pica, no hay medicina en todo el mundo", dann gebe es keine Medizin der Welt, die dich noch rette. Nach diesem Satz legte Mexicano eine bedeutungsschwere Pause ein.

Meine Hand wanderte zur Taschenlampe. Sorgfältig leuchtete ich noch mal das Moskitonetz aus. Sicher war sicher. Mexicanos Hinweis auf die Kombination von Regen und Schlangen hatte mir die Geschichte von Torstens und Ilkas erster Begegnung mit einer Korallenschlange ins Gedächtnis gerufen. Sie waren vor einigen Jahren ebenfalls im Madidigebiet unterwegs gewesen, auf der Strecke von Apolo im Süden nach San Rosé im Norden, auf jener Route, der einst auch der Landvermesser Fawcett durch das Gebiet gefolgt war und auf der man jetzt zeitweise den Bau jener den Park mittig zerteilenden Straße erwogen hatte. Im dicksten Regenguss, so hatte Torsten berichtet, habe eine Korallenschlange damals mit Ilka Freundschaft schließen wollen. Wahrscheinlich war sie vor dem Regen auf die trockene Iso-Matte unter der Campplane geflüchtet. Nach anfänglichem Schreck hatten die beiden das Tier verscheuchen können. Solche Nähe schien mir hier unter meinem Netz auf jeden Fall zu viel. Doch im Schein der Taschenlampe schien alles okay, ich hatte mein Netz für mich allein und seine herabhängenden Säume waren fest unter die Matte gestopft. Mexicano gähnte laut. Für alle anderen Arten von Schlangenbissen habe er ein Fläschchen Universalserum dabei, beruhigte er. Ich hatte dieses Serumsgebräu, das Händler an ihren Ständen auf Straßenmärkten feilboten, zwar schon gesehen, doch konnte ich mir kaum vorstellen, dass es im Ernstfall überhaupt etwas bewirken würde.

Ob er eine echte Korallenschlange von einer falschen unterscheiden könne, fragte ich Mexicano. Dass es zwei verschiedene Schlangentypen gab, die eine giftig, die andere völlig harmlos, die einander in ihrer schwarz-rot-gelben Farbenpracht allerdings täuschend ähnlich sahen, hatte ich in Chapmans Berichten gelesen. Es gab da sogar einen englischen Reim, der als Eselsbrücke dienen sollte, sich die Reihenfolge der Farbringe zu merken: „Yellow, Red, Black. Alright Jack. Black, Yellow, Red, Jack you are dead", oder so ähnlich. Doch genau dieses „oder so ähnlich" machte den Reim eben ziemlich nutzlos. Mexicano winkte ohnehin ab. Sich darauf zu verlassen, sei tückisch, weil es von beiden Sorten gleich zig Ausnahmen gebe. Damit lag er goldrichtig, was meine späteren Recherchen zu den Unterschieden zwischen Königsnatterarten (Lampropeltis) und Korallenottern (Micrurus) bestätigen sollten. Man müsse es einfach im Blick haben. Wirklich beschreiben könne er den Unterschied nicht, außer dass die giftige Korallenotter vielleicht winzigere Knopfaugen habe und eben meist klein sei, manchmal nur einen halben Meter lang. Schon ein komischer Gedanke, dass so kleine Bewohner des Urwalds unter Umständen ebenso tödlich sein mochten wie ihre Artgenossen von monströser Größe.

„Hay anacondas aqui?" fragte ich, gibt es hier Anakondas? „Si claro, muy grande", hob Mexicano an, im bolivianischen Amazonasgebiet gebe es wohl die größten Anakondas überhaupt. Eine mit dreizehn Metern habe er mal gesehen, hier am Madidi. Aha, es musste wohl nur spät genug werden, um die Zeit fürs Jägerlatein einzuläuten, dachte ich. Dreizehn Meter! Die wissenschaftlich verbriefte Rekordlänge einer vermessenen Anakonda lag bei knapp elfeinhalb Metern. Für meinen Geschmack groß genug, zumal ich in einer Fernsehreportage mit dem Titel „Im Sumpf der Kaimane" mal ein schwimmendes Exemplar ähnlicher Größe gesehen hatte, das offenbar gerade gespeist hatte. Angesichts des Durchmessers ihres im Wasser schlingernden Leibes war ihr etwas von der Größe eines Tapirs zum Opfer gefallen. Unwillkürlich hatten mich diese Bilder an die Zeichnung im Buch „Der kleine Prinz" erinnert, auf der man im Leib der Schlange die Form des verspeisten Elefanten noch prima erkannte. Etymologisch kommt das Wort Anakonda angeblich aus dem Tamilischen, wo es sogar so viel wie Elefantenkiller bedeuten soll. Berichte über Anakondas jenseits der vermessenen Rekordlänge gab es zwar auch zuhauf, die wurden aber von ernsthaften Forschern ins Reich der Legende verbannt. Auch der Ruf jenes britischen Landvermessers Colonel Fawcett hatte arg gelitten, als er nach seiner Rückkehr aus dem Busch am Rio Acre von einer 62-Fuß-Anakonda berichtete, die er erschossen habe, als sie versuchte, aus dem Wasser heraus sein Boot anzugreifen. 62 Fuß, also immerhin knapp 20 Meter. Wie Fawcetts Sohn im Tagebuch seines Vaters in Fußnoten kommentiert hatte, war Fawcett angesichts dieser Geschichte in England prompt als Lügner abgestempelt worden. Kein Wunder, denn einen Beweis in Form eines Fotos oder gar der konservierten Haut gab es nicht. Wie übrigens, man ahnt es schon, bei keiner jener Horrorgeschichten über gigantische Exemplare, die laut dem deutschen Anakonda-Experten Lutz Dirksen in regelmäßigen Abständen in der südamerikanischen Boulevardpresse herumspuken: 30, 40, 50 Meter. Die der Legende nach größte Anakonda mag den Anstoß für ihren wissenschaftlichen Namen geliefert haben. Sie eiferte offenbar der chinesischen Mauer nach. Ein Indianerstamm stieß nach der Überlieferung im Urwald auf eine glänzende riesige Mauer, an der er zwei Tage entlang marschierte, bis er am Ende auf einen Kopf stieß und sich die Mauer als zig Kilometer lange Schlange entpuppte. Keine Ahnung, ob diese Indianerlegende Wissenschaftler beeindruckte, jedenfalls setzt sich der Name der großen Anakonda aus dem Griechischen „Eunectes", für guter Schwimmer und dem Lateinischen „Murinus" für Mauer zusammen: „Eunectes Murinus", die Mauer, die gut schwimmt. Klar, er habe auch von den Geschichten Menschen fressender Exemplare gehört, sagte Mexicano, doch glaube er nicht recht daran. Allerdings täte ich gut daran, einer Anakonda, die im Wasser auf Beute lauere, nicht zu nahe zu kommen, zumindest nicht allein, ohne

*Die große Anakonda, hier ein Sechs-Meter-Exemplar aus Venezuela, kann nicht nur gut schwimmen, sie kommt unter Wasser auch zig Minuten ohne Luft aus, länger als ihre Opfer.*

helfende Hände in der Nähe, die noch verhindern mochten, dass sie mich unter Wasser zöge. Unter Wasser gebe es wohl keine Chance mehr, es sei denn, ich könne wie sie rund eine Dreiviertelstunde auf Luft verzichten, und das bei dem kraftvollen Druck auf den Brustkorb, mit dem die Schlange jedes bisschen Luft herauszuquetschen suche. Keine schöne Vorstellung. Ich versuchte, auf andere Gedanken zu kommen, und Mexicanos Hinweis auf die Kraft der monströsen Riesenschlange lieferte mir ein Stichwort. Was es mit dem kraftstrotzenden Mono Rey auf sich habe, wollte ich wissen. Was hatte es für einen Sinn, wenn ein Affe im Urwald Palmen auseinander reiße, fragte ich Mexicano. In den Berichten über den Überfall auf die De-Loy-Expedition war zwar davon die Rede gewesen, dass die zwei Menschenaffen Äste von den Bäumen gerissen hatten, um sie wie Knüppel gegen die Eindringlinge zu schwingen, aber zwischen Ästen ab- und Palmen auseinander reißen, bestand schließlich ein gewisser Unterschied. Sie rissen Palmen auseinander, um an ihr Mark zu gelangen, erklärte Mexicano. Das schmecke schließlich prima und mangels Machete kämen sie ja sonst nicht dran. Woher er das wisse, wenn er selbst noch nie einen Mono Rey zu Gesicht bekommen habe, fragte ich Mexicano. Na die Palmenüberreste, die habe er schon mehrfach gefunden, nicht mit zahlreichen Machetenschlägen grobschlächtig zerhackt, sondern einfach auseinandergerupft, erzählte Mexicano. Zumindest die Erklärung klang nachvollziehbar. Palmenherzen waren schmackhaft, warum sollten sich im Urwald, wo sie herkamen, nicht genauso Liebhaber finden wie in der Zivilisation, wo man sie aus dem Supermarktregal nahm. Aber zerrissene Baumstämme? Na wenn das nicht mal „Survival made by nature" war, dachte ich, musste grinsen und drehte mich auf die Seite: „Buenas noches!" wünschte ich Mexicano und Vicente und schloss die Augen. „Buenas noches!"

Bevor ich einschlief, wanderten surreale Bilder an mir vorbei. Ein großer Affe, der verzweifelt an einer Konservendose knibbelte. Vergeblich versuchte, er das Blech auseinanderzureißen, um an die Palmenherzen im Innern zu gelangen. Schließlich warf er die Dose ins Gebüsch, hinter dem Werkzeug her, mit dem er zuvor verständnislos herumgespielt hatte. Ein Dosenöffner. Auch ein Jaguar, der im Unterholz die Dose fand, ließ den Öffner links legen. Wie ein Hund auf einem Knochen kaute er stattdessen auf dem Blech herum, bis die knirschenden Laute in schmatzende übergingen. Sein Gebiss hatte die Dose geknackt. Survival made by nature! Das Schmatzen wurde zum Schlürfen, das immer weiter anschwoll. Survival made by nature. Als sich das Schlürfen zum Geprassel wandelte, schreckte ich noch mal auf. Das Prasseln war echt, der nächste Regenguss trommelte auf unsere Plane. Ungemütliche Survival-Konditionen made by nature.

# 16. Potenzmittel und Jaguartatzen

Ob das Summen oder dass Geraschel als Wecker gewirkt hatte? Ich wusste es nicht. Schlaftrunken schielte ich auf das grüne Leuchtzifferblatt meiner Armbanduhr. Gleich halb sieben, draußen herrschte noch Dämmerlicht, doch die Bienen hatten schon wieder die Herrschaft übernommen. Ich spähte durch die Gaze des Moskitonetzes. Torsten und Ilka begannen damit, ihr Gepäck in mehreren Schwüngen in entgegengesetzter Richtung vom Zelt wegzuschleppen. Simple Logik. Zwei verschwitzte Zweibeiner zusammen waren schließlich anziehender als einer allein. Dennoch, bienenfrei blieb ihr Zufluchtsort auch so nur wenige Sekunden. Es musste eben einfach alles schnell gehen. Ich schlüpfte in meine Klamotten, schlang den Gürtel um und befreite mich aus meinem Netz. Vicente und Mexicano stopften bereits ihre Sachen in den Rucksack. Während ich das Moskitonetz von den Querstangen zu lösen versuchte, stach mir eine Biene in den Finger. Blödes Ding, ich hatte es doch gar nicht eingeklemmt. Ich fluchte und nestelte nicht länger an dem schier unüberwindlichen Knoten. Stattdessen zückte ich das Messer aus dem Gürtel und schnitt ihn durch. Ging doch. Sekunden, nachdem das Moskitonetz gefallen war, wimmelte es auf den Salzrändern der Rucksackpolster wieder von Getier. Mit dem Hut fächelte ich den Rucksack frei. Vollstopfen, aufhucken und los, bevor die Bienen die Rückenpolster aufs Neue bevölkerten. Wir stapften einige Kilometer in den Wald, ehe wir kurz Pause machten. Hoffentlich hatten wir in der Hektik nichts am Lagerplatz liegen lassen.

*Vor dem Aufhucken des Rucksacks sind die Rückenpolster wieder frei zu fächeln, damit man keine stachelbewehrten großen Brüder der Schweißbienen zerdrückt.*

Ich pfiff auf Ilkas Rat und sprühte mir das Repellente, das ich griffbereit in meine Knietasche gesteckt hatte, an alle erdenklichen Stellen. Mit fest zugekniffenen Augen und angehaltenem Atem pumpte ich mir zwei Wolken ins Gesicht, dann sprühte ich auch Vicente ein. Er hatte bei unserer Flucht gleich fünf Stiche abbekommen. Die Piekser schienen nicht ganz so schmerzhaft wie die deutscher Bienen. Oder man gewöhnte sich einfach nur daran. Unangenehm waren sie allemal. Ilka verteilte Traubenzucker-Drops. Mexicano sah sie fragend an. „Cocaleaves de Alemania", kommentierte sie grinsend, das deutsche Gegenstück zu Coca. Der Wildkirschgeschmack war allerdings um Klassen besser als der bittere Brei, der sich beim Coca-Kauen aus dem Blätterklumpen löste. Wer brauchte Hightechkost für Extremsportler, wenn es im Discounter-Regal solch schmackhafte Energieladungen gab? Es dauerte nicht lang, bis uns die Bienen einholten. Noch zwei weitere Stunden Marsch bis zum Pass, schätzte Mexicano. Steil ging es im Dickicht bergauf, manchmal auch wieder hinunter. „Die schönen Höhenmeter, jetzt gehen sie wieder flöten", bedauerte Ilka, die im Gänsemarsch hinter mir folgte.

Ich hatte mich gefragt, wie Vicente und Mexicano den Weg bestimmen mochten. Allein anhand der Steigung konnte es angesichts der Berg- und Talpassagen nicht sein. Offenbar diente ihnen nach wie vor der Bach als Wegweiser. In weiten Bögen schienen sie ihm mal links, mal rechts seines Laufs hinauf zur Quelle zu folgen. Auch wenn der Bach zeitweise weder in Sichtweite noch zu hören war, irgendwann kreuzte unser Weg ihn wieder. Auch Vicente, der mit sparsamen Bewegungen vor uns den Weg freihieb, verschwand immer wieder hinter dem dichten Blattwerk aus meinem Blickfeld. Doch inzwischen hatte ich den Bogen raus, seiner Spur zu folgen. Den Blick in Hüfthöhe, spähte ich nach frischen

*Auf dem Sofa las sich T. S. Eliot noch so schön. „War ich zu weit gegangen?" Jens' nagende Zweifel konterte Torsten mit dem lapidaren Satz: Ein Zurück gibt es jetzt nicht mehr.*

Schnittstellen an Farnhalmen und Wedeln. Dreimal musste ich auf Torsten, Ilka und Mexicano warten, die zurückgeblieben waren. Ich verlor die Orientierung nur noch auf Anhöhen, dort, wo sich im Schatten der großen Bäume das Unterholzgestrüpp lichtete. Hier gab es keine Schnitte. Hier, wo das Dickicht nicht mannshoch wuchs, hätte Vicente in jede Richtung weitergelaufen sein können. Der Waldboden wechselte von einem Teppich aus Laub auf lehmigem Untergrund zu glitschigen Bollersteinen. Wenn wir uns dem Bachbett näherten, lagen die Steine immer dichter. Als wir den Kamm nach zwei weiteren Stunden erreichten, schnaufte ich bereits wieder heftig. Endlich Pause. Der Blick ins Tal, der sich durch die Lücken im

Geäst bot, entschädigte für alle Strapazen. Direkt vor uns fiel die bewachsene Wand schroff ab. Dann lief der Urwald, allmählich flacher werdend, in einen Vorhang aus Wolken hinein. Den Madidi im Tal, das Ziel unserer heutigen Etappe, sah man nicht. Er liege jenseits der wolkenverhangenen Hügel, sagte Mexicano. So sehr ich mich über die Aussicht freute – vielleicht entsprang die Euphorie auch dem Wissen, dass es von nun an bergab gehen würde – so sehr geriet Ilka angesichts der Wolken ins Nörgeln. „Schon wieder kann man rein gar nichts sehen. War schon beim letzten Mal so." Sie kramte in ihrem Rucksack und förderte eine Packung Kekse zu Tage. Zu Hause hätte ich die Zähne

*Ilka nörgelte, dass man durch die Wolken nichts sehen könne. Jens fand den Blick vom Cumbre fantastisch, denn eins konnte man sehen: von jetzt ab würde es bergab gehen.*

gehoben, mürbe und staubtrocken. Doch angesichts des verpassten Frühstücks waren sie prima. Ilka warf eine Vitamintablette in ihre Flasche. „Allein würde man sich jetzt erst mal ein Teechen kochen", überlegte sie und schüttelte ihr Wasser. Es färbte sich milchig. Sie reichte die Flasche Vicente. Dessen skeptischer Blick auf den trüben Inhalt forderte Torsten heraus. Eigentlich waren es schlichte Aldi-Vitamintabletten, doch Torsten tischte Vicente etwas von einer wundersam potenzsteigernden Wirkung auf, die sich bei dreimal täglichem Genuss einstelle. Immer noch skeptisch nahm Vicente einen Schluck. Der Zitronengeschmack überzeugte ihn. Gluckernd ließ er sich den Mund voll laufen. Und das solle er nun früh, mittags und abends wiederholen, wenn er bei der Rückkehr nach Rurre fit sein wolle, lachte Torsten. Die Heiterkeit allerdings dauerte nicht lang. Schon wieder begann es zu brummen. Die Bienen hatten uns gefunden. Mit einem weiteren Bad in Repellente und einer hastig entzündeten Zigarette wappnete ich mich für die der Vorhut

folgenden Wolken. Obwohl ich meine Puste vom Wandern noch kaum wiedergewonnen hatte, steckte ich die nächste Astoria gleich an der ersten an. Aber in einem Punkt hatte ich dazu gelernt. Ich blieb ruhig sitzen und ließ die Invasoren einfach auf mir herumkrabbeln. Und in der Tat: Obwohl wir noch einige Minuten ausharrten, hatte ich keinen weiteren Stich zu beklagen.

Dann folgten wir Mexicano im Gänsemarsch ein Stück den Bergkamm entlang, bis er offenbar gefunden hatte, was er suchte. Unter einem dichten Busch begann eine tiefe lehmige Furche, in die wir uns nacheinander hinab gleiten ließen. Es musste ein trockenes Bachbett sein. Die bei Regen hier

*Noch außer Atem und doch schon wieder eine Astoria im Mund. Das allerdings eher wegen der Bienen, die uns nach unserer kurzen Rast bereits wieder eingeholt hatten.*

hinabstürzenden Wassermassen hatten eine etwa anderthalb Meter tiefe Rinne in den Hang gefressen. Und in der ging es jetzt bergab. Mal sacht abfallend in Serpentinen, mal geradewegs steil den Hang hinunter. Zwar floss derzeit kein Wasser, doch war der Boden feucht und glitschig. Wir mussten mit den Füßen Halt auf den Felsbrocken suchen, die aus dem Lehm lugten. Mit den Händen hangelten wir uns an den Wurzeln und Ästen der Bäume entlang, die in Schulterhöhe über und in die Furche ragten. Ohne Zuhilfenahme der Hände wären wir wohl auf dem Hintern hinuntergesaust wie in einer holprigen Bobbahn, gebremst nur durchs Geäst der komplett in den Bach gestürzten Bäume, die ab und an den Weg blockierten. Mit den Felsen und Ästen ließ sich jeder Schritt zumindest strategisch planen.

Allerdings dauerte meine Planung länger als die der anderen. Die turnten behände davon. Ich war als letzter in die Furche gefolgt und blieb nun immer weiter hinter Ilka zurück. Nur ab und zu schloss ich mit ihr auf, weil sie auf mich wartete. „Beim letzten Mal, als wir hier durchmussten, hatte ich einen totalen Hänger. Dieses Gestolper, alles war nur noch Qual und ständig Schmerzen in den Knien. Nur eine reife Kakaofrucht, die wir vorher im Dschungel gefunden hatten, brachte Motivation. Ich habe jeden einzelnen Kern mit Genuss gründlich abgelutscht, als wär's Lakritze. Was Besseres gibt's nicht", erzählte Ilka. „Zu allem Übel mussten wir noch unter einem Wespennest durchkrauchen. Es hing etwa anderthalb Meter hoch genau über der Rinne. Daneben vorbei ging also nicht. Weil wir kurz vorher auch schon in Wespenschwärme geraten waren, hatten wir höllisch Respekt. Aber wir hatten ja Insektenspray in der Tasche. Also haben wir uns mit den Klamotten vermummt und nebelten das Nest ein. Als die Wespen aufstiegen, sind wir auf allen Vieren förmlich darunter durchgerannt. Hat geklappt. Sind ohne Stich durchgekommen", berichtete Ilka. Ich hatte keine Kraft für Diskussionen, doch hoffte ich, dass, wenn das Spray fliegende Wespen benebelte, es vielleicht doch auch auf meiner Haut Wirkung gegen Bienen zeigen würde. Zugleich wünschte ich mir allerdings, lieber ganz ohne Nestpassage hier hinunter zu gelangen. Und in der Tat, nach rund einer halben Stunde endete die Rutschpartie, und wir erreichten ein flacheres Flussbett. Zwar lag auch das voller Geröll, aber an solches Terrain hatten sich unsere rund gelaufenen Füße inzwischen schon gewöhnt.

Wir rasteten auf einem liegenden Baumstamm. Neugierig begutachtete ich eine Vielzahl brauner Röhrchen, die wie aus Löchern großkalibriger Einschüsse aus dem Stamm herausragten. Es mussten wohl die verwaisten Puppen von Insekten sein. „Mariposas", bestätigte Mexicano, Schmetterlinge. Ich fragte mich, ob es wohl jene stahlblauen Morpho-Falter gewesen sein mochten, deren prächtige Bilder ich im „National Geographic" gesehen hatte. Nach weiteren 20 Minuten Marsch fluchte Ilka plötzlich. Sie hatte bemerkt, dass ihre kleine Digitalkamera fehlte. Sie grübelte und erinnerte sich. Bei der Rast am Baum hatte sie die Kamera auf den Stamm gelegt. Und sollten nicht tierische Urwaldbewohner die Vorzüge moderner Technik zu schätzen gelernt haben, musste sie da wohl noch liegen. „Ich könnte mir in den Arsch beißen. Diese blöde Knipserei nervt doch sowieso nur", sagte Ilka und schnallte den Rucksack ab. „Ausgerechnet auf so einem beschissenen Abschnitt muss ich zurück." Wir hockten uns nieder und hielten Kriegsrat. „Am besten du und Vicente geht schon mal vor", schlug Torsten vor. „Bis zum Madidi ist es nicht mehr weit, zweieinhalb Stunden Marsch vielleicht. Ihr könnt schon mal mit dem Angeln anfangen. Mexicano und ich warten hier auf Ilka." Bevor ich Einwände

*Ob die Larvenköcher, die wie Einschusslöcher im Baum klafften, von Morphofaltern stammten, war nicht klar. Später entdeckten wir jedoch auch ein ausgewachsenes Exemplar.*

erheben konnte, zerrte er seine Holzspindel aus dem Rucksack und reichte sie mir. Der Haken am Ende der Sehne hätte mit handelsüblichen Exemplaren aus Deutschland sehr wohl konkurrieren können, im Vergleich zu den Fleischerhaken, die Torsten in La Paz erstanden hatte, mutete er jedoch eher wie ein Spielzeug an. „Die großen könnt ihr für uns übrig lassen, fangt erst mal mit den Köderfischen an", kommentierte Torsten meinen skeptischen Blick. Den allerdings hatte weniger die Mini-Angel provoziert, als vielmehr meine Bedenken, mit Vicente Schritt halten zu können, der uns bisher fast immer weit vorausgeeilt war. Angesichts Torstens Begeisterung, der in Vorfreude auf fischreiche Tage am Madidi gleich wieder mit Ilkas Angeldebut-Erfolg anfing, schluckte ich sie runter. Auch Ilka schluckte ihren Ärger. Später erzählte sie zwar, dass sie auf dem Weg zurück zum Baum jeden Meter verflucht habe, weil ihr angesichts des für Kopf und Knochen anstrengenden Gerölls an diesem Tag einfach nicht nach Laufen war. Außerdem fehlte ihr die Herausforderung, der Reiz des Unbekannten. Von diesem inneren Unmut jedoch war nichts zu sehen, als sie, von der Last des Rucksacks befreit, im Laufschritt wieder bergan stapfte. Ich trottete derweil Vicente hinterher bergab, mit etwas flauem Gefühl im Magen. Verirren konnte ich mich hier im Flussbett zwar nicht, denn der Yubama mündete laut Mexicano ohne größere Abzweige nach etwa zweieinhalb Stunden in den Madidi. Doch wie befürchtet vergrößerte sich der Abstand zwischen mir und unserem vorauseilenden Koch mehr und mehr. Bald würde ich allein mitten im Urwald stehen. Während meine Füße inzwischen nahezu von selbst den Weg von einem trittfesten Kiesel zum nächsten fanden, grübelte ich über die mangelnde Präzision geographischer Daten in Bolivien nach. Schließlich hatte laut Mexicano der Fluss, dem ich folgte, schon jenseits des Bergkamms Yubama geheißen. Demnach floss der Yubama von einem gemeinsamen Ursprung auf dem Bergkamm in zwei Richtungen ab. So waren bestimmt äußerst genaue Ortsangaben möglich. Nach wenigen Flusskehren hatte sich Vicente bereits so weit von mir entfernt, dass ich seine schlurfende Silhouette nur noch auf längeren Flussgeraden überhaupt in der Ferne zu sehen bekam. Als seine kleine Figur selbst da nicht mehr auszumachen war, konzentrierte ich mich wieder voll auf den Weg, um schneller voranzukommen. Und dann sah ich sie.

*Ilka mit ihrem Angeldebüterfolg, der Torsten selbst nach Jahren immer noch ins Schwärmen geraten ließ. Der eine Fisch reichte für alle, und das über mehrere Tage.*

Vor mir verlief eine Spur. Im Schlick war sie ganz deutlich auszumachen. Und diesmal stammte sie nicht von einem Tapir. So viel konnte sogar ich erkennen. Sie hatte keine drei Zehen, nein, es waren vier. Und dahinter hatte sich eine breite Pranke ins Flussbett gedrückt. Das war kein Unpaarhufer, das war eine Tatze. Kein Zweifel, es handelte sich um eine Katzenspur. Und die musste von einer ziemlich großen Katze stammen. Die Pranke war etwa tennisballgroß, zu groß für einen Ozelot. Eine Jaguarspur hätte ich mir allerdings noch größer vorgestellt, aber immerhin hatte ich noch nie eine zu Gesicht bekommen. Die Spur kreuzte offenbar diagonal durchs Flussbett, verlor sich aber einige Meter weiter im Geröll dicker Findlinge. Wahrscheinlich war ihr Urheber oberhalb der Böschung ins Ufergesträuch verschwunden. Prima, mutterseelenallein im Dschungel, da, wo eben noch der Jaguar vorbeigehuscht war. Ich drehte mich mehrfach um die eigene Achse und spähte im 360-Grad-Winkel herum. Das Flussbett war wie ausgestorben, doch das Gestrüpp oberhalb konnten meine Blicke nicht durchdringen. Vielleicht hockte er jetzt irgendwo dort drin, dehnte die Vorderbeine und witterte freudig, wie ich von Schritt zu Schritt müder wurde. „Quatsch, Jaguare jagen nur nachts", murmelte ich mir selbst Mut zu. Dann begann ich zu rechnen. Bis Vicente auf das schrille Signal meiner Trillerpfeife wieder bei mir wäre, würde es bestimmt acht bis neun Minuten dauern, wenn er es überhaupt noch würde hören können. Im Fall der Fälle läge bis dahin wohl nur noch ein angenagter Rucksack hier, von dem eine tief in den Schlick gesunkene Tatzenfährte nebst einer Schleifspur wegführte. Ich vertrieb die panischen Gedanken. Von wegen! Eine so leichte Beute würde ich nicht abgeben. Ich löste den Druckknopf an der Scheide des Bowiemessers, um es im Notfall schneller ziehen zu können. Kurz war ich versucht, meine Kamera aus dem Gepäck zu kramen, doch schien es mir keine gute Idee, mich hier in den Schlick zu hocken und lange an meinem Rucksack herumzunesteln. Stattdessen stapfte ich mit forschem Schritt weiter. Allerdings ließ ich während der nächsten Flusskehren meinen Blick immer wieder rings um mich gleiten. Kein Geraschel, kein bebendes Laub. Stein um Stein, Mäander um Mäander, Kilometer um Kilometer setzte ich meinen Weg fort.

Nach schier ewig währenden 20 Minuten folgte die Erlösung. Ich sah Vicente vor mir. Etwa einen halben Kilometer entfernt saß er im Schatten eines großen Baumes und wartete. Als ich ihn erreichte, ließ ich mich in den knirschenden Kies fallen und berichtete von meiner Entdeckung. Vicente nickte, wahrscheinlich ein Jaguar oder vielleicht ein Puma. Um es genau zu sagen, müsse er die Spur begutachten. Er malte neben sich in den feuchten Sand zwei grobe Exemplare nahezu identischer Tatzen, die sich nur in einem Punkt unterschieden: In einem kleinen Sporn an der Ferse. Den habe nur eine Puma-Spur, erklärte Vicente. Ich ärgerte mich, dass ich kein Foto der Spur gemacht hatte, denn ob sie einen Sporn gehabt hatte oder nicht, vermochte ich aus dem Gedächtnis nicht mehr zu sagen. Wir pausierten rund eine halbe Stunde und tauschten Vicentes Coca-Blätter gegen meine filterlosen Astorias. Dann sahen wir in der Ferne auch Torsten, Ilka und Mexicano heranstapfen. Ilka hatte ihre Kamera wieder und war bester Laune. Vorbei der Unmut über die „blöde Knipserei". Als sie nach ihrer Extratour Torsten und Mexicano wieder erreichte, hätten sie erst mal eine Runde gealbert, gab sie zu, und Fotos geschossen. Auch meine Stimmung hatte einen Riesenschub bekommen. Jetzt, die Gruppe wieder beisammen, machte mir die mögliche Nähe eines Jaguars nichts mehr aus. Im Gegenteil, begeistert fragte ich die anderen, ob sie die Spur auch gesehen hätten. Zu meiner Enttäuschung hatten sie nicht. Wir rasteten noch ein paar Minuten und huckten dann wieder auf. Mexicanos Prognose dämpfte meine Euphorie wieder ein wenig. Anderthalb Stunden seien es noch bis zum Madidi, schätzte er. Doch dass die Zeitangaben in Bolivien alles andere als konkret waren, wirkte sich dieses Mal positiv aus. Torsten hatte mehrfach erklärt, dass ich beim Pochen auf Pünktlichkeit den Zusatz „hora alemana, no hora boliviana" machen solle. Dass sich Mexicanos bolivianische „hora y media" auf dieser letzten Etappe des Tages nach meiner deutschen Uhr lediglich als eine runde Stunde entpuppte, war mir mehr als recht. Danach floss hinter einer langen Flussgeraden das Wasser vor uns plötzlich quer vorbei, viel Wasser, weit mehr als jenes Rinnsal hergab, dem wir vom Bergkamm bis hierher gefolgt waren. Torstens Augen leuchteten. „Der Madidi." Ich schleppte mich bis wenige Meter vor den vorbeigurgelnden Strom und ließ meinen Rucksack von der Schulter plumpsen. Ohne die 25-Kilo-Last torkelte ich weiter zum Ufer. Dabei schoss mir eine Erkenntnis durch den Kopf: Eigentlich war doch klar, warum Rüdiger Nehberg fast immer ganz ohne Ausrüstung loszog. Nicht weil Larven oder Wurzeln super schmeckten. Der war einfach zu faul zum Schleppen.

*Nach Ilkas Extratour, um die vergessene Kamera zu holen, blödelte sie mit Torsten und Mexicano herum. Jens versuchte zu der Zeit vergeblich, mit Vicente Schritt zu halten.*

# 17. Akupunktur in der Badewanne

Das Lager errichteten wir oberhalb einer steilen Böschung auf einer kleinen Lichtung. Während Mexicano und ich das Laub vom Boden wedelten, um die Plastikplane auszubreiten, hörte ich Ilka und Torsten laut diskutieren. Der kleine Sack mit den Heringen fürs Zelt war weg. Beim fluchtartigen Aufbruch am Morgen mussten sie ihn liegengelassen haben. Es beruhigte mich, dass selbst in einem so eingespielten Team etwas auf der Strecke bleiben konnte. Das waren die Tücken, wenn Ausrüstungsgegenstände auf zwei Rucksäcke verteilt verstaut wurden. Ilka tröstete sich mit dem Gedanken, dass bei fehlendem Zeltgestänge schwerer zu improvisieren gewesen wäre. Und mit weiblicher Intuition gelang es ihr auch, Torstens Unmut zu besänftigen. „Ja, ich bin schuld", räumte sie ein. „Ja, die waren schon immer in meinem Rucksack. Kannst du nicht aus Holz Neue schnitzen?" Torstens Laune verbesserte sich prompt. Mir war nicht klar, ob allein Ilkas Schuldeingeständnis die Wirkung hervorgerufen hatte, oder ob es an Ilkas Vorschlag lag, der Torsten nun ermöglichte, uns sein Improvisationstalent zu beweisen und zu zeigen, was für ein toller Zeltnagelschnitzer er war. Da ich mir nicht sicher war, erwähnte ich meine eigene Schuld lieber nicht. Denn auch ich vermisste etwas. Nichts Praktisches. Dafür schien der Verlust umso bedeutungsschwerer. Seit Tagen hatte ich sämtliche Rucksacktaschen nach dem kleinen Talisman durchforstet, jenem Fläschchen, das Torsten und Ilka in La Paz vom Hexenmarkt mitgebracht hatten. Paradox, dass ausgerechnet meine Vorsicht für den Verlust gesorgt hatte. Die Phiole musste gleich am ersten Lagerplatz aus dem Handtuch geplumpst sein. Als ich es zum Abfrottieren herauszog, hatte ich vergessen, dass mein Glücksbringer zu dessen Schutz darin eingewickelt war. Ich verschwieg meine Entdeckung und hoffte, dass Pachamama den Talisman als zusätzliches, wenn auch unbeabsichtigtes Opfer angenommen haben mochte.

Meine schlammigen Klamotten über der einen, das Handtuch über der anderen Schulter, tigerte ich wenig später die Böschung hinab, um zu baden und einen

*Am ersten Madidi-Camp fehlten Ilka die Zeltnägel, Jens vermisste seinen Talisman. Ob trotzdem alles noch weiter unter einem guten Stern stehen würde?*

Waschgang im Fluss einzulegen. Ein Stück den Yubama hinauf hatte Ilka eine wannenähnliche Vertiefung ausgemacht, in der sie bereits ein Bad genommen hatte. In diesen Pool ließ ich mich gleiten und räkelte mich wohlig im kalten Wasser, das hier, ob der Tiefe, fast zum Stillstand kam. Eine perfekte Badewanne, der Kiesboden passte sich wie von selbst dem Hintern an. Zunächst merkte ich von den Angriffen nichts. Erst als ich mich gewaschen hatte und entspannt im Wasser vor mich hin döste, spürte ich das leichte Zwicken. In unregelmäßigen Abständen knabberte irgendwer an meinem Hinterteil. Mal hier, mal dort, mal auch am Rücken. Das Gefühl ähnelte sanften Piekern mit einer Nadel. Es mussten wohl winzige Fische sein, die entweder Hunger verspürten oder den großen Eindringling aus ihrem Revier vertreiben wollten. Dann schoss mir erneut der Candiru durch den Kopf, was meinem Bad ein schleuniges Ende bescherte. Ich wusch die Anziehsachen aus und hängte sie auf Wäscheständer, die ich mir, Ilkas Beispiel folgend, aus dem alten Geäst zusammensteckte, das überall im trockenen Bett des Flusses herumlag. Zurück am Lager erzählte ich Ilka von dem Gezwicke. Sie nickte. Auch sie hatte es bemerkt, ging aber davon aus, dass es eher sanfte Elektroschocks als Bisse gewesen waren. Schließlich gebe es neben elektrischen Aalen noch unzählige andere Arten geladener Fische, die meisten winzig klein, deren Stöße man zwar spüren könne, die aber völlig ungefährlich seien, erklärte sie.

Gemeinsam trotteten wir hinunter zum Madidi, wo Mexicano und Torsten bereits ihr Glück versuchten, uns für den Abend erstmals ein Essen aus dem Fluss zu bescheren. Ein paar hundert Meter flussabwärts beschrieb der Madidi eine Kurve. Dort hatte er sich tief in sein sandiges Bett gefressen und eine teichartige Lagune hinterlassen. An deren Ufer hockten Torsten und Mexicano auf einem Baumstamm und hielten die Enden ihrer Angelsehnen in der Hand. Mexicano zog gerade seinen zweiten Wels aus dem Wasser. Mit ihren langen Barteln, die ihr in englischer Sprache den Namen Catfish, Katzenfisch, eintrugen, war diese Art sogar für mich zu erkennen. Torsten hatte einen der Lachse gefangen, die Vicente Tage zuvor bereits zu Hauf angeschleppt hatte. Waren die Fänge auch zu mickrig, um den Hunger von fünf Mäulern zu stopfen, Fleisch für weitere Köder lieferten sie allemal. Ilka und ich versuchten auch unser Glück, doch ließ es uns an diesem ersten Angeltag im Stich. Zwar zupfte es immer mal am Ende der Angel, die Torsten mir aus seinem Material gleich mit gebastelt hatte, doch entweder waren die Fische zu clever oder ich war zu dusselig. Immer wieder blinkte der Haken leer, wenn ich ihn aus dem Wasser zog. Mexicano hatte in einiger Entfernung ein paar Klammeraffen ausgemacht. Sie turnten durch die Baumkronen und schienen unsere Beutejagd neugierig zu beobachten. Dann bekamen wir noch einen Beobachter, einen, dem wir gleichsam seine Beute streitig machten, der aber bei meiner Unbeholfenheit wohl eher belustigt zusah.

*Anglerpech! Der kleine Wels, den Mexicano herauszog, taugte höchstens als Köderfisch. Also gab es zunächst weiter Nudelsuppe.*

Auf einem Felsen jenseits der Lagune, in etwa 30 Metern Entfernung war ein Otter aus dem Wasser geklettert und spähte zu uns herüber. Verdammt, jetzt das Teleobjektiv, doch das lag einige Meter entfernt in der Kameratasche im Sand. Und als Torsten einen Versuch startete, zu seiner Kamera zu hechten, flutschte der neugierige Lagunenbewohner prompt ins Wasser. Mit einem Plumps war er unter der Oberfläche verschwunden.

Auch unsere weiteren Angelversuche waren nicht von Erfolg gekrönt, also würde das Abendessen erneut aus Nudelsuppe mit Dosenfleisch bestehen. Bis auf die

Nudeln, den Reis und das Mehl, von denen wir gleich ganze Plastiksäcke mitgeschleppt hatten, gingen unsere Vorräte allmählich zur Neige. „Na immerhin werden so die Rucksäcke leichter", kommentierte Torsten auf dem Rückweg die magere Ausbeute. Mehr Sorgen schien ihm die bevorstehende Improvisation des Zeltzubehörs zu bereiten. „Hier ist das noch kein Problem", sagte er, als er mit dem Schnitzen hölzerner Ersatzheringe begann. „Aber die halten nun mal nicht ewig, und wenn wir zum Schluss unserer Tour auf den Auyan wollen, wird es eng mit Holz." Ich nickte. Die Plateaus der venezolanischen Tafelberge strotzten nach Berichten nicht gerade vor sehr hoch wachsender Vegetation. „Aber das kriegen wir schon irgendwie hin", sagte Torsten. Auf Ilkas und seinen Streit angesprochen, winkte er ab. So was renke sich schnell wieder ein. „Jeder kann den anderen genau einschätzen. Ist auch nötig. Wenn wir als Tourguides in Deutschland unterwegs sind, müssen wir einander blind vertrauen können." In Deutschland? „Na, bei dem Unsinn, den die Touristen so anstellen können", grinste er.

Nach dem Essen, als es finster geworden war, hieß uns Mexicano, ihm zu folgen. Vicente ließen wir als Wache am Lager zurück und kletterten zum Fluss hinab. Im Licht der Taschenlampen ging es den Madidi hinauf. Oberhalb der Lagune, in der wir geangelt hatten, war der Fluss breit und so flach, dass das Kieselgeröll, über das er floss, immer wieder kleine Inseln bildete. Von einer zur anderen tasteten wir uns vor. Mit der Taschenlampe leuchtete Mexicano den Grund ab. In der anderen Hand hielt er seine Machete. Klirrend ließ er ihre Klinge über die Steine vor sich gleiten und bedeutete uns, genau seinen Tritten zu folgen. „Manta Rey", sagte er. „Wegen der Stachelrochen", erklärte Torsten. In seinen Expeditionsaufzeichnungen hatte Colonel Fawcett diese Fische mehrfach erwähnt, deren Giftstachel manche Indianerstämme angeblich sogar als Spitzen für ihre Pfeile nutzten. Ich hatte gelesen, dass der Rochen mit ihm sogar Stiefel zu durchschlagen vermochte, wenn man aus Versehen auf ihn trat. „Ein Stich bringt dich zwar nicht um, aber er setzt dich mit Sicherheit einige Tage außer Gefecht, also sei vorsichtig", riet Torsten. Ich gab mir die größte Mühe. Doch der Spur der anderen zu folgen, war auf den glitschigen Steinen in der zerrenden Strömung alles andere als leicht. Außerdem fragte ich mich, warum um alles in der Welt wir statt der festen Wanderschuhe Sandalen angezogen hatten. Als wir das andere Ufer erreichten, ließ Mexicano den Kegel seiner Lampe langsam über das Dickicht ringsum gleiten. Plötzlich blitzte ein Paar Augen auf. „Alligator", vermutete Mexicano, war sich aber nicht sicher. Torsten klärte mich auf, dass Bolivianer, wenn sie Alligator sagten, kurioserweise die kleinen Brillenkaimane meinten, die maximal eine Größe von drei Metern erreichten. Große Exemplare wie den mit dem Mississippi-Alligator verwandten Mohrenkaiman dagegen bezeichneten sie als „Caiman".

Wir sahen noch einige Augenpaare aufleuchten, doch zu meiner Beruhigung befanden sich alle in Entfernungen von 50 Metern oder mehr. Auf dem Weg zurück zuckte ich regelrecht zusammen. Ein Vogel war zweimal dicht an meinem Kopf vorbeigeflattert, zumindest vermutete ich das zunächst. Aber Vögel nachts? „Könnten auch Fledermäuse sein", meinte Torsten. Die Frage ließ sich nicht klären, denn zum Glück rückten uns weder die Flattertiere noch die Krokodile so nah auf die Pelle, dass sie eindeutig identifizierbar gewesen wären. Zurück am Lager berichteten wir Vicente von unserem Erfolg beim Tiere-Gucken. Er hatte sich schon unter seinem Netz zur Nacht gebettet. Am Nachmittag noch hatte ich ein von Gespinst gesäumtes Loch ausgemacht, das an einer Ecke unserer Bodenplane im Waldboden klaffte. Diese Ecke befand sich nun gleich neben Vicentes Kopfende. Doch den schien das nicht zu stören. Vicente links, Mexicano in der Mitte, lag mein eigener Schlafplatz am anderen Ende der Plane, am weitesten vom Loch entfernt, was ich beruhigt zur Kenntnis nahm. Da Ilka und Torsten ihr Zelt gleich neben Vicente aufgeschlagen hatten, hatte ich zwar das äußerste Ende des Lagers zum Dickicht des Waldes hin, aber egal. Blätter gab es hier schließlich überall. Ich tat es Vicente gleich und richtete mich wie gehabt häuslich unterm Netz ein. Binnen Minuten schlief ich erschöpft ein. Man gewöhnte sich eben an alles, selbst an die Nachbarschaft von Kaiman und Jaguar, solange man nur haarige krabbelnde Spinnen weit genug weg wähnen durfte.

# 18. Zwei Jäger am Haken

Nach Vicentes Pfannkuchen ging es am nächsten Morgen zunächst wieder einige Kilometer durchs Unterholz. Unsere Angellagune ließ sich zu Fuß nicht kreuzen, und hier gab es noch kein Balsaholz für ein Floß. Außerdem war der Fluss so weit oberhalb an den meisten Stellen noch zu flach zum Flößen. Nur solche Lagunen ließen sich eben nicht durchwaten. Und schwimmen? Dabei wäre die ganze Ausrüstung nass geworden. Außerdem wussten wir nicht, wer außer dem Otter noch unter der lehmbraunen Oberfläche wohnte. In dickem Schlick passierten wir ein Bachbett. Jeder Schritt war ein Kampf, besonders, wenn es den Fuß wieder aus dem knöcheltiefen Schlamm zu zerren galt. Die Böschung hinauf zählte dagegen jeder Schritt nur halb. Die Füße rutschten wieder runter. Zwar gaben Wurzeln Händen und Füßen Halt, den Füßen allerdings nur, wenn sie horizontal verliefen und moosbewachsenen Steigbügeln glichen. So ließ sich das Sohlenprofil dagegen stemmen. Den Hang hinab greifende Wurzeln waren tückischer und brachten uns mitunter explosionsartig ins Schlittern. Wir passierten mehrere Palmen mit daumendicken Dornen. Ich hielt respektvoll Abstand, dachte jedoch, dass die zumindest besser waren als jene dünnen vom ersten Tag, die man spürte, ehe man sie sah. Ilka vor mir hielt inne und drehte sich um. „Na, wie findest du den Urwald bis jetzt so?" Was für eine Frage? Angesichts der Vielzahl an Eindrücken hätte die Antwort abends am Lagerfeuer wohl Stunden gefüllt. Doch jetzt, den Blick ständig auf den laubbedeckten Boden gerichtet, entgegnete ich nur: „Klasse. Nur den Boden, den hätte ich mir ganz anders vorgestellt, viel feuchter. Ist fast so wie bei uns im Wald, nur dass mehr Unterholz wächst. Wenn man Fernsehreportagen sieht, ist meist alles unter Wasser." Das sei nur in der Ebene so, dort wo das Gefälle der Flüsse auf Tausende Kilometer nur noch wenige Meter ausmache und das Wasser somit eher überall stehe als fließe, erklärte Ilka nüchtern. Dass der mangelnde Respekt, den sie in meinen Vergleich mit einem schnöden deutschen Forst offenbar hineininterpretierte, Ilka insgeheim mehr wurmte, als sie jetzt zeigte, sollte sich erst später offenbaren. Nach mehreren hundert Metern durch den Wald hatten wir die Lagune umrundet und traten jenseits von ihr wieder hinaus ins Flussbett. Von hier aus sprudelte der Madidi vor uns her, zunächst schmal, doch bald stellenweise auf etwa 30 Metern Breite. Bei den Flussquerungen wiederholte sich das Spiel vom Vorabend. Mexicano empfahl uns, wegen der Rochen mit dem Stock selbst jeden Schritt vorzutasten. Dabei war ich froh gewesen, den Stecken bisher einfach als Stütze nutzen zu können. Jetzt brach Hektik aus: stochern, stützen, stochern, stützen. Von der Seite ähnelte ich wohl einem Dirigenten, der in wilder Ekstase mit dem Taktstock fuchtelte. Obwohl sich Ilka, die mir folgte, nichts anmerken ließ, machte sie mein Getaumel fast wahnsinnig. Wie sie mir später sagte, hielt sie es für völlig unsinnig, dass ich meine Energie mit dem Gestocher verpulverte und so noch wackliger als sonst durch den Fluss stakste. Für den Moment jedoch blieb sie still, zumindest mir gegenüber. Mit Torsten dagegen geriet sie einmal fast in Streit. Er machte ihr Vorhaltungen, weil sie sich nicht an Mexicanos Warnung hielt. „Reicht doch, wenn der Erste den Grund abklopft. Außerdem frag ich mich, wieso es vor drei Jahren hier noch keine Stachelrochen gab. So einen Zirkus haben wir damals jedenfalls nicht veranstaltet. Und selbst wenn es sie gibt, sind fünf Trampeltiere wohl laut genug, um sie zu verscheuchen", schimpfte Ilka. Die Diskussion machte mich nachdenklich, immerhin hatte auch ich gelesen, dass Stachelrochen sandigen Grund bevorzugten. Klang irgendwie logisch, wie konnte sich ein Plattfisch auf den bolderigen Steinen wohl fühlen, die unter dem reißenden Wasser unseren Weg pflasterten. Dennoch, ich beherzigte Mexicanos Rat weiter, sicher war sicher. Was wusste ein Gringo wie ich schon von den Gepflogenheiten amazonischer Flussbewohner?

Obwohl das Wasser bei den unzähligen Flussquerungen zeitweise bis zur Hüfte an unseren Beinen zerrte, blieb sogar mein Rucksack bis zur Unterkante trocken. Nach stundenlangen Passagen über Geröll stieß ich im Ufersand plötzlich auf eine Tatzenspur. Meiner Erinnerung nach glich sie der vom Vortag exakt. Diesmal versäumte ich nicht, sie Mexicano zu zeigen. „Tigre", kommentierte er, Jaguar. Also doch! Nachträgliche Freude überkam mich, vielleicht würde es ja doch klappen, sogar den Urheber der Spur in freier Wildbahn zu sehen. Weckte die Jaguarspur erneut Begeisterung, so zählte ich die Tapirspuren, die unseren Weg kreuzten, längst nicht mehr. Zur Mittagspause bekamen wir erneut Gesellschaft von Klammeraffen. Gleich vier turnten in einer Baumkrone am anderen Ufer und schienen uns neugierig zu begaffen. Ein paar Äste über ihnen ließen sich im gleichen Baum zwei Aras nieder.

Am Nachmittag war es Torsten, der am meisten mit dem unwegsamen Geröll zu kämpfen hatte. Seine Oberschenkel fingen gelegentlich an zu flattern. „Beim Klettern nennt man das Nähmaschine", erklärte er, „wegen des Gezitters." Trotz meiner wackligen Sprunggelenke hatte ich diesmal kaum Probleme. Inzwischen war meine strategische Schrittplanung fast zum Automatismus geworden. Dicke Steine, direkt von oben genommen, wackelten selten. Doch wechselte das

*Der Weg ins Abenteuer ist steinig, doch in stundenlangem Marsch lernte man, sicher von einem Bollerstein zum nächsten zu gelangen, auch ohne jeden Schritt strategisch zu planen.*

Geröll der fußballgroßen Kiesel sich mit Passagen durch zähen Schlamm ab. Hier zog es unseren Gänsemarsch so sehr in die Länge, dass wir einander nicht mehr sahen, sondern nur noch den in den Schlick gestanzten Tritten des Vordermannes folgen konnten. Vicente und Mexicano waren weit voraus. Sie hatten sich zwischen einem Feld aus Schilf und dem tief und ruhig dahinfließenden Fluss auf dessen steil abfallender Böschung entlanggekämpft. Zeitweise waren sie einen halben Meter bis zur Wasserkante hin abgerutscht, was ihre Spur deutlich zeigte. Mir war die braune Brühe gleich neben meinem Bein nicht ganz geheuer. Deshalb schlug ich mich ins Schilf und kämpfte dort gegen den Schlick. Stellenweise breiteten sich auch hier Wasserpfützen aus, was den Boden noch weicher machte. Bei manchen Schritten sank ich zwischen den meterhohen Schilfhalmen bis zum Oberschenkel weg. Ungefähr so stellte ich mir Anakonda-Terrain vor, nur dass es vielleicht noch etwas mehr Bodenbewuchses zur Tarnung bedurft hätte, um es zum perfekten Jagdrevier zu machen. Ich vertrieb die Gedanken an ein unausgeglichenes Schlammcatchen mit einem sich windenden, den Atem raubenden Gegner und stieß mich vorwärts, so kraftvoll ich konnte.

Um halb vier am Nachmittag erreichten wir unseren nächsten Lagerplatz. Nahe einer Flussbiegung machte Mexicano gleich mehrere Balsabäume am Waldrand aus, die sich für den Floßbau am nächsten Tag eignen würden. „Ist schon praktisch, wenn sie nah beieinander stehen", sagte Torsten. „Balsaholz ist zwar relativ leicht, aber ganze Stämme kilometerweit schleppen zu müssen, ist trotzdem nicht ohne." Hinter der Flussbiegung stießen wir auf eine weitere, verglichen mit der vom Vortag größere Lagune, hinter der das Ufer als senkrechte Steilwand aus Lehm etwa 20 Meter aufragte. Ich spähte nach Aras. Immerhin sammelten sich ganze Schwärme von ihnen oft an solchen Wänden, um am Lehm zu knabbern, hatte Torsten erzählt. Man vermutete, dass die als Zusatzkost aufgenommenen Mineralien den Papageien halfen, giftige Pflanzenkerne zu verdauen. Doch an dieser Wand waren keine Aras auszumachen. Vor der Flussbiegung und der Lagune

*Nach einer Linkskehre des Madidi schien sich ein geeigneter Lagerplatz anzubieten, doch zunächst galt es, eine hohe Uferböschung emporzukraxeln.*

lag eine dicht bewaldete Insel mitten im Madidi, der an dieser Stelle noch so flach war, dass man ihn passagenweise durchwaten konnte. Wir schlugen das Camp gegenüber der Lehmwand an der Lagune, im Knie der Flussbiegung auf. Um einen sicheren Lagerplatz zu finden, kraxelten wir zunächst eine etwa vier Meter hohe Uferböschung hinauf. Zelt und Plane fanden ihren Platz unter den Bäumen des Waldrandes. Das Holz fürs Feuer schichtete Vicente gleich hinter der Kuppe der Böschung auf. Ich versuchte, ihm zu helfen. Und siehe da. Diesmal gelang es mir sogar, seinem Beispiel folgend, Zündspäne von den dicken Scheiten abzuraspeln. Es musste zwar etwas unbeholfen aussehen, aber wenn man die Machete an Griff und Spitze zugleich fasste und ruckend übers Holz schob, hobelte es Späne passender Größe ab. Ilka bemerkte zu spät, dass sie beim Zeltbau geschludert hatten. „Eine Ameisenstraße führt quer durchs Zelt", meldete sie, als sie daraus hervorkroch. Kein Wunder, die Blattschneiderameisen hatten ja genug Eingänge hinterlassen. Ein zweiter Tross Ameisen kreuzte von außen diagonal über die Zeltkuppel. Der Grund für die Invasion war schnell gefunden. Ilka machte eine der Lieblingspflanzen der Ameisen aus, einen dünnen Stiel mit ausladenden Blättern. Ich fragte mich, ob das wohl der Palo Diablo war, jener Teufelstab, den Chapman beschrieben hatte. Sein einziger Hinweis auf sein Aussehen war, dass seine Blätter im Gegensatz zu den meisten anderen Pflanzen völlig unversehrt aussahen, weil die Ameisen die Pflanze vehement gegen alle Angreifer, ob Pflanze, Tier oder Mensch verteidigten. Offenbar war unser Strunk kein Palo Diablo, denn obwohl Ilka den Stiel mit einem flinken Machetenhieb beseitigte, blieb ihr ein Vergeltungsangriff erspart. „Ich muss endlich versuchen, mir die Pflanzenart zu merken, um einen Bogen drumherum zu machen", sagte sie.

Als das Lager stand, stiegen wir hinunter zum Fluss und warfen die Angeln aus. Kaum hatten wir begonnen, die Stücke der kleinen Fische ins Wasser zu werfen, die Vicente schon unterwegs gefangen hatte, während er auf uns Nachzügler wartete, da zog Mexicano einen prächtigen Wels mit gestreifter Flanke aus dem Wasser. Ich staunte Bauklötze: zwei davon und wir würden heute Abend wohl alle allein vom Fisch pappsatt werden. Doch Mexicano winkte ab. Der müsse als Köder für richtigen Speisefisch dienen. Wels esse man nur, wenn nichts anderes zu erwischen sei. Plötzlich, ich konnte es kaum glauben, zupfte es auch an meiner Angel. Nein, es zupfte nicht. Es zerrte. Ich sprang auf und hielt dagegen. Prompt vergaß ich sowohl die Bienen, die mir just zuvor in die Hose gekrabbelt waren, als auch den schmerzenden Stich in die Kniekehle, den ich davongetragen hatte.

*Ein vermeintlich sicherer Lagerplatz: Das Camp schlugen wir oberhalb der Böschung unter den Bäumen des Waldrandes in der Kniekehle des Flusslaufes auf.*

*Ein Tiger an der Angel: Während man laut Mexicano Wels nur isst, wenn nichts anderes zu haben ist, wurde dieser Fisch Jens' Leibgericht. Er schien die wenigsten Gräten zu haben.*

Das erwachte Jagdfieber rang alles andere nieder. Arm für Arm holte ich die Leine ein, während am anderen Ende etwas Silbrigweißes auf der Wasseroberfläche platschte. Mal zerrte es nach links, mal nach rechts. Es musste etwas Großes und Kräftiges sein, denn es zerrte mit Vehemenz. Vergeblich. Diesmal verlor ich meinen Fang nicht. Endlich platschte der Fisch auf den Ufersand und baumelte nach zwei weiteren Armlängen am Ende meines Stahlvorfachs am Haken. „Guck dir dieses Ding an! Und was für Zähne der hat", stieß ich begeistert hervor. Dass auch Raubfische über regelrechte Fangzähne verfügten, war mir nicht klar gewesen, und die Eckzähne dieses Burschen hier waren mindestens zwei Zentimeter lang und nadelspitz. Torsten schmunzelte: „Und da laufen wir jeden Tag durch." Er riet mir, ich solle lieber Vicente, der sich zu uns gesellt hatte, den Haken ziehen lassen. „Der kann noch immer ganz schön zubeißen", warnte er.

*Jens' erster Angelerfolg: Ein Chacorro mit nadelspitzen Zähnen, die er bei den Flussquerungen zum Glück nicht in unsere Beine gebohrt hatte.*

Hatten die Zähne meines Chacorro, wie Mexicano den Fisch nannte, selbst Torsten Respekt abgerungen, seine Größe tat es nicht. Mein Amazonas-Hecht, den ich später in einem peruanischen Bestimmungsbuch unter dem Namen Chambira oder Tigerfisch wiederfand, maß rund 60 Zentimeter, was mich mit einigem Stolz erfüllte. Immerhin war das der allererste Fisch, den ich nach vielen vergeblichen Angelversuchen in Europa je an den Haken bekommen hatte. Doch Torsten winkte ab. „Ganz okay", doch kein Vergleich mit dem Riesen-Bacu, der drei Jahre zuvor Ilkas Angeldebüt gekrönt habe. „Ihr Gequieke ließ uns damals alle zum Ufer rennen", erinnerte sich Torsten. „Sprüche klopfend, hüpfte sie beim Ausnehmen um uns Männer herum. Selbst ran wollte sie da dann doch nicht mehr. Zwölf bis 15 Kilo hätte das Ding bestimmt auf die Waage gebracht. Sein Gebiss sah furchterregend aus. Auf dem Spieß erinnerte er eher an ein Spanferkel. Der reichte gleich für mehrere Tage als Proviant."

*Angesichts der Freude über den Fang vergaß Jens prompt die Stiche der Bienen, die ihm zuvor ins Hosenbein geschlüpft waren. Hauptsache, der Zigarettenqualm hält das Gesicht frei.*

So lange hätte mein Erstlingserfolg in der Tat nicht vorgehalten, dafür war meine Glückssträhne aber noch nicht abgerissen. Mein nächster Fang hatte nicht mehr die Länge des ersten, dafür nickte Mexicano anerkennend. „Salmon", sagte er, als ich den Fisch diesmal selbst vom Haken zog. Danach wickelte er seine Sehne auf und wanderte auf der Suche nach einem ruhigeren Plätzchen flussaufwärts. Etwa 50 Meter oberhalb, noch vor der bewaldeten Insel, wo der Fluss über eine Gesteinstreppe aus seinem flachen Bett in die tiefe Lagune plätscherte, warf er den Haken wieder aus. „Guck mal da, ein Krokodil", rief Torsten plötzlich und zeigte in die Mitte der Lagune, in der ein Baumstamm aus dem Wasser ragte. „Das ist ein Baum", entgegnete ich, womit ich mir einen mitleidigen Blick einhandelte. „Natürlich, aber direkt daneben ist gerade eins hochgekommen", sagte Torsten. Ich konzentrierte meinen Blick genau auf die Stelle, konnte aber nichts ausmachen. Während ich noch auf die Wasserfläche stierte, platschte es weiter oberhalb. Fast zeitgleich vernahm ich Mexicanos Schrei. „Hey, Manta Rey!" Mexicano rang mit seinem Gegner, und was er da an Land zog, machte klar, dass wir nicht ohne Grund den ganzen Tag mit den Stecken auf dem Boden des Flusses umhergestochert hatten. „Siehst du", kommentierte Torsten zu Ilka gewandt. Die zuckte mit den Schultern. „Ich find's immer noch übertrieben."

Mit seinen flügelartigen Flossen flatterte der Fang eher, als dass er zappelte, während Mexicano den am Haken baumelnden Fisch, den Arm in respektvoller Entfernung vom Körper weggespreizt, zurück zum Lager transportierte. Er ließ den Rochen vor uns in den Sand platschen. Dort offenbarte sich der Grund seiner Vorsicht. Das Camouflage-Muster auf seinem Rücken hätte sich auch auf Militärkampfanzügen prächtig gemacht, doch am beeindruckendsten war der etwa sieben Zentimeter lange Stachel auf seinem Schwanz, mit dem der Fisch heftig hin- und herschlug. Erst nach einer Weile beruhigte er sich, wahrscheinlich ging ihm an Land schlicht die Luft aus. Still lag er da und schaute uns nur grimmig an, als wir Fotos von ihm schossen. Dann löste Mexicano ihn mit einem flinken Griff vom Haken und warf ihn in hohem Bogen zurück ins Wasser. „Ungenießbar", kommentierte er. Ich fragte mich, ob das stimmen mochte, da ich bereits Gegenteiliges gelesen hatte. Bei manchen Indianerstämmen wurde der Manta angeblich sogar als Delikatesse gehandelt. Unser Abendessen wenig später verstärkte meine Zweifel eher noch. Der Grund war Mexicanos zuvor gefangener Tigerwels, von dem Vicente mangels größerer Ausbeute doch dicke

*Der Beweis, dass die Stocherei mit den Stecken vor jedem Schritt im Fluss einen Sinn hatte. Das Muster auf dem Rücken dient dem Stachelrochen im braunen Wasser zur Tarnung.*

*Wenn man im Wasser auf ihn tritt, peitscht der Manta Rey mit seinem giftigen Schwanzstachel, mit dem er angeblich sogar Stiefel durchschlagen kann.*

Stücke in unseren Reistopf geschnibbelt hatte. Von wegen Köderfisch! Der schmeckte super, wie Filet. Keine Gräten, wie sie mir so oft schon den Genuss angeblich feinsten Fischs verdorben hatten. Mein Raubfisch schmorte derweil mit dem grätigen Salmon und einem weiteren Fang von Torsten überm Feuer. Um gleich alle drei Räucherfische als zweiten Gang zu verspeisen, erwies sich der Reistopf als zu üppig. Während es dämmerte, knusperten wir nur noch einen. Die anderen beiden, darunter meinen Chacorro, ließen wir weiter in den Gestellen, die Vicente aus Astgabeln geflochten

*Einen Räucherfisch schafften wir am Abend, die anderen nahm Vicente später vom Feuer und propfte sie auf Gestelle, damit sie bis zum Morgen nicht verbrannten.*

hatte, über den Flammen vor sich hin garen. „Räucherfisch zum Frühstück", kündigte Torsten an. Wie sollte er auch ahnen, dass mein erster Angelerfolg dazu ausersehen war, noch vor dem Ende dieser Nacht einen ganz anderen Hunger zu stillen. Erschöpft, aber glücklich krabbelte ich unter mein Netz. Beim Ausleuchten sprach ich indes noch den längst zur Gewohnheit gewordenen Fluch auf Iberia. Die gummiarmierte Taschenlampe aus Rurre funktionierte nicht mehr. Daran änderten selbst die Wechselbatterien nichts. Sie musste einen Defekt haben, und der würde sich hier und jetzt nicht beheben lassen. Auch das winzige Plastiklämpchen vom Straßenmarkt in La Paz leuchtete nicht mehr wirklich hell. So lieferte ich den Ameisen nur noch einen trägen Kampf. Sie mussten bereits am Nachmittag meinen Rucksack besiedelt haben und nutzten nun mein „Kopfkissen" als Basis, um mein Schlafgemach zu erkunden. Mit dem schwachen Licht der Lampe beleuchtete ich meine Füße. An Zehen und Sohle zeigten sich erste Risse. Doch am Morgen würde noch genug Zeit bleiben, sie zu verarzten, so dachte ich.

Von den kleinen Aufregungen des Abends bekam ich nichts mehr mit. Während die anderen noch draußen am Feuer saßen, schlummerte ich friedlich unter meinem Netz vor mich hin. Die Zeit, die Geschehnisse der Nacht und des Morgens auszutauschen, bot sich erst, als wir alles überstanden hatten. So vermochten auch erst die danach ins Tagebuch notierten Zeilen ein komplexes Bild der Katastrophe zu zeichnen, zu beschreiben, was jeder einzelne von uns gedacht und empfunden hatte, wie jeder von uns gegen seine ureigene Angst angekämpft hatte.

# 19. Ein Kompass für zwei Krokodile

Mexicano hatte schon beim Errichten des Camps mit Blick auf dessen Lage am Waldrand auf eine regenfreie Nacht gehofft, vor allem auf eine ohne zusätzlichen Wind. Ohne schützende Bäume zur Flussseite hin werde der Regen, vom Wind getragen, sonst ungehindert unter die Plane dringen, fürchtete er. Auch am Abend sah ihn Ilka immer wieder skeptisch zum Himmel blicken. Sie lauschte auf das Grollen, das aus der Ferne heranwehte. „So wie das rumort, ist bei regenfreier Nacht wohl eher der Wunsch der Vater des Gedanken", dachte sie. Auch sie und Torsten verkrochen sich ins Zelt. Doch lange sollte ihre Ruhe nicht dauern. Kaum hatten die beiden sich auf ihre Matte gelegt, als ein dumpfes Trampeln alles erschütterte. Das Stampfen ging unmittelbar an der Zeltplane vorbei. „Ein Tapir", schaltete Ilka blitzschnell. „Wahrscheinlich stehen wir genau auf seinem Pfad zum Wasser." Obwohl sie und Torsten sich in Windeseile aus den Laken schälten und aus ihrer Behausung krabbelten, war es zu spät. Das Tier war wieder verschwunden. „Sture Viecher", dachte Torsten, „fast so wie ein Esel, die trotten nur ihre angestammten Wege lang." Auch Mexicano und Vicente hatten das Tier gehört und waren wieder aus ihren Netzen geschlüpft, in denen sie just nach Ilkas und Torstens Gute-Nacht-Gruß verschwunden waren. Der einzige, der wie ein Stein und durch den Angelerfolg glücklich grunzend weiterschlief, war ich.

Die anderen setzten sich noch mal ans Feuer, dessen Flammen allmählich erstarben, dessen Glut jedoch noch gemütliche Wärme abstrahlte. Torsten erzählte Mexicano und Vicente von seiner und Ilkas ersten Begegnung mit einem Tapir, damals, als sie, der historischen Nordsüdroute Colonel Fawcetts folgend, von Apolo nach San Rosé durchs Madidi-Gebiet gewandert waren. „Am Ufer des Rio Hondo gerieten wir zwischen eine Tapir-Mutti und ihr Jungtier", berichtete er. In vollem Galopp war das Muttertier krachend durchs Unterholz gebrochen. „Uns stockte der Atem. Wir waren viel zu erschrocken, als dass wir hätten reagieren können. Als wir ausatmeten, war alles schon vorbei. Das Alttier hatte uns mit einem Scheinangriff Respekt einflößen wollen. Wenige Meter vor uns brach sie ihn ab."

Mexicano nickte, doch sein Blick bohrte sich in die Dunkelheit vor ihm. Er ließ den Lichtkegel seiner Taschenlampe über die Uferböschung gleiten. Plötzlich leuchteten zwei Augenpaare auf. „Alligator", stieß er hervor. Zwei Krokodile hatten die Uferböschung überwunden und sich unbemerkt fast zu uns ins Lager gesellt. Sie lagen nur wenige Meter davon entfernt. So lange der Lichtschein auf sie gerichtet war, blieben sie reglos liegen, doch als Mexicano aufsprang und der Lichtkegel auf und ab hüpfte, schnellten beide in einer blitzartigen Kehrtwende herum. Sekunden später hörte man ein Platschen. Sie waren wieder im Fluss verschwunden. Endlich, dachte Torsten, die intakte Welt Amazoniens. Wir haben sie erreicht. Wir sind da, mittendrin.

Aus lauter Freude lief er zum Zelt. Aus seinem Rucksack nestelte er den Kompass hervor, den Mexicano in den voran-

19 [ Ein Kompass für zwei Krokodile ]

*Im Schein der Taschenlampe leuchten die Augen von Kaimanen nachts auf. Dass sich zwei Exemplare unbemerkt bis ins Lager schlichen, verschlief Jens völlig.*

gegangenen Tagen mehrfach bewundert hatte. Er kam zurück ans Feuer und reichte ihn Mexicano. „Regalo para ti", für dich, als Geschenk. Mexicanos Augen strahlten, als er den Kompass in die Hände nahm. Sogleich entspann sich eine rege Diskussion, die in Pläne-Schmieden mündete. Sogar den rund eine Woche Fußmarsch vom Ende des Madidi-Oberlaufs entfernten Rio Heath, den Grenzfluss zu Peru, könne er damit finden, überlegte Mexicano. Dann gerieten Torsten und er ins Fachsimpeln und ins Planen folgender Touren. Wie schön es ist, Illusionen und Ziele zu haben, dachte Torsten später im Zelt, bevor er einschlief.

Der Regen setzte gegen Mitternacht ein. Und wie gewohnt brauchte er nicht lang, bis er zum Wolkenbruch anschwoll und uns alle noch mal aus dem Schlaf riss. Die Tropfen, die auf Ilkas und Torstens stark lädiertes Zelt eindroschen, machten eine normale Kommunikation unmöglich. Nur noch brüllend vermochten sie sich zu verständigen. Ilka krabbelte zum Ausstieg und öffnete den Reißverschluss. „Das übliche Gewurschtel", schrie sie unter ihrer Achsel hindurch Torsten an. Vicente und Mexicano sammelten ihre verstreute Ausrüstung ein, zumindest den Teil von ihr, der im Dunkeln ohne großes Zusammensuchen auffindbar war. Instinktiv spähte Ilka hinaus auf den Fluss. Doch obwohl dessen Rauschen neben dem Regen anschwoll wie ein Bassteppich, der sich unter einen nicht endenden Trommelwirbel legt, floss der Madidi zahm in seinem Bett dahin. Beruhigt sank Ilka zurück auf ihre Iso-Matte. Als der Regen, der stärker schien als in den Nächten zuvor, auch nach den üblichen zwei Regenzeitstunden nicht enden wollte, lugte auch Torsten mehrfach aus dem Zelt. Der Fluss plätscherte längst nicht mehr, er donnerte zwar durch sein Bett, doch angestiegen schien er nur unwesentlich zu sein. Noch immer trennten rund drei Höhenmeter die dunkle Oberfläche von der Kante unserer Uferböschung. In den frühen Morgenstunden musste dann Mexicanos befürchteter Wind eingesetzt haben. Vielleicht hatte ich auch einfach nur mein Moskitonetz zu nahe am Rand unserer Dachplane befestigt. Jedenfalls tropfte es in mein Netz. Nachdem auch ich dem Fluss noch ein respektvollen Blick gezollt und die Situation für sicher befunden hatte, forschte ich nach der Herkunft des Wassers, das mir auf Hintern und Beine troff. Auf der Oberseite des Kastennetzes sammelten sich unter die Plane gewehte Tropfen. Am tiefsten Punkt bildeten sie eine Pfütze, und aus der sickerten sie allmählich durch die Netzstruktur des Stoffs. Was tun? Rauskrabbeln und das Netz umhängen? Angesichts der Zeit, die zum Öffnen und Neusetzen der Knoten nötig war, wäre ich dadurch bis auf die Knochen durchweicht gewesen. Außerdem war der Erfolg dieser Aktion ungewiss. Und einen gewissen Schutz vor dem Wasser schien mein Netz immerhin zu bieten. Es triefte nur von oben. Es durfte nur nicht durchhängen und Sammelfläche bieten. Ich winkelte ein Bein aufrecht an, schlug das andere darüber und streckte den Fuß so hoch, dass er das horizontale Dach des Netzkastens einem First gleich anhob. Prompt hörte es auf zu tropfen. Das Wasser rann an der Seite ab. Obwohl die Stellung denkbar unbequem war, schlummerte ich wieder ein. Wenn der Fuß wegrutschte, wurde ich durch die träufelnde Dusche prompt geweckt. Noch mehrfach setzte ich mich auf und blinzelte zum Fluss hinunter. Beim letzten dieser Checks war die Dämmerung schon fortgeschritten. Ich schaute aufs Leuchtzifferblatt meiner Armbanduhr: 5.48 Uhr. Der Madidi war zum reißenden Strom angeschwollen, doch immer noch strömte er weit unterhalb der Böschung dahin. Ich döste wieder ein. Der letzte, der den Wasserstand prüfte, war Torsten. Um kurz nach sechs schaute er hinaus und kroch zurück zu Ilka ins Zelt. Alles im grünen Bereich, so dachte er.

# 20. Das Fegefeuer der grünen Hölle

Wie Minuten nach meinem Einnicken kam es mir vor, doch, wie sich herausstellte, war es eine Stunde später, dass ich erneut nass wurde. Mein Hinterteil meldete deutlich: Es lag in einer Pfütze. Ich rückte den Fuß zurecht. Doch diesmal war er nicht abgerutscht. Ich schaute hoch. Nichts tropfte. Während ich noch dalag und im Tran vor mich hin grübelte, schallte Mexicanos hektischer Schrei durchs Lager: „Mochilas", die Rucksäcke, packen! Ein Blick unter dem Netz hervor, machte klar, was seine Hektik verursachte. Vom Regen stammten die Pfützen nur mittelbar. Was da kam, war der Fluss. Besser gesagt, er war schon da. Weite Teile unserer Bodenplane hatte das Wasser bereits erobert. Hektisch zerrte ich die Hose über die Knöchel, riss sie hoch, schlüpfte in die Stiefel. Während ich begann, das Netz abzuknüpfen, waren auch Torsten und Ilka aus ihrem Zelt gesprungen und hängten das Gestänge aus. Planlos stopfte ich Netz und Ausrüstung in den Rucksack. Keine Zeit für Ordnung. Torsten ging es ebenso. Die Rinnsale, die unsere Plane überschwemmten, kamen von der Flussbiegung her durchs lichte Gesträuch. Und auch an der Böschungskante neben uns, wo unser Lagerfeuer gewesen war, leckte der wogende Strom bedenklich. Wenige Meter neben Torstens Zelt wälzte sich die braune Brühe vorbei. Entgeistert blickte er auf den Fluss. Ja, es war Treibgut das dort vorüberzog, aber Äste, die der Madidi einfach mitgespült hatte, waren es nicht. Was da aus den Fluten ragte, war die Krone eines stattlichen Baums. Die Wellen mussten ihn umgerissen haben. Und jetzt schoss er mitten im Fluss an uns vorbei. Binnen Sekunden verleibte sich der Madidi die Uferböschung ein. Dann strömte er ungehindert in unser Lager. Die Feuerstelle soff als erstes ab. Als sei es aus Strohhalmen, knickte das Astgestell ein, auf dem unsere Räucherfische über die Nacht gegart waren. Dann spülte das Wasser die Äste fort. Auch den Fisch holte sich der Fluss zurück. Da trieb er dahin, mein erster Fang.
Torsten ranzte Ilka an, die beim Einpacken noch Ordnung walten ließ und deshalb nicht schnell genug damit nachkam. „Wenn ich schon packe, kann ich auch alles richtig verstauen, damit wenigstens das Wichtigste trocken bleibt", konterte sie. Doch dann wurde auch sie eines Besseren belehrt. Die Zeltplane war kaum eingerollt, da schwappte das Wasser bis an ihre Knöchel. Mexicano und Vicente hatten die Schnellvariante des Packens gewählt, nur, was griffbereit lag, in den Rucksack gestopft und diesen aufgeschwungen. Was sie danach noch zu fassen bekamen, sammelte sich baumelnd an ihren Armen und Hälsen. „Siehst du, ist doch besser, die Hände frei zu haben und nicht auf unzählige Einzelteile aufpassen zu müssen", sagte Ilka zu Torsten. Aber jetzt blieb keine Zeit für Diskussionen. Binnen knapp einer Stunde, laut Ilkas späterer Auskunft war es beim Alarm kurz vor 7 Uhr gewesen, hatte der Madidi drei vermeintlich sichere Höhenmeter einfach verschlungen. Und keiner konnte sagen, wann die nächste Flutwelle schwappen würde, geschweige denn wie hoch. Wir mussten so schnell wie möglich Land gewinnen, im wahrsten Sinne des Wortes. Doch angesichts des Fluchtwegs war das alles andere als leicht. Der weite Sicht bietende Uferstreifen lag längst Land unter. Also blieb

nur der Wald. Und in dem konnten wir allenfalls 20, 30 Meter weit vorausschauen. Mit hektischen Blicken scannte Mexicano das Terrain vor uns ab, soweit das Dickicht es zuließ. Er suchte nach einem Weg, der aufwärts führte. Ich blickte zurück und zögerte. Aus dem Wasser, das unser Lager jetzt völlig überspülte, ragte das nackte Holzgestänge hervor, das Dachplane und Moskitonetze getragen hatte. Direkt daneben stand ein weiterer Ast. Und oben drauf hing mein Hut. Den Wanderstock und meine Kopfbedeckung hatte ich in der Hektik stecken lassen. Einen Moment lang dachte ich darüber nach, ob ich es wagen könne, umzukehren, um den Hut zu retten. Doch schon kippte der Stecken, von der Strömung aus dem Boden gelutscht, zur Seite. Als der Hut aufs Wasser auftraf, riss ihn dessen Wucht hinweg. Dann wankte auch das Lagergestell unter dem Druck der Wassermassen. Fallen sah ich es nicht mehr. Stattdessen wandte ich den Blick nach vorn und folgte den anderen ins Gesträuch. Hektisch hangelten wir uns hindurch hinter Mexicano her. Nach schätzungsweise 200 Metern stieß er auf eine Lichtung, auf der sich der Urwaldboden zu einem winzigen Hügel wölbte. Prompt luden er und Vicente ihr Gepäck in der Mitte ab und suchten das Blattwerk am Rand nach geeigneten Stämmen für ein neues Dach ab. Torsten schüttelte den Kopf und zeigte auf das Wasser. Das Terrain hinter uns hatte es schon geflutet. Jetzt füllte es auch unsere Fußspuren, die im weichen Boden den halben Meter hoch zur Lichtung führten. Wir mussten weiter. Mexicano nickte und schulterte sein Gepäck. Erneut ging es zig Meter durchs Dickicht, bis Mexicano einen weiteren geeigneten Hügel ausgemacht zu haben glaubte. Doch einem Déjà-vu gleich wiederholte sich alles. Die einzige Veränderung war, dass aus Torstens beim ersten Halt skeptischem Blick jetzt Verzweiflung zu sprechen begann. Mexicano rammte zwei Dachpfosten ein. „Tranquillo", sagte er, immer mit der Ruhe. Doch trotz seines Bemühens, diese Ruhe äußerlich auszustrahlen, angesichts des rapide steigenden Wasserstands hatte Torsten auch in seinen Augen ein Flackern ausgemacht. Was mir Sorge bereitete, war, dass sich jetzt auch vor uns Wasser befand. Die Senke ringsum war längst voll gelaufen, der winzige Hügel, auf dem wir standen, eingeschlossen. Zentimeter für Zentimeter kroch das Wasser auf den höchsten Punkt unserer Insel zu, wo wir das Gepäck zu einer Pyramide gestapelt hatten. Binnen Sekunden fraß es sich so weit vor, dass nur noch der Gepäckberg auf dem durchweichten Urwaldboden lag. Wir selbst tapsten bis zu den Knöcheln in brauner Brühe. „Wir müssen weiter hoch auf einen Bergkamm", drängte Torsten und gestikulierte wild. Mexicano und Vicente ließen sich überzeugen. Wir mussten weit mehr Strecke und vor allem mehr Höhenmeter zwischen uns und den Madidi bringen. Nach kurzer Lagebesprechung entschieden wir uns zur Arbeitsteilung. Vicente und Mexicano sollten voranwaten, und das ohne Rucksäcke. So konnten sie das Terrain schneller erkunden. Wir würden auch ihr Gepäck schultern. Sobald sie wussten, wo es lang ging, sollten wir versuchen, ihnen zu folgen. Ich sattelte einen Gurt meines Rucksacks auf die eine Schulter, eine der Lianenschlaufen von Vicentes Kiepe auf die andere. Torsten stemmte seinen Rucksack und Mexicanos. Ilka klaubte zu ihrem eigenen Gepäck noch das Sammelsurium von Gegenständen auf, die Mexicano und Vicente in der Hand bis hierher getragen hatten: Mexicanos Badelatschen, einen Kochtopf, Vicentes Coca-Beutel. Sie stopfte alles, so gut es ging, unter das Deckelfach ihres Rucksacks. Mit den Füßen den Grund ertastend, ließen wir uns Schritt für Schritt ins Wasser. Von Ast zu Ast hangelten wir uns weiter, während die Strömung an unseren Beinen zog, zunächst nur an den Waden, dann an den Oberschenkeln. Tiefer und tiefer verschwanden wir im Wasser. Als es zur Hüfte reichte, begannen wir uns gegenseitig zu stützen. Jeder, der einen rettenden Ast erreichte, streckte dem Folgenden die Hand entgegen, um ihn vorwärts zu ziehen. Als das Wasser bis über den Gürtel schwappte, gaben wir es auf, das Gepäck trocken durchzubringen. Hauptsache wir kämen überhaupt hier raus. Dicht neben mir bemerkte ich aus dem Augenwinkel heraus ein großes dunkelbraunes Blatt, das auf und ab schwappte und zu vibrieren schien. Ein genauer Blick korrigierte den Irrtum. Es war kein Blatt, es war eine stattliche Spinne. Und die ruderte wie wild mit ihren Beinen gegen die Strömung an. In jeder anderen Situation hätte ich wohl zu einem Riesenbogen um so ein Ding angesetzt, mit Beinen mochte es acht bis zehn Zentimeter messen, doch jetzt und hier hatte ich ganz andere Sorgen. Die Spinne offenbar auch: Rette sich, wer kann, war die Devise. Einem großen

Kaiman hätten wir jetzt wohl auch eine leichte Beute abgegeben. Nur dass der seinen Hunger momentan ebenso hinten anstellen musste, um dem Hunger des Flusses zu entgehen. An einem umgestürzten Baum hielten wir inne. Zunächst reichte Torsten Ilka und mir seine beiden Rucksäcke. Dann duckte er sich und schlüpfte zwischen Wasseroberfläche und dem quer liegenden Stamm hindurch. Als nächstes wuchteten wir das Gepäck über den Baum. Torsten huckte es wieder auf und nahm auch Ilkas Last entgegen, so dass sie auf Tauchstation gehen konnte. Dann folgten mein Rucksack und Vicentes Tragegestell, zuletzt ich. Während sie mir den Rucksack auf die Schulter schob, schaute Ilka mir in die Augen. Ich vermochte nicht zu sagen, ob sie dort Panik ausmachte, die sie mir nehmen wollte, oder ob sie eventuell eigene Angst überspielte. Vielleicht sind es auch gerade jene Momente, wo Schrecksekunden zu Minuten werden, wo der zunächst lähmende Schock heilsamem Aktionismus gewichen ist, in denen sich Galgenhumor entwickelt. „Na, ist der Urwaldboden jetzt so, wie du ihn dir vorstellst?" fragte sie. Ich dachte an meine als respektlos verstandene Bemerkung vom Vortag. In der Tat, jetzt glich der Boden schon eher jenen Mangrovengebieten im Tiefland, wo man sich allein mit dem Kanu fortbewegen konnte. Nur dass uns hier angesichts des Dickichts und der unbeherrschbar hindurchpressenden Strömung ein Kanu auch nicht viel genützt hätte. Einen Moment lang schauten wir uns an. Dann, unserer misslichen Lage zum Trotz, mussten wir beide lachen.

Mexicanos Rufen folgend, wateten wir weiter durch den Wald und hangelten uns noch unter zahlreichen Bäumen hindurch. Ich fragte mich, ob sie wohl schon vor der Flut gefallen waren oder erst kurz vor unserer Passage dem Wasserdruck nachgegeben hatten. Denn immer wieder hörten wir durchs Blattwerk hindurch das Krachen anderer Bäume, denen der Fluss offenbar gerade den Gnadenstoß gab. Dass südamerikanische Urwaldflüsse die Topographie der Landschaft binnen weniger Jahre grundlegend ändern konnten, darüber hatte mich eine BBC-Reportage aufgeklärt. Angesichts der riesigen Flutwelle, die dort auf einer der Aufnahmen durchs Fernsehbild rollte und alles mitriss, was ihr im Wege stand, ließ sich leicht vorstellen, dass ein Fluss binnen eines Jahres sein Bett im Schnitt um 25 Meter verlagern konnte. Doch nicht im Traum hatte ich mir damals vorgestellt, einmal mitten in einem solchen Bett zu stehen, das sich ein Fluss gerade tobend in den Wald zu fressen suchte.

Durch den Zickzackkurs, zu dem uns die Hindernisse zwangen, ließ sich schwer sagen, ob wir weitere 50 oder mehrere hundert Meter zurückgelegt hatten, ehe der Wasserstand sank. Schließlich gelangten wir auf eine weitere kleine Anhöhe, die noch aus dem Wasser herauslugte. Wir stapelten das Gepäck erneut am höchsten Punkt. Ilka warf ihren Regenponcho darüber, um es wenigstens vor dem unverändert auf uns eindreschenden Regen zu schützen. „Vielleicht ist da drin ja noch was zu retten", sagte sie. Kurz berieten wir. Torsten hatte auf dem gestrigen Marsch vor unserem Nachtlagerplatz einige Erhebungen im Gelände ausgemacht, sogar Felsen. Er war sich sicher, dass sie auf unserer Flussseite liegen mussten. Wir konnten nur hoffen, dass er sich recht erinnerte. Das Gelände oberhalb des Steilhangs hinter unserer Angellagune hätte zwar auch als sicher gelten dürfen, doch jenseits der tobenden Fluten nützte uns das wenig. Torsten überzeugte Mexicano, mit ihm einen Erkundungsgang tiefer in den Urwald hinein zu wagen. Vicente, Ilka und ich sollten beim Gepäck bleiben. Während die beiden im grünen Dunkel verschwanden, konzentrierte ich mich auf den Wasserstand. Ilka hatte zur Kontrolle einen kleinen Ast an den Rand unseres Hügels gesteckt. Mir diente ein Schößling als Pegelanzeiger. Sein Blätterschopf schaute gerade noch aus dem Wasser. Vicente hockte wie ein begossener Pudel auf unserer aufgeschichteten Gepäckpyramide.

Während Ilka und ich wie gebannt auf die sich nähernde Wasserfläche starrten, drang ein Rascheln an unsere Ohren. Dann platschte es. Sekundenbruchteile später stand ein kleines Tier vor uns und blickte uns erschreckt an. Ich hätte es angesichts der weißen Flecken auf seinem braunen Fell für einen winzigen Wildschweinfrischling gehalten. Doch laut Ilka war es ein Lappa, eines jener größeren Nagetiere, die es zu Hauf im Urwald gab, die man aber ob ihrer Scheu nur selten zu sehen bekam. Dass es uns überhaupt nicht gewittert hatte und wie angestochen bis einen Meter vor unsere

Füße gewetzt war, zeigte das Ausmaß seiner Panik. Wie angewurzelt verharrte es einen Moment zwischen uns und dem Wasser, dann schoss es herum und brach wieder seitlich ins Gestrüpp, aus dem es gekommen war.

Zum Rauschen des Wassers gesellten sich jetzt immer häufiger andere Töne: das Krachen stürzender Bäume. Besorgt sah ich Ilka an, die meine Gedanken zu lesen schien. „Wir schaffen das. Ich habe absolutes Vertrauen in uns", machte sie mir Mut. Dass sie gerade selbst insgeheim ein paar flehende Gedanken gen Himmel gesandt hatte, verschwieg sie. „Da ist ja noch unser Schutzengel", sagte sie nur. Ich entsann mich der Worte, die ich damals so aufgeregt in meinen Stenoblock notiert hatte: „Wo wir sind, gibt es Katastrophen." Die hatten sie und Torsten zwar immer unbeschadet überstanden, doch dieses Wissen vermochte meine Zuversicht im Moment nicht zu heben. Stattdessen schoss mir ein Satz aus meinem Studium durch den Kopf. Henri Barbusse hatte ihn einst geprägt, im Angesicht der schlamm- und regengefüllten Schützengräben des ersten Weltkriegs: „Die Hölle ist Wasser." Im Moment hatten wir einen nachhaltigen Eindruck davon, was er gemeint hatte. Auch in der „grünen Hölle" war das Fegefeuer nass.

„Wenn auch dieses Stück hier überflutet wird, müssen wir uns an den Bäumen festbinden", überlegte Ilka: „Auf die Bäume ihr Affen!" Angesichts des Krachens fragte ich mich allerdings, woher Ilka die Gewissheit nehmen wollte, den richtigen Baum auszuwählen. Die riesigen Brettwurzelbäume hatten wohl am ehesten das Zeug, der Flut zu widerstehen. Während ich gleich neben uns einen solchen Koloss ausmachte, packte mich Ilka am Arm. „Guck mal", sagte sie und deutete auf ihren Pegelanzeiger. In der Tat, in den letzten zwei Minuten hatte sich der Wasserstand nicht verändert. Wie hypnotisiert starrte Ilka auf ihren Ast, ich auf den Schößling. Es schien zu stimmen. Das Wasser stieg nicht mehr. Es schien sogar um einige Zentimeter gesunken. Zum Aufatmen war es zu früh, denn der Regen drosch unvermindert weiter. Doch keimte zumindest Hoffnung.

Wenig später kehrten Mexicano und Torsten zurück, mit bedrohlichen Neuigkeiten. Wir waren immer noch eingeschlossen. Noch etwa 100 Meter könne man watend vordringen. Doch dann sei Schluss. „Ein tiefer Graben, unpassierbar, viel zu starke Strömung", berichtete Torsten keuchend. Der Madidi nahm jetzt eine Abkürzung um jene Flussbiegung herum, in deren Knie wir die Nacht verbracht hatten. Und jetzt waren wir gleichsam vom Fluss umzingelt, auf einer Landzunge, von der nicht klar war, ob er sie nicht auch noch verschlingen wollte. Aus Torstens Augen sprach regelrechte Angst. Diesmal versuchte ich, ihn zu beruhigen, doch zunächst hörte er kaum zu. Meine vermeintliche Ruhe schien ihn eher in Rage zu bringen. „Ich glaube, du verkennst die Situation", heischte er mich an. „Das Ganze hier ist scheißgefährlich." Erst als Ilka ihm auf die Schulter tippte und ihm unsere Neuigkeit über den Wasserstand beigebracht hatte, beruhigte er sich etwas. Dann starrte auch er auf unseren Pegel. Erneut schien das Wasser minimal gesunken. Zu jubeln traute sich indes keiner so recht. Der Regen prasselte unvermindert auf die Blätter über uns.

Angesichts der fehlenden Rückzugsmöglichkeit setzte Mexicano zum dritten Mal zum Lagerbau an. Obwohl es, wahrscheinlich durch die tief hängende Wolkendecke, im Wald noch finsterer war als sonst, fand er nahe unserem Gepäckberg flugs ein paar geeignete Äste. Als das Gestänge stand, bemerkten wir unseren Verlust. „Scheiße", rief Torsten. „Die Plane fehlt." Als wir Hals über Kopf von unserem letzten Nothalt geflüchtet waren, mussten wir sie hängen gelassen haben. Torsten wechselte Blicke mit Mexicano. Dann schnappte er seine Machete und lief los. Ilka folgte ihm. Doch sanken die beiden jetzt nicht nur im Wasser ein. Der inzwischen aufgeweichte Urwaldboden am Grund schluckte auch ihre Füße bis zu den Knöcheln, so dass ein Fortkommen kaum möglich schien. Trotzdem kämpften sie sich unbeirrt vor. Die scharfen Dornen einer Katzenkrallenliane rissen Torstens Hose auf. Mit einem Ruck zerrte er sich frei. Obwohl der Hauptstrom des Madidi noch weit entfernt lag, schallte sein Brausen immer ohrenbetäubender, je weiter Ilka und Torsten sich ihm näherten. Endlich sah er sie. Etwa 20 Meter vor sich konnte Torsten die Stützen erkennen, die Mexicano beim letzten Stopp in den Boden gerammt hatte. Trotz ihrer Länge schauten sie kaum noch aus dem metertiefen Wasser. Und zwischen ihnen hing die schwarze Plastikplane. Torsten blickte Ilka an und griff zu seiner Signalpfeife.

Sie tat es ihm gleich. Ein kurzer, nicht zu lauter Test, um uns am Lager nicht unnötig aufzuschrecken, dann wateten sie weiter durchs Wasser. Je mehr die beiden sich dem tosenden Hauptstrom näherten, desto heftiger zerrte es an ihren Beinen. Dann zog es Torsten den Fuß weg. Nur einen Sekundenbruchteil verlor er die Kontrolle, dann bekam er einen dicken Ast zu fassen und hielt sich fest. „Komm zurück, das ist aussichtslos", schrie Ilka. Tosten nickte. Mit aller Kraft stemmte er sich gegen den Strom und griff ihre Hand. Dann kämpften sie sich Meter für Meter zurück. Völlig verdreckt und durchweicht ließen sie sich wenig später an die Brettwurzel des Baumes neben unserem Gepäckberg sinken und berichteten von ihrem Misserfolg.

Nachdem wir uns gegen den herabdreschenden Regen unsere Ponchos übergeworfen hatten, reichte ich eine Runde Astoria aus. Wie durch ein Wunder waren einige meiner Zigaretten in ihrer Plastiktüte halbwegs trocken geblieben. Danach machte sich Vicente daran, ein Palmdach zu errichten, das es zumindest ermöglichen würde, ein Lagerfeuer zu entfachen. Aus Ästen errichtete er ein schräges Gestell. Dann verschwand er im Unterholz, von wo seine Machetenschläge unter dem Regengeprassel gerade noch zu hören waren. Dreimal kam er mit bündelweise Palmwedeln zurück. Mit geschickten Handgriffen flocht er sie zwischen die Holzstreben. Nach einer halben Stunde ragte vor uns eine Schutzwand aus Blättern auf, die, schräg wie sie war, der Hälfte eines Satteldachs glich. Nach meiner Uhr war es jetzt 9 Uhr. Torsten stand auf und ging hinüber zu Ilkas Pegelzweig. „Das Wasser sinkt", rief er aufgeregt. Auch wir anderen traten heran und sahen, dass er recht hatte. Das Ästchen stand nicht mehr im Wasser, sondern im Schlamm. Nachdem wir uns in Euphorie alle gegenseitig umarmt hatten, stapfte Mexicano in die gleiche Richtung ins Wasser, aus der Ilka und Torsten eine halbe Stunde zuvor noch unverrichteter Dinge hatten zurückkehren müssen. Wenig später hörten wir seine platschenden Schritte. Triumphierend hielt er die schwarze Plane über seinem Kopf.

Torsten hatte sich zu Vicente auf den Ast gekauert, den der als Sitzbank vors Palmdach gelegt hatte. Die beiden versuchten, an einer in den Boden gesteckten Kerze mit der Machete geraspelte Holzspäne zu entzünden. Also halfen Ilka und ich Mexicano beim Aufspannen der Plane. Kaum hatten wir sie auf den Ästen festgezurrt, wandte sich Mexicano seinem Rucksack zu. Er zerrte eine Kerze hervor, die er am Ende des Firsts, im Schutz eines neben der Plane aufragenden Baums entzündete. Noch während er davor kniete, machte er vor seiner Brust eine Handbewegung, die ich von hinten nicht genau erkennen konnte. „Para Pachamama?" fragte ich ihn. „No", brummte Mexicano und legte den Kopf in den Nacken, so dass sein Blick nach oben wies. Seine Geste war deutlich. Diese Kerze opferte er nicht für die Mutter der Erde. Nein, diese Kerze galt dem da oben. Mit ihr dankte er dem Herrn im Himmel.

# 21. Ein balzender Nachbar

Bei ihrem langwierigen gemeinsamen Versuch, das feuchte Holz zum Glühen zu bringen, schüttete Vicente Torsten sein Herz aus. Er schimpfte auf Mexicano, der an allem schuld sei. Viel eher hätte er reagieren müssen, fand Vicente. Das Geschirr habe er noch retten können, aber das ganze Essen sei mit weggeschwommen. Nach seiner Überprüfung des Proviants waren uns nur noch rund ein Kilo Reis und ein paar Nudeln geblieben, klagte Vicente. Außerdem fehlten nach einer ersten Sichtung zwei Angeln und eine Machete. Einer von Mexicanos Badelatschen war weg. Den anderen hatte Ilka auf der Flucht unters Deckelfach ihres Rucksacks klemmen können. Mein Hut schwamm jetzt wohl einsam gen Amazonas. Auch Torstens Poncho, der über Nacht draußen gelegen hatte, fehlte. Doch nach der Ameisenattacke hatte der, durchlöchert wie er war, ohnehin nur noch nostalgischen Wert gehabt, so dass der Verlust zu verschmerzen zu sein schien. Weit schlechter verwand Vicente, dass seine kleine Wolltasche mit den Coca-Blättern fehlte. Zusammengekauert saß er neben Torsten, während erste Flämmchen züngelten. In seinen Augen glänzten Tränen. Auch Torsten war nicht zum Lachen zu Mute. Die beiden diskutierten die verschiedenen Optionen durch, die uns blieben. Für wie viele Tage würde das Essen noch reichen? Gemeinsam dachten sie über Umkehr nach.

Umkehr? So was stehe unter einem schlechten Stern, grunzte Mexicano. Er hatte es sich am Rand der Plane auf dem feuchten Boden bequem gemacht und rauchte bereits die dritte Zigarette. Ob er Vicentes Schelte mitbekommen hatte, konnte ich nicht sagen, aber die Gedanken an Umkehr, die hatten ihn aus seiner Lethargie gerissen. Er winkte uns zu sich heran. Ob Kalkül mitschwang, mit einem psychologischen Winkelzug seine angekratzte Führungsrolle wieder herzustellen, oder ob auch ihn die Besonderheit der Situation so sehr mitgenommen hatte, dass er tatsächlich Halt in unsere Mitte suchte, mochte ich nicht beurteilen. Jedenfalls sprach er jene Worte, die besonders Torsten einen dicken Kloß der Rührung in den Hals trieben. Wir würden weitergehen. Und wir würden es schaffen, sagte er. „Ahora no hay turistas y guias. Ahora nosotros somos un grupo", ab sofort gebe es keinen Unterschied mehr zwischen Touristen und Führern. Von jetzt an seien wir nur noch eins, ein Team.

Als erstes begann Ilka damit, wieder Leben in dieses Team zu bringen. Mit der Machete schabte sie rings um die Dachplane Gräben, in denen der vom Dach pladdernde Regen ablaufen konnte. Dann stellte sie Kochtopf und Flaschen wie die Orgelpfeifen entlang der Plane auf. Wie eine Orgel klang es nicht, doch zu dem Gepladder von oben gesellte sich bald ein blechernes Geplätscher, das immer dann ertönte, wenn sich das Wasser von der Kante Schwall für Schwall in den Alutopf ergoss. Binnen Minuten füllte sich der Auffangbehälter, sogar in den Flaschen sammelte sich Wasser. Verdursten würden wir mit Sicherheit nicht. Auch ein genauerer Check der Vorräte gab Anlass zur Freude. Schließlich befanden sich im Bodenfach meines Rucksacks noch je eine Plastiktüte Reis und Nudeln, die ich am Abend nicht mit ans Feuer gelegt hatte. Insgesamt würde das Essen, potenzielle Angelerfolge nicht mitgerechnet, noch an die fünf Tage reichen, überschlug

Torsten. Ilka fand Mexicanos zweiten Badelatschen. Er hing an einem Ast. Sogar Vicentes Coca-Beutel tauchte wieder auf. Ilka hatte ihn in ihren Rucksack gestopft und jetzt triumphierend daraus hervorgezogen. „Ordentliches packen ist eben doch besser, auch in Panik", sagte sie. Glücklich schob sich Vicente eine Portion Blätter in den Mund. Das Wichtigste war nun, das Feuer in Gang zu bringen. Denn in unseren durchnässten Klamotten wurde es jetzt, nachdem die Hektik abgeebbt war, empfindlich kalt. Schließlich gelang es Vicente und Torsten, dem Glutbett größere Flammen zu entlocken. Ilka überlegte, ob sie ihre zum Teil trocken gebliebenen Sachen aus dem Rucksack ziehen und sich umkleiden sollte. Sie ließ es bleiben. „Warten wir lieber, bis es nicht mehr regnet", sagte sie. Stattdessen drängte sie sich zu uns ans Feuer, das jetzt auf einen knappen Meter Hitze abstrahlte. Wir rieben uns stumm die Hände in der Wärme, während jeder seinen Gedanken nachhing. Zu Hause war es jetzt gerade Sonntagnachmittag. Was Till und Philipp wohl gerade anstellten? Ich stellte mir vor, dass meine Söhne mit ihrer Mutter übers Wochenende zu den Großeltern gefahren waren und mit dem Opa im Keller bastelten.

Ich griff an mein Glöckchen und schüttelte es sacht. Und wo mochte Rina gerade stecken? Beim Dienst? Oder auf einem ausgedehnten Winterspaziergang über den verschneiten Gleesberg? Irgendwann riss mich die Hitze an meinen Beinen aus meiner Tagträumerei. Ich rieb mir über die Knie. Kaum zu glauben, die Front meiner Hose war fast komplett trocken. Also kehrte ich dem Feuer nun mein nasses Hinterteil zu. Inzwischen hatte Vicente aus dem Regenwasser im Alutopf einen stärkenden Tee gebrüht. Und mit der heißen Blechtasse blieben die Hände sogar vom Feuer abgewandt warm. Ein müdes Lächeln huschte über Vicentes Gesicht, als Torsten nach dem Tee seine Tasse mit kaltem Wasser füllte, eine Vitamintablette hineinplumpsen ließ und sie ihm reichte. Nachdem er den deutschen Coca-Ersatz hinuntergestürzt hatte, langte er einige Blätter des Originals aus seinem Beutel und schlurfte aus dem Lager. Mit uns Verrückten schien er zunächst offenbar nicht mehr allzu viel zu tun haben zu wollen. Als er wiederkam, schleppte er Äste und weitere Bündel von Palmwedeln an, aus denen er sich eine eigene Hütte

*Tee trinken und abwarten, bis der Madidi sich wieder in sein Bett zurückzieht. Unter dem flugs errichteten Palmwedeldach brannte das Feuer sogar bei strömendem Regen prima.*

*In Vicentes Blätterhütte brachte Jens die Ereignisse zu Papier, hielt fest, was jeder getan, gedacht, wie jeder gegen seine ureigene Angst gekämpft hatte.*

zu bauen begann. Hilfe wollte er nicht. Staunend stand ich schließlich vor dem Unterschlupf, den er errichtet hatte. Er sah aus wie ein richtiges kleines Haus samt Dach und drei aus Blättern geflochtenen Wänden. Drinnen hatte er die restlichen Palmwedel als Matratze auf dem Boden verteilt. Er würde heute nicht unter der Plane schlafen, sondern hier, erklärte er. Ob ihn mein staunender Blick besänftigt hatte? Jedenfalls winkte mir Vicente zu, mit unter sein Blätterdach zu schlüpfen. Dort war es nicht nur trocken, die Blättermatratze war außerdem paradiesisch weich. Ich holte Block und Kugelschreiber aus dem Rucksack, fläzte mich hin und brachte die vorangegangenen Erlebnisse zu Papier.

Die folgenden Stunden des Wartens flossen zäh dahin. Erst am Nachmittag hörte der Regen auf. Ilka war die erste, die bemerkte, dass das anhaltende Tropfen nur noch von den Blättern über uns stammte und vom Himmel nichts mehr nachfolgte. Auch um uns herum war das Wasser zurückgewichen. Zusammen mit Torsten unternahm Ilka einen Erkundungsgang in Richtung Flussufer.

*Der Madidi hatte sich fast wieder in sein Bett zurückgezogen, schoss aber immer noch mit extremem Tempo dahin und spülte umgerissene Bäume wie Streichhölzer mit weg.*

„Das Wasser hat alles verändert. Die Ufer sind verwüstet. Von den Balsabäumen steht keiner mehr, abgeknickt wie Streichhölzer", berichtete sie bei der Rückkehr. Doch immerhin floss der Madidi schon fast wieder in seinem alten Bett. Vicente hatte inzwischen auf dem Feuer eine dünne Reissuppe gekocht, die erste Mahlzeit des Tages, die wir nun gierig hinunterschlangen. Genauso wie das Essen unsere Lebensgeister weckte, schien das Aufklaren des Himmels den Dschungel wieder zu beleben. Genau über unseren Köpfen tollten einige Affen in den Bäumen. Kurze Zeit später hörten wir auch etwas. Ein markiges Knurren, das offenbar aus einiger Entfernung erschallte, aber durchs Dickicht deutlich bis zu uns vordrang. Mexicano stand auf und lauschte. Noch einmal vernahmen wir das Geräusch. „Jaguar", sagte er und blickte sich im Lager um. In dem just geleerten Alutopf fand er, was er suchte. Er legte den Kopf in den Nacken, hielt den Topf vor sein Gesicht und blies mehrmals abgehackt grunzende Laute hinein. Ganz so wie das Knur-

*Das Essen weckte unsere Lebensgeister. Der aufklarende Himmel tat das Übrige. Bald meldeten sich auch die Urwaldnachbarn zurück, einer davon knurrend.*

ren klang es nicht. Trotzdem schallte aus dem Busch in der Tat so etwas wie eine Antwort zurück. Allerdings war mir nicht klar, was Mexicano mit seinem Gegrunze bezwecken wollte. Den Jaguar anlocken? Angesichts der Perspektive, die Nacht diesmal wohl allein unter unserer Dachplane zu verbringen, immerhin hatte Mexicano auch seinen Rucksack in Vicentes Blätterbehausung geschleift, verspürte ich keine übermäßige Lust auf Raubkatzen, die nachts neugierig durchs Camp pirschten. Torsten hatte offenbar meinen skeptischen Blick angesichts Mexicanos Brunftgeschreis gesehen. Er winkte mir, ich möge mit ihm noch eine Runde zum Fluss laufen. Ich folgte ihm. Schon auf dem Weg durch den Wald wurde ich Zeuge der Zerstörung, die der Madidi hinterlassen hatte. Vom Unterholz war nach etwa 100 Metern kaum etwas geblieben. Zumindest sah man es nicht, vielleicht steckte es abgeknickt unter dem sandigen Schlamm, mit dem der Fluss den sonst laubbedeckten Waldboden überzogen hatte. Je näher wir dem Madidi kamen, desto lichter wurde es. In Ufernähe hatten nur die dickeren Bäume dem Wasser widerstanden. Hier und da schauten noch die Spitzen der sonst meterhoch sprießenden Schilfrohre aus dem Sand. Der Fluss hatte gegen den Wald seine Schlacht geschlagen und ein Bild der Verwüstung hinterlassen. An der Stelle, wo unser Nachtlager gewesen sein musste, gab es keine steile Uferböschung mehr, nur noch einen flach abfallenden schlammbedeckten Streifen. Breit und mächtig wälzte sich der Madidi als braune Lawine durch sein Bett, in das er sich inzwischen wieder vollends zurückgezogen hatte. „Flößen ist da aber noch nicht machbar, oder?" fragte ich Torsten mit Blick auf die meterhoch gegen die Steilwand gegenüber schäumenden Wogen. „Da wärst du lebensmüde, guck dir das Tempo an", sagte Torsten. „Der reißt alles unkontrolliert mit."

Zurück am Feuer überschlug Torsten zusammen mit Mexicano, wie viele Balsaholzstämme unser Floß brauchen würde. Neun müssten reichen, schätzte Mexicano. Torsten nickte. „Das Praktische an Balsa ist, dass es sich nur langsam mit Wasser voll saugt und außerdem relativ schnell nachwächst", erklärte er mir. Wir beschlossen, heute noch zeitiger ins Bett zu schlüpfen als sonst, um am nächsten Morgen beizeiten mit dem Floßbau zu beginnen. Hatte es schon an den vorangegangenen Abenden erstaunlich schnell von Dämmerlicht zu Dunkelheit gewechselt, so tat unser Standort mitten im Wald an diesem Abend sein Übriges. Mit etwas mulmigem Gefühl im Bauch schlüpfte ich allein in mein Netz unter der Dachplane, während Torsten und Ilka im Zelt, Vicente und Mexicano im Blätterhaus verschwanden. Später gestand mir Torsten, an diesem Abend habe ich ihm regelrecht leid getan. Doch machte ich mir selbst Mut. Auf meinen Kopf

*Die Strahlungshitze des Lagerfeuers trocknete die nassen Sachen im Nu. Praktischerweise hielten die Rauchschwaden zugleich Getier von ihnen fern.*

*Torsten brauchte gar keine Machete mehr. Der Urwald schien wie leergefegt. Das Unterholz hatte der Fluss zum Teil mitgerissen, zum Teil unter sandigem Sediment begraben.*

zielen könne ein angriffslustiger Jaguar schließlich nicht, redete ich mir ein. Das verhindere das relativ blickdichte Netz. Dennoch zog ich mein Messer vorsorglich aus seinem Schaft und legte es offen neben meinen Kopf auf den Rucksack. Sollte der Jaguar mir durchs Netz in den Hintern beißen, so würde die Klinge ihm zeigen, dass dieses Opfer zurückbiss. Doch nur einmal schreckte ich in der Nacht hoch. Und es war nicht der Jaguar, der mich weckte. Durchs Netz hindurch blickte ich in den grellen Schein einer Taschenlampe. „Mexicano? Que pasa?" Was ist los? Keine Antwort. „Torsten?" Nichts. Stattdessen wanderte der Schein vor meinen Augen auf und ab. Ich nestelte den Saum des Moskitonetzes unter der Matte hervor, um herauszufinden, wer mich da zum Narren halten wollte. Doch als ich mich aus dem Stoff befreit hatte, erlebte ich eine Überraschung. Da war niemand. Nur der helle Schein, der mitten in der Luft zu schweben schien. Jetzt stieg er höher auf. Mein Blick folgte ihm bis in etwa vier Meter Höhe. Plötzlich verschwand das Licht. Dunkelheit umgab mich. Rätselnd krabbelte ich wieder unter mein Netz. Glühwürmchen? Sie waren die einzige Erklärung für das Phänomen, auf die ich kam. Doch die Größe und Helligkeit dieses Lichtscheins ließ mich zweifeln. Zu Hause hätte es eines ganzen Bataillons von Glühwürmchen bedurft, um solche Leuchtkraft zu entwickeln. Wenn es etwas Vergleichbares gewesen war, musste das Ding da draußen die Ausmaße eines leuchtenden Hirschkäfers gehabt haben.

# 22. Mas aventura, James Bond!

Beim Frühstück klärte mich Torsten auf, dass es in der Tat solche leuchtende Insekten gab. Aber in der Größe? „Oder du hast Gespenster gesehen", scherzte er. Nach dem Essen stapften wir zum Fluss. Auch oberhalb der Biegung, an der unser altes Camp gelegen hatte, wurde die elementare Gewalt klar, mit der der Madidi gewütet hatte. Kaum zu glauben, so zahm wie er jetzt wieder durch sein Bett gurgelte. Nur an den Stromschnellen, wo Steine aus dem Wasser lugten, warf er Wellen. Doch die Baumleichen zeugten von seiner unzähmbaren Wut. 20 Meter breite Streifen des Waldes waren links und rechts des Flusslaufs wie umgemäht. Selbst einige dickstämmige Bäume mit bis zu 30 Metern Höhe hatte es umgerissen. Entwurzelt lagen sie da, andere umgeknickt wie ein Streichholz. An manchen Stellen hatte sich das Wasser neue Wege gesucht, war einfach durch den Urwald gepresst, um sich flussabwärts wieder mit dem Hauptstrom zu vereinen. Überall hatte der Madidi sein sandiges Sediment hinterlassen. Wir querten den Fluss an einer flachen Stelle, an der er etwa 40 Meter Breite maß. Da ich mir bereits einen neuen Ast als Stütze besorgt hatte, wies Torsten mich an voranzugehen. Allerdings bezweifelte ich, dass es überhaupt noch Stachelrochen geben konnte. Wie hätten die der Strömung des Vortags widerstehen sollen? Auf der anderen Seite machte Mexicano den ersten geeigneten Balsaholzstamm aus. Auf sieben Metern Länge müsse er gerade gewachsen sein, hatte er erklärt. Erkennbar waren die Bäume an ihrem markanten Laub, das ein bisschen riesigen Ahornblättern ähnelte. Mit gezielten Schlägen fällte Mexicano den Stamm, dann maß er ihn ab und kappte auch die Krone. Unter Torstens Anleitung half ich, die Rinde abzuziehen. „Die inneren Fasern dienen als Verbindungsgurte, um das Floß zusammenzuhalten", erklärte er, „also sieh zu, dass du sie längs abziehst und die Streifen nicht einreißt. Sonst werden sie unbrauchbar." Torsten fällte den nächsten Baum, den Mexicano hundert Meter vom ersten entfernt ein Stück im Wald ausgemacht hatte. Während Mexicano und Vicente im Umkreis von einem halben Kilometer nach weiteren Stämmen suchten, schleppten Torsten und ich die ersten beiden an den kieseligen Strand. Von wegen leicht. Als das dicke Ende in meine Schulter drückte, verfluchte ich jeden Meter, bis wir den Stamm ans Ufer wuchteten. Beim zweiten wechselten wir die Position. Auch Torsten ächzte unter der Last des dicken Endes. Vicente hatte den nächsten Baum ausgemacht und winkte mich heran. Diesen sollte ich fällen. Aufgrund meiner größeren Streuquote brauchte ich zahlreiche Hiebe mehr als Torsten und Mexicano, doch schließlich krachte es, und der Baum sank um. Während wir auch ihn zum Ufer manövrierten, vernahm ich vom Wasser her ein schnaubendes Geräusch. Als ich den dicken Stumpf von der Schulter geworfen hatte, folgte mein Blick Ilkas ausgestrecktem Zeigefinger. Einen Moment lang brauchte ich, um zu erkennen, was da seinen Hals aus dem Wasser reckte: Riesenotter. Einer, zwei, drei, nein vier Stück waren es, eine ganze Familie. Sie schien uns neugierig bei der Arbeit zuzusehen. Begeistert standen wir am Ufer und betrachteten das Schauspiel. Die Tiere reckten sich weit hoch, wiegten ihre Hälse hin und her, als seien sie um bessere Sicht bemüht, und ließen sich dann wieder ins Wasser sinken. Als Ilka Fotos schießen wollte, kam es fast zum Streit. Torsten hatte nur das Normalobjektiv, nicht das Tele an der Kamera. Und mein Apparat lag sinnvollerweise im Rucksack im Lager. Immer noch schnaubten die Otter uns an, während der Strom sie ein Stück mitzog. Kraftvoll blies ich durch den geschlossenen Mund Luft aus, so dass die Lippen locker flatterten und ebenfalls einen schnaubenden Laut von sich gaben. Die Otter tauchten ab, aber nur um stromaufwärts zurückzuschwimmen und vor uns wieder aufzutauchen. Ich war begeistert. Auch Ilka startete einen Versuch, mit den lustigen Kerlchen zu kommunizieren. So schnaubten wir eine Weile mit den Ottern um die Wette. Schließlich jedoch schienen sie das Interesse an uns zu verlieren. Sie tauchten ab und kamen erst viele Meter flussaufwärts wieder ans Licht. Noch mehrfach vollführten sie diese Tauchmanöver, bevor wir sie aus dem Blick verloren.

Währenddessen trabte Mexicano mit gebündelten Streifen Baumrinde unter dem Arm an. Vicente und er hatten vier weitere Bäume gefällt, und außerdem zwei entdeckt, bei denen das nicht mehr notwendig gewesen war. Sie waren von der Flut umgeworfen worden, schienen aber für unsere Zwecke noch tauglich. Nachdem wir sämtliche Stämme abgezogen und zum Ufer geschleppt hatten, schoben wir sie ins Wasser. Dort ließen sie sich leichter für den Bau hin und her manövrieren. Bei dem, was jetzt folgte, kam Ilka, Torsten und mir die Aufgabe zu, Handlangerdienste zu leisten. Wir achteten darauf, dass die Strömung einzelne Stämme nicht forttrieb, so lange sie nicht fest mit den anderen verbunden waren. An Bug und Heck schlugen Mexicano und Vicente mit den Macheten Kerben in die Stämme und brachten sie auf eine Höhe. In die nun quer durch alle Stämme verlaufende Rinne legten sie einen dünnen Ast, der aus anderem Holz zu bestehen schien. „Muy resistente", betonte Mexicano bei meinem skeptischen Blick

*Im Wasser ließen sich die Balsastämme besser manövrieren, um sie zusammenzuzurren. Während Mexicano und Vicente das Floß „webten", hielten wir die Stämme in Position.*

auf den Durchmesser, sehr widerstandsfähig. Ich hoffte, dass er recht behielt. Ansonsten würden die aus dem Wasser ragenden Findlinge und Felsen unserer Floßpartie ein schnelles Ende bereiten. Mexicano schlang am Heck die Rindenstreifen kreuzweise um Balsastämme und Querstange. Vicente tat am Bug das gleiche. Einem Webfaden gleich zogen sie die Rinde kreuzweise alternierend über und unter den Stämmen durch und zurrten das Ganze immer wieder mit Knoten fest. Endete der Rindenstreifen, wurde per Kreuzknoten der nächste daran befestigt, bis alle acht Stämme fest miteinander verbunden waren. Schließlich setzten die beiden in der Mitte noch eine Querstrebe. Dann machten wir den Test. Zumindest ohne Gepäck trug das Floß uns alle prima. Also dritteltten wir den letzten Stamm, der eine Art Podest fürs Gepäck liefern sollte. Wie Nägel trieb Mexicano mit einem dicken Stein angespitzte Holzstäbe in die Balsastämme. Zwischen diesen Nägeln fixierten wir die drei Querstümpfe. Als Ablagefläche wurden Bambusstangen darauf festgezurrt. Die verbliebenen Rindenfasern rollte Mexicano ein und stopfte sie als Reserve unters Podest. Er fragte nach der Zeit. Halb drei. Die Suche nach Holz, das Fällen und der Floßbau hatten unbemerkt Stunden in Anspruch genommen, doch blieb noch genug Zeit, um einige Flusskilometer hinter uns zu bringen. „Vamos", sagte Mexicano, auf geht's. Mit langen Holzstangen stakten er und Vicente das Floß bis zur Flussbiegung, an der unser fluchtartig verlassenes Nachtlager gewesen war. Die jetzt sanft ansteigende Schlammböschung erleichterte das Anlanden. Torsten, Ilka und ich stapften in den Wald zum Packen. Angesichts des fehlenden Unterholzes war der Weg zum Fluchtcamp leicht zu finden. „Was machen wir mit den Papieren?" fragte Torsten, während wir die Rucksäcke voll stopften. Die Bauchtaschen mit Geld, Pass und Flugtickets hatten wir auf der bisherigen Urwaldetappe in wasserdichten Packsäcken im Rucksack verstaut. „Die nehm ich mit raus", entgegnete Ilka. „Wenn das Floß kentert, ist sonst alles futsch. Oder willst du nach den Rucksäcken tauchen? Und wenn wirklich was passiert, soll man mich anschließend wenigstens identifizieren können." Zum Glück blieb mir nicht viel Zeit, über Ilkas Worte zu sinnieren. Etwa 20 Minuten später zogen wir zunächst die schwarze Dachplane übers Podest. Mexicano schichtete die Rucksäcke darauf. Sie wurden zum Schutz vor Spritzwasser mit der Plane umwickelt und der dicke Plastikklumpen mit Balsarinde vertäut. Mit ihren Stangen stießen Vicente am Bug und Mexicano am Heck ab, während Ilka, Torsten und ich uns zum Gepäck aufs Podest quetschten.

Auf den ersten Metern durch unsere Angellagune machten wir, wie ich schätzte, nur etwa einen Meter pro Sekunde, doch nahm das Floß bald an Fahrt auf. Der Fluss wurde wieder flacher, stellenweise sogar so flach, dass unsere Balsastämme über die Riesenkiesel am Grund schabten. Hier machten wir etwa fünf Meter in der Sekunde. Plötzlich ruckte es. Wir hatten aufgesetzt und steckten fest. Wir sprangen seitlich ins Wasser und schoben das Floß mit ruckenden Stößen wieder frei. Diese Prozedur wiederholte sich noch Dutzende Male. Um solche Aufsitzer zu vermeiden, stand Vicente auf langen Flussgeraden vorn am Bug und blickte weit voraus, um die beste Passage zwischen den großen Findlingen hindurch zu finden. Am Ende solcher Geraden ragten sie überall aus dem flacher und schneller werdenden Strom. Vor uns hatte sich der Madidi auf etwa 50 Meter ausgebreitet. Ich sah auch

*Der vom Wasser platt gewalzte Urwald hatte auch einen Vorteil. Unser neues Camp tief im Wald war so zumindest problemlos wiederzufinden.*

nach vorn, gebannt, ungläubig. In der Ferne schien der Fluss einfach zu enden. Ich reckte den Hals, um besser sehen zu können. Dann begann das Geholper. Wir rumpelten über die Steine am Grund, was uns diesmal aber kaum bremste. Während die Wellen meine Schuhe auf dem Floß umspülten, krallten sich meine Hände um die Bambusstangen. Das Gefälle nahm zu. Und dann sahen wir, dass der Fluss keineswegs endete. Nein das vermeintliche Ende war eine Kante, von der aus er sich die erste stattlichere Stromschnelle hinab ergoss. Vicentes Blick wanderte hektisch hin und her. Der Fluss teilte sich. Der breitere Teil der Wassermassen floss geradewegs hinab, doch überall schauten Kiesel jedweder Größe daraus hervor. Links, an mannshohen Felsen vorbei, schoss er ohne Hindernisse das Gefälle hinab. Dafür presste er sich dort auf rund sechs Metern zwischen hoch aufragenden Steinen hindurch. Während Vicente, Ilka und ich vorausblickten, drehte sich Torsten um. „Izquierda o derecha?" Links oder rechts, wollte Mexicano wissen. Wir hätten auch eine Münze werfen können, wenn die Zeit dazu geblieben wäre. Auf der rechten Seite zahllose Hindernisse, auf denen wir aufzulaufen drohten, auf der linken freie Schussfahrt durch einen denkbaren engen Kanal. Torsten dachte an die Plackerei, das trotz reißenden Wassers festgefahrene Floß wieder flott zu kriegen und schrie: „Izquierda, vamos!" „Seguro?" Sicher? Doch zu einer Antwort auf Mexicanos Rückfrage kam Torsten nicht mehr. Der Fluss hatte für uns entschieden. Schon zog uns die starke Strömung in den linken Kanal. Lang war der Abhang nicht, doch unten in etwa 50 Metern Entfernung kam eine Biegung in Sicht. Der Madidi wandte sich wieder nach rechts, um sich unterhalb der Schnelle wieder zu vereinigen. Zu spät zum Umkehren. Mit Karacho schossen wir hinab. Die Wellen spülten bis übers Podest. Tief genug war es, wahrscheinlich ob der Enge. Doch gab es so auch nichts, was uns im Mindesten gebremst hätte. Geradewegs sauste unser Floß auf die senkrechte lehmige Uferwand zu. Zig Meter ragte sie vor uns auf. Doch vor einem Aufprall riss uns die Strömung nach rechts. Wir streiften die Wand nicht mal. Dafür weiteten sich meine Augen vor Schreck. Genau vor uns hing ein umgestürzter Baum quer über den Fluss. Unausweichlich würden wir in voller Fahrt mit ihm kollidieren. Instinktiv duckte ich mich vors Podest und legte den Oberkörper flach auf die Beine. Sekundenbruchteile später krallten sich die Äste des Baums in meinen Rücken und zerrten an meiner Regenjacke. Zentimeter oberhalb unseres eingewickelten Gepäckbergs wischte der horizontale Stamm übers Floß. Ich schaute mich um. Mexicano hockte hinten, seine Stange nutzlos im Wasser hinter sich herschleifend. Dann fiel mein Blick zur Seite. Dort trieb etwas im Fluss. Neben uns. Es wippte mit den Wellen auf und ab. „Torsten", schrie ich. Die Beine an die Brust gezogen, schaukelte er in embryonaler Stellung in den Fluten. Wieder schaute ich Mexicano an und stieß meinen Arm in Torstens Richtung. Doch an seine Bergung war jetzt nicht zu denken. Das Floß schoss unkontrollierbar voran. Hatte es Torsten in den Fluss geschleudert? Hatte der Stamm ihn ausgeknockt? Nein, er schien bei Sinnen, und er hielt irgendetwas fest, das zwischen Beinen und Oberkörper klemmte. Die Krokodile vom Vorabend schossen mir durch den Kopf, nahezu zeitgleich aber auch der beruhigende Gedanke an Ilkas Indianerweisheit: Wo das Wasser schnell fließt, gibt es nie Krokodile! Nach einigen hundert Metern verlangsamte sich unsere Fahrt. Das Floß stieß in eine Lagune unterhalb der Schnelle, in die auch der Hauptstrom mündete. Einhändig paddelte Torsten zum Floß herüber. Mit dem anderen Arm hielt er seine schwarze Fracht fest umklammert. Es war der Packsack. Er reichte ihn Ilka und kletterte wieder an Bord. Wie sich herausstellte, war er nicht vom Floß gerissen worden. Er hatte sich selbst ins Wasser plumpsen lassen, als er die Pässe hatte fortschwimmen sehen. Ilka war der Packsack bei der Baumpassage aus der Hand geglitten und ins Wasser gefallen. Torsten war, ohne lange zu zögern, hinterher gesprungen.
Wir sichteten die Verluste. Das Gepäck war noch da. Doch das Reisehandtuch, das sich Torsten als Sonnenschutz um den Kopf geschlungen hatte, war im Wasser fortgerissen worden. Ein herber Verlust, wie wir in den folgenden Tagen oft zu hören bekommen sollten. Vicente hatte seine Manövrierstange verloren. Er hatte sie nicht schnell genug in die Horizontale bringen können, so dass der Baumstamm sie ihm aus der Hand gerissen hatte. Ich konnte die Situation angesichts meiner Erfahrungen beim Staken der Kähne auf dem Cam, ein beliebter Zeitvertreib der Studenten in Cambridge,

gut nachvollziehen. Immer wieder hatten wir uns damals über hilflos von ihren Kähnen herüberwinkende Touristen amüsiert, denen ein überhängender Baum ihren Puntpole, die Stakstange, fortgerissen hatte. Hatte sie sich einmal im Geäst verfangen, gab es kein Halten mehr, wenn man nicht selbst im Fluss landen wollte. Doch ließ sich auf dem träge dahinfließenden Cam in England zumindest noch mit dem Hilfsruder paddeln, so wären wir auf den reißenden Passagen, die der Madidi noch bereitzuhalten schien, ohne Stange völlig manövrierunfähig gewesen. Also bugsierte uns Mexicano mit seiner verbliebenen Stange zunächst ans Ufer. Wir landeten an einem Steilhang, den er und Vicente auf allen Vieren empor krabbelten. Nach wenigen Minuten rutschten sie wieder herab. Mexicano hielt die Machete, Vicente einen neuen Manövrierstab. Wir stießen wieder ab. Während der folgenden Flussgeraden musste ich Mexicanos Spott über mich ergehen lassen. Er schien belustigt über meinen schreckgeweiteten Blick, als ich Torsten hatte im Wasser treiben sehen. Von jetzt an hatte ich meinen Spitznamen weg. Jens hatte in Mexicanos Ohren offenbar schon zuvor eher wie James geklungen. Und nun freute er sich überschwänglich, eine passende Ergänzung gefunden zu haben: „Hey, mas aventura, James Bond", viele Abenteuer, James Bond. Er lachte schallend über seinen eigenen Scherz.

Trocken zu werden, hatten wir keine Chance, denn das Stromschnellen-Abenteuer war noch nicht überstanden. Auf der nächsten Schnelle schlugen die Wellen weit über die Balsastämme. Zeitweise schaute nur noch das Podest aus dem Wasser. Vicente und Mexicano hatten ihre Versuche aufgeben, mit den Stangen die Richtung zu beeinflussen. Doch schien uns die Strömung zielgenau zwischen den Steinen hindurchzuziehen. Wir rumpelten erneut einer Biegung entgegen. Während das Floß wie ein in Zeitlupe herumdriftendes Auto durch die Kurve trieb, durchfuhr mich der nächste Schreck. Wir schaukelten mit der Flanke auf einen Felsen zu. Wie eine Riesenschildkröte ragte er aus dem reißenden Wasser. Intuitiv streckte ich den Fuß aus, um uns von dem Findling abzudrücken, bevor wir mit ihm kollidierten. Eine blöde Idee. Zusammen mit uns und Gepäck wog das Floß mit Sicherheit eine Tonne. Wie hätte ein einzelnes Bein diese Masse abfangen sollen. Mein Fuß traf auf, rutschte seitlich ab und knickte um. Das Knacken im Gelenk, das mir zu Basketballzeiten so oft spielfreie Wochen beschert hatte, spürte ich diesmal eher, als dass ich es hörte. Doch wahrscheinlich war es genau dieses bekannte Gefühl, das meinen Fuß rettete. Blitzschnell riss ich das Bein zurück, das abwärts in den Spalt zwischen Stein und Floß ins Wasser geglitten war. Keinen Moment zu früh. Von der Wucht des Aufpralls, der folgte, wäre es sonst unweigerlich zerquetscht worden. Das Floß kenterte nicht wie befürchtet, sondern schrammte an dem Felsen vorbei und schoss der nächsten Lagune entgegen. Ich blickte auf mein Bein und spürte sein Zittern. Die ganzen letzten Tage hatte ich genau so einen Umknicker befürchtet, doch hatten mich die harten Schäfte der Wanderstiefel bisher davor bewahrt. Schmerz empfand ich nicht. Das kalte Wasser in den Stiefeln schien prompt zu kühlen. Während wir in der Lagune dahintrieben, dachte ich an Torstens Bericht, dass Mexicano sich bei einer ähnlichen Aktion Jahre zuvor den Fuß angebrochen hatte. So schlimm, hoffte ich, würde es nicht sein. Allerdings verfluchte ich erneut Iberia. Sollte der Fuß zum Auftreten nicht mehr zu gebrauchen sein, hätte mir Nehbergs Medizin-Survival-

*Mehrfach mussten wir das Floß an umgestürzten Bäumen vorbeimanövrieren, oder, wenn es zum Ausweichen zu spät war, unter ihnen hindurch.*

Buch, ein fürsorgliches Geschenk meiner Mutter, wenigstens erlaubt, aus Ästen Schiene und Krücke zu improvisieren. Doch auch dieses Buch schwirrte jetzt im verschollenen Rucksack in der Weltgeschichte herum.

Unsanft wurde ich aus den Gedanken gerissen. Wieder schossen wir eine Stromschnelle hinab. Wieder rumpelte es unter uns. Ich blickte nach vorn, aber aus dem Wasser ragende Steine waren nicht auszumachen. Doch! Da! Direkt vor uns! Nur zeitweise schaute er aus den Wellen. Torsten hatte ihn als erster bemerkt und zeigte jetzt darauf, damit auch Mexicano das Hindernis erkannte, auf das wir frontal zu trieben. Er sah es. „Izquierda, izquierda", links, links, brüllte er aus vollem Hals. Doch Vicente reagierte nicht. Beim Getose des Wassers hörten selbst wir in der Mitte des Floßes Mexicanos Gebrüll kaum. Vicente vor uns hörte rein gar nichts. Die Stange vor sich haltend, stierte er aufs Wasser, während ich mich an den Bambusstangen festkrallte und den Aufprall erwartete. Fünf Meter, vier, drei. Wir drohten mit der rechten Seite der Front aufzulaufen. Im letzten Moment erkannte auch Vicente das Hindernis. Mit Wucht rammte er seine Holzstange ins Flussbett unter den tobenden Fluten. Sie bog sich, als er sich mit ganzer Kraft gegen das Geröll am Grund stemmte. Einige Zentimeter schwappte das Floß nach links. Dann krachte der ganz rechte unserer acht Balsastämme aufs Gestein. Vicente presste weiter, um die Floßecke wieder freizudrücken. Aussichtslos bei der Macht, mit der der Strom uns vorwärts schob. Wir drehten uns. Weil der Bug festhing, schob der Fluss das Heck an ihm vorbei. Schwankend lag das Floß schräg im Flusslauf, als der hängende Stamm am Gestein vorbeischrammte. Wir waren wieder frei. Doch trieben wir fast quer im Strom, unmanövrierbar, verletzlich. Das Floß drehte sich weiter. In voller Breitseite rumpelten wir über den Rest der Stromschnelle. Am Fuß des Gefälles platschte das Floß in die nächste Lagune. Das Wasser brodelte, bildete Strudel, warf Blasen. Der Flusslauf wandte sich nach links, doch die Wassermassen schäumten geradeaus weiter. Mit ihnen schossen wir auf die senkrechte Uferwand zu. Die Wellen wallten an ihr empor, schäumten zurück. Noch immer drehte sich das Floß. Mexicano und Vicente paddelten hilflos mit ihren Stangen. Trotz ihrer vier Meter Länge konnten sie den Grund hier nicht erreichen. Sekundenbruchteile bis zum nächsten Aufprall. Das Heck schoss jetzt geradewegs voraus. Die Stange horizontal vor sich gestreckt, schaute Mexicano in unsere Richtung aufs tosende Wasser. Hinter ihm kam die Wand immer näher. Von seinem Grinsen war keine Spur mehr.

*Beim Abschwellen hatte der Madidi seine Treibholzfracht an den Ufern wieder abgelegt. Sie ähnelten einem unglücklich gefallenen Mikadospiel.*

Offener Mund, zusammengebissene Zähne, die Augen starr in angespannter Konzentration. Dann ruckte es heftig, als das Holz sich in den Lehm bohrte. Mexicanos Brauen hoben sich wie in Überraschung, als er hinter dem verzurrten Gepäckberg aus meiner Sicht verschwand. Er musste beim Aufprall auf den glitschigen Stämmen ausgeglitten sein. Im brodelnden Spalt zwischen Wand und Floß war er versunken. Wir sprangen auf. Kam er bei der nächsten Welle wieder hoch, war es vorbei. Er würde an der Wand zerquetscht werden. Doch prallte das Floß nicht erneut an die Wand. Es schaukelte auf den Wogen zurück und drehte sich in Fahrtrichtung. Torstens Augen suchten die Wasseroberfläche ab. Mexicano war nirgends zu sehen. Hatte ein Strudel ihn runtergezogen? Hatte Torsten nicht Zweifel gehabt, ob er überhaupt besonders gut schwimmen könne? Was, wenn er gar nicht wieder auftauchte? Wie sollten wir ihn in der lehmigen Brühe finden,

[ Mas aventura, James Bond! ] 22

*Das Camp der nächsten Nacht wählten wir oberhalb eines verwüsteten Streifens, auf dem die Flut sämtliche Pionierbäume und Schilfrohre umgelegt hatte.*

in der selbst die Stangen nicht zum Boden reichten? Und was würden wir tun, wenn wir plötzlich ohne unseren Scout dastünden, sieben Tagesmärsche vom letzten Außenposten menschlicher Besiedelung entfernt?

Würden wir ohne ihn überhaupt wieder aus der Wildnis herausfinden? Zwar hatte Torsten sogar mal den Gedanken geäußert, ganz allein loszuziehen. Ganz sicher war er aber nicht, die Ausstiegsstelle wieder zu finden, an der wir den Fluss wieder verlassen mussten. Je nach Wasserstand und Tempo der Strömung konnte es vier bis sechs Tage dauern, bis wir diese Stelle erreichten. Verpassten wir sie, war der Madidi über Hunderte Kilometer nur von Sumpfland umgeben, aus dem es kein Zurück gab. Ich dachte an Yossi Ghinsberg, den israelischen Autor, der zwischen dem Rio Tuichi und dem Madidi im Fieberwahn herumgestolpert war und fast verhungert wäre. Trotz seiner vermeintlich für Wildnis-Abenteuer wappnenden Ausbildung als Soldat hatte sich der Israeli regelrecht verirrt. Zwei seiner drei Begleiter kehrten von dem Dschungeltrip nie mehr zurück. Sie gelten bis heute als verschollen. Und Ghinsberg selbst hatte wohl nur Glück gehabt. Der vierte Mann seiner versprengten Expeditionsgruppe schaffte es zurück in die Zivilisation und sandte einen Suchtrupp nach dem Rest der Gruppe aus. Nur Ghinsberg wurde gefunden. Und seine tragische Dschungeltour, die er in einem Buch beschrieb, hatte noch nicht mal fern der Zivilisation stattgefunden. Nein, die Region, in der er herumirrte, lag in der Osthälfte des heutigen Madidi-Parks, in jenem Gebiet, das noch besiedelt war. Wir dagegen befanden uns inzwischen längst im Niemandsland. Wäre Mexicanos Ende also zugleich das unsere? Trotz aller Anstrengungen, trotz aller Gefahren, ja sogar der Panik bei der Überschwemmung zum Trotz, bisher hatten wir die „grüne Hölle" zumeist als Paradies empfunden. Doch welche Chance hatten wir, dieses Paradies ohne Mexicano wieder lebend zu verlassen? Sekunden können ewig dauern.

Wenn Mexicano schon bei Torstens Abrutschen den Schreck in meinem Gesicht gelesen hatte, was würde er gedacht haben, hätte er in diesem Moment meinen verzweifelten Blick gesehen. Doch unter Wasser sah er ihn nicht. Als er endlich gleich neben dem Floß auftauchte, rang er zunächst nach Luft. Dann zog er sich am äußersten Stamm hoch, stützte sich mit dem anderen Arm auf und krabbelte an Deck. Er musste sich von unten am Floß festgehalten und dessen Drehung abgewartet haben. Schon hatte er sich aufgerappelt und stand grinsend vor uns: „Haha, mas aventura, James Bond!" Doch war er der Einzige, der lachte.

Der Rest unserer dreieinhalbstündigen Flusspartie verlief ruhig. Wir suchten einen geeigneten Lagerplatz. An einer strandähnlichen Landzunge sprang Mexicano ans Ufer und hielt das am Bug befestigte Seil. Ich stakte das Floß um die Zunge herum. Im flachen Sand hievten wir es mit dem Bug aus dem Wasser und banden das Seil um einen dicken Stein. Der Uferstreifen oberhalb des Strandes ähnelte dem Schlachtfeld, das der Fluss stromaufwärts hinterlassen hatte. Die obere Uferhälfte vor dem Wald war auf 15 Metern Breite von Schilf und Pionierbäumen bewachsen. Doch stand von den Schilfröhren und Stämmen jetzt keiner mehr. Niedergewalzt lagen sie am Boden. Nur die Waldbäume einige Meter höher hatten dem Wasserdruck des Madidi widerstanden. Wir errichteten das Lager kurz vorm Waldrand und machten uns daran, mit den verbliebenen Angeln unser Abendessen aufzubessern. Der 40-Zentimeter-Wels, den ich herauszog, hätte uns nicht satt gemacht, doch auch Torsten und Ilka waren erfolgreich, so dass das Essen zumindest für diesen Abend gerettet war. Nach der Mahlzeit verarztete Torsten Ilkas Gesicht. Es war stark geschwollen. Die Sandfliegen, von denen wir auch auf dem Fluss den ganzen Tag umschwirrt worden waren, hatten ihr am meisten zugesetzt. In nur einer Gesichtshälfte zählte Torsten 56 Einstiche. „Packt euch morgen bloß gut ein", riet er, „die Biester sind so winzig, dass man sie kaum sieht. Ihren Stich merkst du auch erst später am Jucken." Ilka nickte grimmig: „Man kann sie noch nicht mal aus Rache erschlagen."

# 23. Der Mahlzahn des Teufels

War ich abends noch verhältnismäßig problemlos aus meinem Schuh herausgekommen, so glich das Anziehen am Morgen einem Geduldsspiel. Der umgeknickte Fuß war dick geschwollen, auftreten konnte ich kaum. Zum Glück war das auf dem Floß aber auch nicht nötig. Kurz hatte ich darüber nachgedacht, wie Ilka und Torsten die Wanderstiefel in den Gepäckberg zu verbannen und nur Socken und Sandalen überzustreifen, um während der Floßtage die Füße ein wenig Luft schnappen zu lassen. Doch die Aussicht auf weitere Manöver wie am Vortag, auf gelegentliches Abspringen und Herumwaten im Geröll, um das festgefahrene Floß wieder flott zu kriegen, überzeugte mich, dass auf den Extra-Halt der klammen Stiefel nicht zu verzichten war. Zentimeter für Zentimeter krauchte ich mit den Zehen bis zur Schuhspitze vor und zerrte den Schaft fest ums wacklige Gelenk. Nach dem Frühstück inspizierte Vicente das Floß. Bei seinem Rucken hatten die äußeren beiden Stämme viel Spiel. Bei den Stromschnellenaufsetzern hatte sich auf der linken Seite die Balsarinde stark abgerieben. Vicente zog neue Rindenstreifen hervor und zurrte sie wieder fest. Nach den Erfahrungen vom Vortag nahm auch ich diesmal meinen wasserdichten Packsack samt Kamera, Pass und Bauchtasche aus dem Rucksack. Sollte das Floß auf den Schnellen tatsächlich kentern, würde der Sack wenigstens oben schwimmen. Die Rucksäcke dürften wohl als dicker Klumpen auf dem Grund des Flusses landen. Und sollte das in einer der tiefen Lagunen passieren, waren die Chancen auf Bergung denkbar schlecht.

In der braunen Brühe, in der man die Finger vor Augen nicht erkannte, ließ sich unmöglich zielgenau fünf Meter oder tiefer bis zum Grund tauchen. Außerdem hielt sich meine Begeisterung für einen Tauchgang angesichts Mexicanos Bericht über sieben Meter lange Mohrenkaimane in Grenzen. Die wollte er in dieser Gegend vormals bereits gesehen haben. Gegen 9.30 Uhr stießen wir ab. Torsten und ich verstauten die Packsäcke zwischen uns und setzten uns vorn aufs Podest. Ilka fläzte sich oben auf den Gepäckberg. Mexicano und Vicente steuerten das Floß in die Mitte des Stroms.

*An manchen Stellen war das Wasser so flach, dass das Floß aufsetzte und sich festfuhr. Dann mussten wir absitzen und es mit gemeinsamen Rucken wieder frei schieben.*

# [ Der Mahlzahn des Teufels ]

Mittlerweile hatten sie sich ein wenig aufeinander eingespielt. Wenn Mexicano von hinten „derecha" rief, wusste Vicente jetzt, dass das als Kommando zu verstehen war, nach rechts auszuweichen, und nicht, dass rechter Hand ein Hindernis zu erwarten war. Inzwischen vermochte auch ich einige der knapp unter der Wasseroberfläche lauernden Steinbrocken auszumachen. Zu erkennen waren sie nur daran, dass das Wasser vor ihnen mehr Wellen warf. Wie am Vortag trieben wir bald auf dem zähen tiefen Strom dahin, bald schossen wir an flacheren Stellen voraus, nur, um erneut Dutzende Male abzusitzen, weil das Floß feststeckte. Meist jedoch fuhren wir nach einigen Rucken wieder. Ich sann darüber nach, wie unterschiedlich breit und tief ein Fluss selbst auf wenigen Kilometern sein konnte, wenn er naturbelassen war. Und ich dachte an Torstens verständnislosen Blick, als ich ihn einst in Deutschland nach Breite und Tiefe des Madidi gefragt hatte. Mit den begradigten und exakt auf Querschnitt und Durchlassvermögen berechneten Flüssen in Deutschland hatte er nichts zu tun. Aus der Chemnitz hatte man nach dem verheerenden Hochwasser 2002 sogar sämtliche großen Steine entfernt, jene Steine, denen Fluss und Stadt ihren Namen verdankten. Das aus dem slawischen Kameniz abgeleitete Chemnitz bedeutet schließlich so viel wie steinerner Bach. Einen Eindruck der Herkunft dieses Namens gewann man heute allenfalls im idyllischen Schweizerthal. Dort, flussabwärts der Stadt, umspülte das Wasser noch jene Brocken, die Fischen Schlupfwinkel vor der Strömung boten. Im Stadtgebiet, wo der Fluss einer glatten Autobahn glich, hatte ich meist vergeblich nach Fischen gespäht.

An der nächsten Stromschnelle verzettelte sich Mexicano. Erneut gabelte sich der Madidi oberhalb, um sich darunter wieder zu vereinen. Mexicano wählte den rechten schmaleren Weg, der nicht so steil anmutete. Doch nach zehn Metern steckten wir fest. Vor uns wurde das Wasser noch flacher, eine Sackgasse. Wir mussten zurück. Stelzenden Schrittes folgte ich Mexicano im Wasser stromaufwärts. Gemeinsam rollten wir dicke Findlinge aus der Fahrrinne, damit wir beim Gegen-den-Strom-Schieben zumindest seitlichen Platz zum Manövrieren hatten. Es dauerte eine Viertelstunde, bis wir das Floß wieder zurück vor die Gabelung bugsiert hatten und uns erschöpft und nass in den linken Kanal ziehen ließen. Erneut war die Rutschpartie steil, doch diesmal klappte sie problemlos, keine Bäume, keine Steilwand.

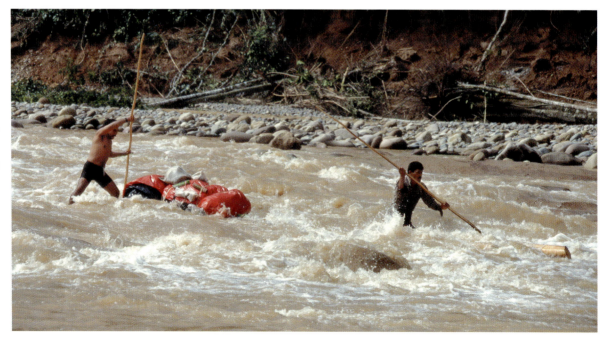

*Die Stromschnelle Muela del Diablo endete vor wenigen Jahren an einem Wasserfall, dessen Kante man besser nicht zu nah kam. Inzwischen hat der Teufel aber seinen Biss verloren.*

Die nächste Schnelle kündigte sich schon aus der Ferne an, durch jene Kante, an der der Fluss erneut zu enden schien. Mexicano steuerte zum Ufer. „Muela del diablo", sagte er, dies sei der Mahlzahn des Teufels. Gemeinsam mit Vicente kraxelte Mexicano über die Felsen am Ufer einige hundert Meter flussabwärts, um vom Ufer aus in Ruhe nach der besten Passage zu suchen. An den Findlingen im Wasser warf der Fluss schäumende Wogen, doch solche Hindernisse hatten wir bereits mehrfach passiert. Ganz klar war mir also nicht, worauf sich der Furcht einflößende Beiname des Abschnitts gründete. Torsten gab mir Aufschluss. Nicht in der Schnelle selbst liege die Gefahr, sondern weiter unten, beziehungsweise dort habe sie einst gelegen. „Da gab es mal einen Wasserfall, dem man besser nicht zu nah kam." Inzwischen jedoch habe der Zahn des Teufels diesen gewissermaßen verspeist, erklärte er. „Am besten, du guckst es Dir gleich selbst an."

Als Mexicano und Vicente zurückkehrten, stießen sie allein vom Ufer ab. Wir sollten ihre Manöver vom Land aus fotografieren. Mochte der Zahn auch seine Schärfe verloren haben, mir jedenfalls spielte der Teufel einen Streich. Ich drückte den Auslöser meiner Minolta, als das Floß auf der Schnelle an Fahrt aufnahm. Nach dem vierten Bild blockierte der Filmtransporthebel. Ein Blick auf die Kamera: Film voll. Ich fluchte. Warten, bis der Film gewechselt war, würde der Fluss schließlich nicht. Doch ein Seitenblick zu Torsten besänftigte den Zorn über die eigene Nachlässigkeit. Er schoss Foto auf Foto. Das Floß tauchte völlig ab. Klick. Mexicano und Vicente schienen aufrecht stehend durch nichts als schäumendes Wasser zu gleiten. Klick. Sie schwebten vorbei, mit den Stangen balancierend, während das Wasser um sie herum tobte. Klick. Torstens Kamera hatte alles eingefangen.

Unten angekommen jauchzte Mexicano und riss die Arme hoch. Sie landeten, und wir liefen ihnen am Ufer hinterher. Hinter der Schnelle befand sich die obligatorische Lagune. Torsten wies auf das jenseitige Ufer, an dem der Madidi aus dieser Lagune wieder abfloss. Beidseits des Stroms erhoben sich die Uferwände. Der Fluss verengte sich und floss durch den Durchlass. Er wirkte wie die Überreste eines hohen Tores. Statt dieses Durchlasses habe sich dort bis vor einigen Jahren noch eine durchgehende Lehmwand befunden. Um die habe sich der Hauptstrom einen mäandernden Weg herum suchen müssen, erklärte Mexicano. Lediglich ein Teil der Fluten sei über die Kante der Barriere gestürzt und fünf Meter tiefer wieder im Hauptstrom gelandet. Einmal im Sog des Wasserfalls gab es kein Entrinnen. Nur mit einer eng genommenen Kurve hatte sich der Mahlzahn des Teufels sicher umschiffen lassen. Vom ehemaligen Hauptstrom war am Terrain nicht mehr viel zu erkennen. Der Madidi hatte sich seinen Weg durch die Lehmwand gefressen, die jetzt nur noch beidseits des Stroms aufragte. Und durch dieses Tor floss er jetzt ganz zahm dahin. Nach kurzer Pause kletterten wir wieder aufs Floß und ließen uns mit ihm treiben.

Kaum hatten wir die nächste Kehre genommen und trieben gemächlich auf einer langen Geraden, als Mexicano verstummte. Vergnügt hatte er uns seit dem Muela del diablo mit bolivianischen Liedern beschallt, doch jetzt erstarb sein Gesang urplötzlich. „Shhhh, Tapir." Wir folgten seinem ausgestreckten Zeigefinger. Tatsächlich, in etwa 70 Metern Entfernung

„Shhhhhh Tapir!" sagte Mexicano. Etwa 70 Meter vor uns näherte sich ein zunächst nur als dunkle Silhouette erkennbares Tier dem Ufer und beugte sich zum Wasser hinab.

*Selbst als er uns gesehen hatte, geriet der Tapir nicht in Panik, sondern schwamm nah an unserem Floß vorbei, bevor er sich am anderen Ufer behäbig aus den Fluten wuchtete.*

*An manchen Stellen verordnete der Madidi Zwangspausen beim Staken. Er war so tief, dass wir das Floß nur treiben lassen konnten.*

näherte sich am rechten Ufer eine dunkle Silhouette behutsam dem Wasser und beugte sich hinab. Ob das Tier trank, konnten wir aus der Ferne nicht erkennen. So schnell, und doch zugleich so ruhig wie möglich zogen Torsten und ich die Kameras aus den Säcken und friemelten blind die Teleobjektive auf die Stutzen. Den Tapir ließen wir nicht aus den Augen. Er konnte uns nicht gesehen haben, denn er machte keine Anstalten zu fliehen. Stattdessen tastete er sich weiter vor, Meter für Meter, bis er seinen mächtigen Körper ins tiefe Wasser gleiten ließ. Bald schaute nur noch sein Kopf mit der markanten Nase und den runden Ohren heraus. Er schwamm. Während wir immer näher auf ihn zutrieben, kreuzte er vor uns den Madidi. Fast hatte er das andere Ufer erreicht. Einige Meter davor jedoch änderte er seinen Kurs. Er drehte sich stromaufwärts und schwamm uns nahezu direkt entgegen. Immer noch schien er das Floß nicht zu bemerken. Offenbar war er auf der Suche nach einer Stelle, an der er den Fluss am besten wieder verlassen konnte, denn das linke Ufer war steiler als das rechte. Er kam näher und näher und näher. Diesmal hatte auch ich Glück, schließlich war der neue Film gerade erst eingelegt. Unsere Kameras klickten um die Wette. Ob der Tapir das Auslösen würde hören können? Immerhin herrschte auf dem ruhigen Flussabschnitt nahezu Totenstille. Er schaute in unsere Richtung. Jetzt hatte er offenbar erkannt, dass da etwas auf ihn zutrieb. Er reckte den Hals aus dem Wasser, doch schwamm er weiter aufs Floß zu. Er schaute uns direkt an, als er das Floß linker Hand passierte. 20 Meter, 15, zehn – erst jetzt drehte er ab zum Ufer. Behäbig wuchtete er sein Gewicht aus den Fluten. Keine Panik, keine hektische Flucht. Stattdessen warf er uns über die Schulter einen letzten Blick zu, bevor er mit schwingendem Hinterteil die steile Böschung emporkletterte und hinter deren Kante aus unserem Blickfeld verschwand. „Wahnsinn", stieß ich hervor. „Näher geht's nur im Zoo." Auch Torsten und Ilka waren begeistert. So nah hatten sie selbst ihren Jaguar damals nicht vor die Linse bekommen. Während wir noch aufgeregt diskutierten und Torsten mir erklärte, dass ausgewachsene Tapire selbst Jaguare nicht zu fürchten brauchen, kleinere Exemplare allerdings zur Beute des gefleckten Jägers zählten, hob Mexicano wieder mit seinem Gesang an. In den folgenden Stunden beglückte er uns mit einer etwas eigenwilligen Version von „Where do you go to my lovely". Vom Text kannte er nur den Refrain, und den bekamen wir jetzt als Endlos-Schleife zu hören. Unterbrochen wurde sein Gesang nur von gelegentlichem Platschen. Immer häufiger säumten jetzt mal links, mal rechts jene steilen Lehmwände die Ufer. Über die Jahrtausende musste sich der Madidi sein Bett zwischen ihnen hindurchgefurcht haben. Und immer wieder prasselten kleine oder größere Lawinen aus Lehm an den steilen Abhängen herab ins Wasser. Manchmal gleich neben das Floß. Mehrfach fuhr Ilka beim ersten Rieseln auf. Ihr besorgter Blick empor galt den riesigen Bäumen, die 20, 30 Meter über uns mitunter bis dicht an die Abbruchkante heranwuchsen. Wer konnte sagen, ob nicht einer von ihnen das Zeitliche segnete und abstürzte, just wenn wir unter ihm hindurch zogen? Für Ilkas Geschmack schifften Vicente und Mexicano das Floß zu nahe an den Ufern vorbei. Nach einigen Diskussionen ließen sie sich überzeugen, Torsten und mir das Staken zu überlassen. Doch hatten wir die Rechnung ohne den Madidi gemacht. Ob seiner Tiefe ließ sich mit den Stangen nur im Wasser rühren, was den Kurs nicht wirklich stark beeinflusste. Während des nutzlosen Gepaddels verfluchte ich den Moment, da ich dem Hunger des Flusses meinen Hut geopfert hatte. Mangels Schatten wäre er hier auf dem Fluss nötiger denn je gewesen. Die Sonne brannte mir auf die Stirn. Und bei der zusätzlichen Bewegung rann der Schweiß unter meiner schwarzen Iguana-Jacke in Strömen. Aus ihren Ärmeln quollen mir immer wieder weiße Brösel entgegen. Nein, Schweiß war das nicht, die innere Regenschutz-Gummierung hatte angesichts der sengenden Hitze längst begonnen, sich aufzulösen. Doch ausziehen mochte

*Vorsicht beim Steuermannwechsel, denn auch wenn das Wasser in diesem Fall Balken hatte, waren die doch ebenso wacklig wie glitschig.*

*Beim erfolglosen und doch schweißtreibenden Gerühre mit der zu kurzen Stakstange verfluchte Jens den Moment, als er dem Fluss seinen Hut geopfert hatte.*

ich die Jacke nicht, wegen der Bekanntschaft, die Ilka bereits am Vortag mit den Sandfliegen gemacht hatte.
Nach siebeneinhalbstündiger Floßpartie liefen wir am späten Nachmittag eine gut 30 Meter breite, sich hoch aufwölbende Sandbank an, die Mexicano als Lagerplatz ideal schien. Der Madidi selbst zwängte sich auf knapp 20 Metern zwischen der Bank und einer Steilwand am gegenüberliegenden Ufer hindurch. Ilka war begeistert, hauptsächlich wegen der Papageien, die, dem Gekreische nach zu urteilen, gleich in Scharen die Baumwipfel am Waldrand bevölkerten. Auch Affen hatte sie ausgemacht. Während sie begann, die Ausrüstung zu sortieren und zum Trocknen im Sand auszubreiten, offenbarte sich die Schattenseite unseres Lagerplatzes. Bald wurden die Rucksäcke von alten Bekannten belagert. Summend fanden sie sich ein. Doch ließ sich Ilka durch die Schweißbienen nicht von ihrer Putz- und Flickstunde abhalten. Während Mexicano und Vicente die Lagerplane spannten, stapfte ich mit Torsten durch den Schlick zum Wasser, um die Angel auszuwerfen. Ein 80 Zentimeter langer Wels, der unser Abendessen sicherte, landete nach kurzer Zeit an seinem Haken. Doch gab auch ich nicht auf. Und plötzlich schien meine Geduld belohnt. Der Widerstand an der Sehne zeugte von Kraft. Zwar war dem Ziehen nicht jenes eigentümliche Zupfen vorausgegangen, während sich ein Fisch die ersten

*Manche Urwaldnachbarn sind neugierig, andere laut. An einem unserer Anlegeplätze wurden wir von Affen und Papageien empfangen.*

Fetzen vom Köder schnappte. Auch zerrte es nicht wie beim Chacorro. Doch schlicht am Boden verfangen haben konnte sich der Haken nicht. Die Sehne spannte sich nicht nur bei meinem Ziehen. Was immer da am Haken war, zog. Und es zog gewaltig. Die Sehne grub sich tief in meine Finger. So vermochte ich sie nicht einzuholen. Sie hätte mir die Hände zerschnitten. Die Balsaholzspindel, an der das Ende der Sehne befestigt war, lag am Boden vor mir. Ich ließ die blanke Angelschnur sausen und schnappt mir die Spindel. Mit ihr humpelte ich, so schnell mein Fuß es zuließ, die Sandbank hinauf, so dass es auch den im Sand liegenden Rest der Angelsehne lang zog. Endlich war die Sehne erneut gespannt. Jetzt zerrte ich meinen Fang an Land. Doch was da aus dem Wasser auftauchte, provozierte ungläubige Blicke. Und Mitleid. Wie ein Stein wölbte sich das Tier aus dem Wasser. Dann kamen die Beine in Sicht, mit denen es sich heftig gegen mein Ziehen stemmte. „Na prima, du hast eine Schildkröte", rief Torsten. Prompt ließ ich die Spindel fallen und humpelte wieder aufs Ufer zu, um das Tier vom Haken zu befreien. Bevor ich es erreichte, war ihm das allerdings schon selbst gelungen. Von wegen langsam! Blitzartig schnellte der Panzer herum. Platschend verschwand das Tier im Wasser. Am Ufer blinkte nur noch mein leer gefressener Angelhaken.

Nach dem Essen, bei dem sich die Bienen ob der schnell fortschreitenden Dämmerung bereits verzogen hatten, fläzten wir uns nebeneinander in den Sand. Wir genossen den Blick auf Millionen Sterne über uns. Selbst das regelmäßige Gepladder der Erdrutsche vom Steilhang gegenüber, das uns die ganze Nacht über begleiten sollte, konnte dieses Idyll nicht trüben. Vergnügt wippte ich mit den Zehen. Zwar hatten die nassen Stiefel, die den geschwollenen Knöchel den ganzen Tag umschlossen hatten, Wunder gewirkt. Die Schwellung war weit zurückgegangen. Doch an der frischen Luft schienen meine Füße jetzt regelrecht aufzuatmen. Herrlich. Selbst auf die Socken hatte ich an diesem Abend verzichtet. Dass ich damit einen schweren Fehler beging, sollte sich erst später herausstellen.

# 24. Rote Bananen und rote Füße

„Desayuno!" Als am nächsten Morgen Vicentes Weckruf zum Frühstück über die Sandbank schallte, hatte das Summen längst wieder angehoben. Ob die Bienen von den Salzrändern auf den Klamotten angelockt worden waren oder vom Duft der Pfannkuchen, war nicht zu sagen. Sie tummelten sich überall. Auf Hose und Hemd ließ ich sie gewähren. Inzwischen war ich dazu übergegangen, die Arme nur noch behutsam zu bewegen, um stachelbewehrte Exemplare nicht versehentlich in der Achselhöhle zu zerdrücken. Auf unserem Frühstück waren die Biester aber allemal lästig. Besonders der Melasse-Aufstrich schien ihnen zu schmecken. Vor jedem Biss mussten wir die Pfannkuchen frei wedeln. Gleich nach dem Essen blies Mexicano zum Start, 8.15 Uhr, noch früher als am Vortag. Dass wir bei den Wolken summender Nachbarn besser nicht ewig am Lager ausharrten, war klar. „Aber warum diese Eile", nörgelte Ilka. Mexicano wolle wohl einen Rekord aufstellen. Nach seinem Urteil hatten wir bereits am Vortag eine Etappe hinter uns gebracht, für die man bei niedrigem Wasserstand sonst an die drei Tage gebraucht hätte. „Ich verstehe dieses Drängen nicht. Bisher haben wir doch gar keine Zeitnot. Warum bleiben wir nicht einfach einen Tag hier, um ins Hinterland auszuschweifen. Was nach dem Fluss kommt, wissen wir doch schon. Aber links und rechts vom Fluss umherzustreifen, das wäre mal was Neues. Und wenn noch mal was passiert, passiert es so oder so", fand Ilka. Ich nickte. Auch mir gefiel der Gedanke, statt den ganzen Tag auf dem Floß zu hocken, ausnahmsweise mal ohne Rucksack durch den Wald zu streifen. Vielleicht würden wir dabei einen vom Hauptstrom abgetrennten Altwasserarm entdecken. Dort, wo amazonische Flüsse nach vielen Fluten über die Jahre ihren Lauf völlig verändert und stille Seen hinterlassen hatten, gab es nach Urteil von Experten die größte Vielfalt an tierischen Lebensformen. Dass uns auf dem Madidi selbst eine Riesenotterfamilie entgegen geschwommen war, durfte als eher ungewöhnlich gelten. Gerade diese Urwaldbewohner tummelten sich eher an solchen Altwassern.

Sengende Hitze und ein Fluss, der auf einem Kilometer meist nur noch wenige Zentimeter Gefälle aufwies, entsprechend langsam trieben wir dahin.

Doch keine Chance. Irgendetwas schien Mexicano zur Eile anzutreiben. Also fanden wir uns wenig später in bekannter träger Pose auf dem Floß wieder. Stromschnellen wurden jetzt immer seltener und waren auch weniger steil als an den vorangegangenen Tagen. Der Fluss war inzwischen auf eine Breite angewachsen, die selbst an schmalen Stellen selten unter 40 Meter maß. Zwischen links und rechts aufragenden Bergrücken zog er seine Bahn. Gefälle hatte er jedoch kaum noch. Wir kamen langsam ins Flachland, dahin, wo das Becken des Amazonas bis zu dessen Mündung nur noch wenige hundert Meter Höhenunterschied aufweist. Auf einem Flusskilometer fällt das Terrain so im Schnitt nur wenige Zentimeter ab. Entsprechend langsam trieben wir dahin. Stunde um Stunde, ohne dass sich die Landschaft merklich veränderte. An diesem Tag bekam ich einen Eindruck davon, dass Werner Herzog für seinen Filmklassiker „Aguirre" vielleicht doch nicht zu Unrecht gelobt wurde. Zumindest hatte er offenbar gut recherchiert. Ebenso Nerven zehrend zäh wie sich im Film die Flussfahrt von Konquistador Aguirre alias Klaus Kinski hinzog, mutete jetzt auch unsere Fahrt an.

Viel Mut erforderte es bei dem gemächlichen Dahinschaukeln nicht, die Kamera jetzt griffbereit draußen liegen zu lassen. Sie rettete mich vor der Monotonie. Mit dem Teleobjektiv suchte ich stundenlang jeden Meter des Uferstreifens ab, in der Hoffnung mangels anderer Abenteuer endlich einen Kaiman vor die Linse zu kriegen. Mexicano hatte berichtet, dass es diese Gegend gewesen war, in der er sein Sieben-Meter-Exemplar entdeckt hatte. Doch weder ließ sich ein stattlicher Mohrenkaiman blicken, noch einer seiner kleineren Brillenkaiman-Geschwister. Fast zweifelte ich, dass es überhaupt welche gab. Dann und wann fokussierte ich auf Luftblasen, die von unten zur Wasseroberfläche aufstiegen. Hin und wieder glitt das Floß dicht an solch blubbernden Stellen vorbei. Manchmal bildeten sich auch kleine kreisrunde Strudel

*Wir trieben jetzt durch die Gegend, wo Mexicano vormals sein Sieben-Meter-Exemplar eines Mohrenkaimans gesichtet hatte.*

im still fließenden Strom. Ob darunter vielleicht ein Kaiman steckte? Was hatte Torsten damals gesagt? Selbst Kaimane machen Jägern auf zwei Beinen Platz. Vielleicht fürchteten sie sich viel mehr vor uns, als wir uns vor ihnen. Schließlich musste ein sieben Meter langer Schatten an der Wasseroberfläche, wie unser Floß ihn warf, auf einen Flussbewohner bedrohlich wirken, wenn der selbst nur zwischen zwei und drei Metern maß. Dass auf den Baumstämmen Zweibeiner von maximal 1,86 Meter Länge hockten, war von unten schließlich nicht zu sehen.

Gegen Mittag begann uns der Magen zu knurren. Da er eine längere Rast nicht vorsah, ließ Mexicano seinen Blick über das Blattwerk der Uferstreifen gleiten. Er und Vicente hielten nach Bananenblättern Ausschau. Nach einer Weile wurde Vicente fündig. Etwa 50 Meter, nachdem wir die Stelle passiert hatten, an der hinter dem Ufergestrüpp die markanten ausladenden Blätter auszumachen waren, landeten wir auf einer Kiesbank. Vicente und Mexicano verschwanden mit einer Machete im Dickicht. Wir sicherten das Floß. Doch kaum hatten wir es uns auf einem umgestürzten Baum gemütlich gemacht, krachten hinter uns schon wieder ihre Schritte im Gestrüpp. Stolz hielt Mexicano eine stattliche Staude hoch. Sie hatte etwa die Größe eines zu prall aufgeblasenen Luftballons, kurz bevor er platzt. Die meisten Früchte, die an der Staude

*Stunde um Stunde scannte Jens mit dem Objektiv die Uferbänke ab oder nahm blubbernde Blasen ins Visier, die hier und da neben dem Floß an die Wasseroberfläche stiegen.*

*Auf einer Kiesbank machten wir fest, um uns mit Proviant zu versorgen. Die markanten ausladenden Blätter von Bananenpflanzen zeigten an, wo es etwas zu essen geben könnte.*

hingen, waren dagegen weit davon entfernt zu platzen. Sie strahlten noch sattgrün. „Macht nichts, die können auf dem Floß in der Sonne nachreifen", winkte Torsten ab. „Guck mal, einige sind schon prima." Er zeigte auf vereinzelte Stellen, an der die Staude eine andere Färbung aufwies. „Bist du dir sicher, dass es Bananen sind?" fragte ich angesichts der rötlichen Farbe. „Na klar", grinste Torsten und rupfte sich eine Frucht aus dem Strauß. Er schälte sie und biss herzhaft hinein. „Hmm, supersüß und sogar saftig", kommentierte er. Auch ich stopfte mir ein Exemplar in den Mund. „Ump bie bick bie bimp", antwortete ich mampfend. „Häh?", fragte Torsten nach. Ich schluckte den Rest runter: „Und wie dick die sind", wiederholte ich. Kurz und dick, saftig statt mehlig, eher rot als gelb – zwar handelte es sich zweifelsfrei um Bananen, aber mit den in Europa gängigen Sorten hatte diese wilde Urwaldart kaum etwas gemein. „In die EU-Norm passen die mit Sicherheit nicht", grinste Torsten, „nach deren bürokratischen Definitionen dürften die wohl nicht mal Banane heißen." Auch Ilka, Vicente und Mexicano suchten sich reife Früchte aus der Staude und ließen sie sich schmecken. Plötzlich lachte Ilka. „Bei der Form würden wohl auch die Hightech-Wanderausrüster an ihre Grenzen stoßen." Torsten

# [ Rote Bananen und rote Füße ]

*Sind die dick, Mann! Kurz, prall und in reifem Stadium weder grün noch gelb, sondern rot schimmernd. Urwaldbananen passen zwar wohl nicht in die EU-Norm, schmecken aber super.*

prustete los. Ich schaute verständnislos. Ilka klärte mich auf. Jedes Jahr kaufe sie den unbrauchbarsten Ausrüstungsgegenstand, den sie im Sortiment der verschiedenen Wander- und Camp-Ausrüster finden könne, erzählte sie. Bei Survivalkursen hätten solche Dinge schon oft für Lacher gesorgt. Und im Jahr 2003 war dieser „Quatsch des Jahres" eben eine Bananen-Frischhaltebox gewesen. Ilka versuchte sich an den Verkaufstext zu erinnern: „Sind Sie es auch leid, bei Wanderungen ständig Bananen zu essen, die braune Druckstellen von Ihrem Rucksack haben?" Wir amüsierten uns köstlich. Vicente und Mexicano hatten für den deutschen Erfindergeist nur Kopfschütteln übrig, als Ilka für sie übersetzte. Statt in einer Frischhaltebox landete unsere Bananenstaude griffbereit vor unseren Füßen auf dem Floß. Als wir abgestoßen hatten und dahintrieben, verfolgte uns am Ufer eine Gruppe von Klammeraffen. Behände hüpften sie von Baum zu Baum. Ob sie wohl sauer waren, dass wir uns an ihrer Kost bedient hatten?

Blieben die Kaimane weiterhin aus, so hatten wir während der folgenden Stunden keinen Mangel an gefiederter Gesellschaft. Ilka machte einen über den Fluss fliegenden Tukan aus. Reiherartige weiße Vögel glitten über die Wasseroberfläche.

*Einen Tukan im Flug mit der Kamera abzuschießen, gleicht einem Sechser im Lotto. Doch mitunter klappt es, wenn er auf einem Ast sitzt.*

Auf einem abgestorbenen Baumgerippe im Fluss vollführte ein schwarzer Vogel expanderartige Turnübungen mit seinem langen grauen Hals. „Ein Schlangenhalsvogel", erklärte Torsten. „Der heißt so, weil man ihn beim Schwimmen für eine Schlange halten könnte. Der Körper ist unter Wasser, und du siehst nur den hochgereckten Hals." Andere schwarze Vögel hockten in den Baumkronen am Ufer. Torsten bezeichnete sie als Dschungelhühner, doch ein Gackern war es nicht, das sie von sich gaben. Sie stießen merkwürdige Pfeiftöne aus. Eine Weile versuchte ich, ihre Laute nachzuahmen. Einige schienen tatsächlich zu antworten.

Doch nicht nur Vögel begleiteten unseren Weg. Nach der schweißtreibenden Erfahrung unter meiner Regenjacke hatte ich diese nun nicht mehr angezogen. Und auch das Sweatshirt war zu warm geworden, so dass ich es abgelegt hatte – zur Freude der Sandfliegen. „Warum ziehst du dir eigentlich nichts Langärmliges an?" fragte Torsten und wies auf meine Arme. Zu spät, Hunderte roter Pünktchen überzogen Hände und Unterarme. Drei Flüche auf Iberia. Das in Deutschland gekaufte Spezialmittel gegen Insekten hätte schließlich auch gegen Sandfliegen wirken sollen. Doch im verschollenen Rucksack nützte es nichts. Das herkömmliche Repellente, mit dem ich mich seit unserem Aufbruch regelmäßig einnebelte, schien die kleinen Blutsauger nicht zu beeindrucken. Allerdings hätte es auch schlimmer kommen können. So dachte ich angesichts eines Blicks auf Vicentes Füße vor mir. Die letzten Tage hatte er barfuß auf den glitschigen Stämmen gestanden. Und obwohl seine Füße immer wieder von Wellen umspült wurden, hatten die Sandfliegen Zeit gefunden zuzustechen. Stiche und Risse im Fleisch, doch über Schmerzen klagte Vicente nicht, noch nicht.

Nach achteinhalb Stunden Fahrt landeten wir erneut auf einer Sandbank. Vicente sprang ab und hielt das Seil, während Mexicano den Gepäckberg aufzurrte. Er reichte uns die Rucksäcke. Als ich mir den Gurt über die Schulter schwang, platschte es gleich neben dem Floß heftig. „Alligator", stieß Mexicano hervor und deutete auf die Stelle. Das Tier selbst sah ich nicht mehr, nur noch jenen kleinen runden Strudel, wo er abgetaucht war. Also doch.

Das Gepäck luden wir in einiger Entfernung vom Ufer in der Mitte der Sandbank ab. Weil Vicente mit seinen Füßen nicht mehr wirklich schmerzfrei durch den Sand kam, winkte mir

*Obwohl Vicentes Füße auf den glitschigen Stämmen immer wieder von Wellen umspült wurden, fanden die Sandfliegen Zeit, sie mit Stichen zu übersäen. Noch klagte er nicht.*

Mexicano, mit zum Wald zu laufen, um Stangen und Astgabeln fürs Campdach zu schlagen. Ein umgestürzter Baum bot genügend geeignetes Astwerk. Mexicano suchte die Stangen aus und wies mich an, sie abzutrennen. Mit anerkennendem Nicken quittierte er meine Fortschritte. Die Machetenschläge trafen die Kerbe im Holz jetzt schon viel genauer als noch vor einigen Tagen. Nach wenigen Schlägen hatten wir alles beisammen. Während ich mich aus dem Geäst des Baums herauswand, sah ich am Boden eine Spur. Sie ähnelte den Jaguarspuren, die ich auf dem Weg zum Madidi entdeckt hatte. Nur war sie um einiges kleiner. „Ozelot?" fragte ich Mexicano. „Si, tigrecillo", bestätigte er. Ich schaute mich um, erfüllt von dem Wunsch, endlich auch einen der Urheber der entdeckten Raubkatzenspuren zu sehen. Ein Ozelot wäre da gerade recht gekommen. Er war mir lieber, als hätte ich mich in der Nacht nach der Flutwelle durchs Netz hindurch zwei Jaguaraugen gegenüber gesehen. Bei einem fast drei Jahrzehnte zurückliegenden Besuch im Duisburger Zoo hatten die Tierpfleger mich für eines dieser Andenkenfotos auf einen Stuhl gesetzt und mir einen Ozelot auf den Schoß gedrückt. Mein verstörter Blick auf dem Bild rührte allein von kindlicher Fotoscheu. Dass der Ozelot zärtlich auf meinen Fingern herumkaute, hatte ich eher niedlich gefunden. Weit weniger behaglich war die Begegnung mit einer größeren Raubkatze gewesen, die mir viele Jahre später zuteil wurde. Bei meinen ersten Gehversuchen als Reporter hatte ich Anfang der 90er Jahre über eine tierschützerische Rettungsaktion schreiben sollen. Ein durchgeknallter Fan exotischer Tiere hatte sich illegal einen Luchs gekauft. Dass ein Poster von Kevin Costners Indianer-Epos „Der mit dem Wolf tanzt" das Wohnzimmer dieses Spinners zierte und der seine Raubkatze in seinem Schlafzimmer hielt, lieferte mir später den Titel für den Artikel: „Der mit dem Luchs schläft". Nach vergeblichen Versuchen des Mannes, das wilde Tier zu zähmen, war die Sache aufgeflogen. Im Gefolge der resoluten Chefin des örtlichen Tierschutzvereins war ich damals zusammen mit Polizeibeamten durch das Haus im vogtländischen Syrau gepirscht. Gefunden war der Luchs schnell, nur hatte bei der Aktion niemand daran gedacht, einen Käfig für den Abtransport mitzubringen. Während die Tierschützerin den anforderte, drückte mir einer der Beamten ein gefrorenes Hühnerbein in die Hand. Gemeinsam hockten wir dem Luchs respektvoll gegenüber und versuchten ihn mit unseren mickrigen Gaben zu besänftigen, während er uns aus seiner Zimmerecke heraus grimmig anfauchte. Und ein Luchs war schließlich auch um einiges kleiner als ein Jaguar, der nach Tiger und Löwe als drittgrößte Raubkatze der Welt gilt. Wenn also schon hautnahe Tuchfühlung, so war mir ein Ozelot lieber als sein großer Bruder. Doch zeigte sich keiner von beiden.

Unsere Angelversuche waren an diesem Abend nicht von Erfolg gekrönt. Die Strömung war zu ungünstig. Sie trieb Haken und Köder immer wieder in den Uferschlick. Doch auch von Vicentes Nudelsuppe wurden wir satt, obwohl die angesichts der zur Neige gehenden Vorräte bereits deutlich dünnflüssiger ausfiel. Beim Kochen geriet Vicente erneut über Mexicano ins Schimpfen. Er selbst gebe einen viel besseren Führer ab. Nein, wenn es nach ihm gegangen wäre, hätten wir den Großteil des Essens nicht verloren, war er sicher. Ich mutmaßte, dass gar nicht der nagende Hunger Vicente in Rage brachte. Wahrscheinlich ließen ihn seine Füße unleidlich werden. Sie sahen furchtbar aus. Trotzdem dauerte es eine Weile, bis Ilka ihn überzeugt hatte, sie ans Verarzten seiner Wunden gehen zu lassen. Sie schmierte die roten Stellen mit Zinksalbe ein, so dick, wie der dürftige Rest aus ihrer Tube es zuließ. Mexicano betrachtete Vicentes schneeweißen Füße anschließend skeptisch. Er verlasse sich lieber auf seine Heilkräutersalbe, sagte er. Aus dem Rucksack zog er eine kleine Blechdose und zeigte sie mir. Alles, was ich von den Inhaltsstoffen erschnuppern konnte, war, dass es sich um ätherische Substanzen auf Eukalyptus-Basis handeln musste. Auf rohem Fleisch würde das mit Sicherheit höllisch brennen. Ich verzichtete dankend, obwohl ich beim Blick auf meine Füße zunächst auch an Behandlung gedacht hatte. Die von der Wanderetappe stammenden Risse waren zwar inzwischen verheilt, doch zeigten sich auch bei mir die Folgen meiner Nachlässigkeit. So geschunden wie Vicentes Füße waren meine noch nicht, doch weil ich mich am Vorabend barfuß im Sand geräkelt hatte, wiesen sie das gleiche gesprenkelte Muster auf wie meine Arme. Willkommenerweise juckten die Sandfliegenstiche nicht. Das Wasser in den Stiefeln hatte tagsüber ausreichend gekühlt. Ein tückischer Glücksumstand. Jetzt ließ er mich zwar friedlich einschlummern, aber schon am folgenden Abend sollte er sich als umso schmerzhafter erweisen.

# 25. Ein Engel mit flammenden Fingern

Um unsere kargen Vorräte aufzubessern, starteten wir bei der Floßpartie am nächsten Vormittag einen Versuch, während der Fahrt zu angeln. Viel brachte es nicht. Mehrfach verfing sich meine Sehne an Ästen, die unter der Wasseroberfläche lauerten. Mexicano riet uns, die Angel einzuholen, so bald wir in die Nähe der Baumleichen kamen, die jetzt immer häufiger aus dem Fluss ragten. Gespenstischen Fingern gleich streckten sie ihre Äste aus, als griffen sie nach uns. So lange man sie sah, konnte man ihnen ausweichen. Die toten Arme unter Wasser dagegen packten die Angelschnur ohne jede Vorwarnung. Sie kosteten uns einige Angelhaken und meterweise Sehne. Mexicano steuerte das Ufer an. Immerhin seien wir der estación del parque, dem verwaisten Außenposten der Park-Ranger, jetzt so nah, dass wir ihn auf jeden Fall noch am gleichen Tag erreichen würden, überschlug er. Gegen eine Pause war also nichts einzuwenden. An einem glitschigen Felsen legten wir an. Ganz in der Nähe rann glasklares Trinkwasser aus einer Spalte. „Agua limpia", freute sich Mexicano, sauberes Wasser. Viel zu lange schon hätten wir mit dem sedimenthaltigen Wasser des Madidi vorlieb nehmen müssen, fand er. Wir füllten unsere Flaschen. Dann warfen wir die Angeln aus. Während wir auf den ersten Biss wartend aufs braune Wasser stierten, fragt mich Vicente über Deutschland aus. Ob es ähnliche Flüsse wie den Madidi gebe? Ob man deren Wasser trinken könne? Angesichts der winzigen Chemnitz zog ich den Vergleich eher zum Rhein, der in meiner Geburtsstadt Duisburg an Breite dem Beni in Rurrenabaque ähnelt. Sein Wasser zu trinken, sei wohl keine gute Idee, erklärte ich. Angesichts der dichten Besiedelung und der Industrie am Rhein sei das Wasser der Flüsse hier wohl verträglicher, trotz des mitgeschwemmten Lehms. Vicente nickte.
Plötzlich wies er zwischen uns aufs Gestein. „Hormiga del tigre", sagte er, Tigerameise. In der Tat, was da über den Stein krabbelte, war zwar an Gestalt einwandfrei eine stattliche Ameise. Doch nach ihrer Farbenpracht hätte sie die Schwester der Heuschrecke sein können, die ich bei unserem Fußweg den Rio Tequeje hinauf entdeckt hatte. Signalgelbe wechselten sich mit schwarzen Streifen ab. Wir beobachteten das Tier eine Weile, bis es kehrt machte und wieder im moosigen Bewuchs hinter uns verschwand.
Plötzlich zog es an Mexicanos Angelschnur. Der einen Meter lange Wels hatte keine Chance, sich freizureißen. Zu sehr hatte er sich verbissen. Unser Abendessen war gerettet. Weit vom Körper abgespreizt, um nicht mit seiner scharfen Rückenflosse Bekanntschaft zu machen, schleppte Mexicano seinen Fang zum Floß und band ihn unterm Podest fest. Dort konnte ihn das Wasser für den Rest des Tages umspülen. So würde er länger frisch bleiben.
Nach einer weiteren zweistündigen Etappe legten wir erneut an, diesmal an einer schlickigen Sandbank. Nach kurzer Pause entschieden Torsten und ich uns zu einem Erkundungsgang, um uns die Beine zu vertreten. Die anderen sollten das Floß um die etwa einen halben Kilometer lange Sandzunge herumsteuern, während wir sie am Ufer überqueren und jenseits wieder zusteigen wollten. Der Boden war alles andere als trittfest. Auf unserem Weg fluchte ich zeitweise über

# [ Ein Engel mit flammenden Fingern ]

*Angesichts der Vielzahl von Torstens Begegnungen mit solchen Kaimanen hatte die Situation für ihn keinen Initiationswert mehr, aber Jens' Freude steckte ihn trotzdem an.*

die Schinderei, die Stiefel wieder aus dem Schlamm zu zerren. Was sollte diese Extratour eigentlich? Hier gab es auch nicht mehr zu sehen als vom Floß aus. Noch nicht mal Tierspuren waren zu finden, kein Wunder bei dem Terrain. Kurz vorm Ende der Bank kämpften wir uns eine kleine Anhöhe hinauf. Neidisch blickte ich zum Floß hinüber. Ilka hockte gemütlich auf dem Gepäckberg und sah zu uns herüber.

Plötzlich reckte sie sich hoch, den Arm ausgestreckt. Sie zeigte auf etwas, offenbar hinter dem Sandhügel, den wir gerade emporklommen. Aufgeregt stieß sie ihren Arm immer wieder in diese Richtung. Als wir die Kuppe der Anhöhe erreichten, sahen wir, was Ilka in Aufregung versetzte. Nur für einen kurzen Moment, aber dafür waren wir umso näher. Hinter der Kuppe fiel der Hügel zum Wasser hin steil ab. Kaum hatten wir freie Sicht aufs Ufer, platschte es dort. Doch diesmal hatte auch ich ihn gesehen, bevor er auf Tauchstation ging. Klein zwar, aber auf zwei Meter brachte er es wohl auch – mein erster Kaiman. Meine Begeisterung färbte sogar auf Torsten ab. Angesichts der vielen Begegnungen mit Kaimanen, die er über die Jahre hinweg gehabt hatte, besaß die Situation für ihn zwar nicht mehr den Wert der Erstmaligkeit, dennoch strahlte auch er, als er die Freude auf meinem Gesicht sah. Das Floß stieß just an der Stelle an Land, wo der Kaiman abgetaucht war. „Habt ihr sie gesehen?" rief Ilka. Sie? „Die zwei Krokodile." Vom Floß aus hatte Ilka erkennen können, dass es gleich zwei Exemplare gewesen waren. Offenbar hatten sie sich am Ufer gesonnt, bevor wir zwei Trampeltiere sie von ihrer Mittagsrast aufscheuchten. Egal, auch wenn ich nur einen der beiden gesehen hatte, auch wenn keine Zeit geblieben war, die Kamera in Anschlag zu bringen. Allein die Bestätigung, dass es sie gab, dass sie uns unsichtbar umgaben, versetzte mich in begeisterte Aufregung. Die ebbte auch dann nicht mehr ab, als wir wieder träge dahinglitten. Der Fluss hatte inzwischen stattliche 60 bis 70 Meter Breite, und das bei niedrigem Wasser-

*Das Ende eines Urwaldriesen: Amazonische Flüsse verleiben sich auch gigantische Brettwurzelbäume ein, wenn sie zu nahe am Ufer stehen.*

stand. Sein eigentliches Bett maß über 100 Meter. Und die jetzt trockenen Uferstreifen wiesen die gleichen Anzeichen der Zerstörung auf wie flussaufwärts. Umgeknickte Vegetation, dünnes Bambus, Schilf, selbst gigantische Baumriesen lagen entwurzelt am Ufer. Ihre Brettwurzeln ragten mitunter haushoch empor. Auch ihre noch lebenden Geschwister, die hinter dem Pioniergesträuch der Ufer den restlichen Wald überragten, wirkten düster. Einige glichen geisterhaften Skulpturen mit knorrigen Fangarmen. Anderen verlieh ihr Laub die Silhouette in Kutten vermummter Riesen. Aus der Höhe schienen sie auf uns herabzublicken, wenn unser Floß an ihnen vorüberglitt.

Nach einer letzten Stromschnelle, die sich trotz des Gefälles um gleich mehrere von dichtem Blattwerk überhangene Kurven wand, glitten wir am frühen Nachmittag in ein riesiges Delta. Wie ein großer See breitete sich der Fluss vor uns aus. Vereinzelt ragten Steine, Sträucher und sogar Baumkronen in seiner Mitte aus dem Wasser. Den Blick voraus, machte ich in der Ferne am rechten Ufer einen winzigen grauen Strich aus. Ein Boot? Tatsächlich. Je näher wir herantrieben, desto größer wurde der Strich, bis die spitze Form eines Bugs erkennbar wurde. Unterhalb der dicht bewachsenen Böschung lag ein etwa sieben Meter langer Bretterkahn. Gleich neben ihm legten wir an und entluden das Floß. „Alto Madidi", sagte Mexicano und pflanzte sich auf seinen Rucksack. Er entzündete eine Zigarette und sog ihren Rauch tief ein.

Oberhalb der Uferböschung gab es einen hohlwegähnlichen Trampelpfad durchs Dickicht. Dann folgte eine graswachsene Lichtung. Hinter ihr machten wir ein Wellblechdach aus. Jene verlassene Nationalparkstation, die laut Mexicano jetzt nur noch ab und an von Biologen genutzt wurde. Wenn sie in der Einöde auf die Pirsch nach neuen Arten gingen, diente diese Station ihnen als Basiscamp. Station war ein hochtrabender Begriff für den Bretterverschlag, der sich unseren Blicken bot, als wir näher kamen. Auf Pfählen ruhte ein hölzernes Podest. Wände besaß der Raum zwischen Blechdach

# 25 [ Ein Engel mit flammenden Fingern ]

*Wie ein großer See breitete sich der Madidi an der verlassenen Rangerstation Alto Madidi aus, an der wir die Floßpartie beendeten.*

und Dielen nicht, lediglich Eckpfosten. An ihnen waren Moskitonetz-Bahnen angeschlagen, die eine Fläche von etwa fünf mal sieben Metern bis zum Dach insektensicher umhüllten. Trotz ihrer Winddurchlässigkeit gammelte und schimmelte es in der Hütte vor sich hin. „Irgendwann wird diese Bruchbude einfach in sich zusammenfallen", kommentierte Torsten mit einem Blick aufs windschiefe Dachgebälk. Dennoch, uns würde der Verhau nach zweiwöchigem Minimalkomfort in dieser Nacht den absoluten Luxus bieten: ein regensicheres Dach, das nicht erst aufgebaut zu werden brauchte. Zwei aus Brettern zusammengeschusterte Stühle auf der Terrasse unterm Vordach und ein aus Ästen gezimmerter Tisch mit seitlich angenagelten Sitzbänken. Fast wie aus dem Camping-Katalog, nur wohl um einiges schwerer und nicht zusammenklappbar. Angesichts der Küche strahlte Vicente regelrecht. Vis-à-vis der Station gab es einen weiteren kleineren Verschlag. Davor stand eine Art Herd. Aus Lehm hatten frühere Nutzer eine Mulde geformt, in der man ein windgeschütztes Feuer entfachen konnte.

Doch hatte der Luxus auch seine Kehrseite. Zum ersten Mal seit Wochen bekamen wir ihn wieder zu Gesicht, den Tand der Zivilisation. Unsere Vorgänger hatten ihn offenbar nicht nur fallen lassen, wo sie gingen und standen. Nein, bei ihrer Abreise war ihnen auch nicht der Gedanke gekommen, ihren Müll wieder mitzunehmen, zurück in die Zivilisation, wo er herkam. Ilka griff sich einen alten Reisigbesen. Bald kullerten schimmlige Zwiebeln über den Bretterboden, alte Batterien, zerknüllte Zigarettenschachteln. Strahlend stürzte Vicente aus dem Haus. Auf einem Tisch hatte er einen Sack Nudeln gefunden und einen mit Reis, Ergänzungskost zu Mexicanos Wels vom Vormittag.

*Der Bretterverschlag, der sich rühmt, Nationalparkstation zu sein, bot aus unserer Sicht Luxus pur. Selbst gezimmerte Holzstühle und einen Tisch, auf dem Vicente den Wels zerlegte.*

Vicente begann auf dem Campingtisch, den Fisch vom Schwanz her zu zerlegen, und ließ die Fleischwürfel in den Topf plumpsen, in dem Reis und Wasser bereits brodelten. Ich inspizierte derweil die Küche. Unterm Dach bildeten machetenbehauene Bretter ein Regal. Auf dem türmten sich Alutöpfe, Blechtassen und andere Küchenutensilien. Neben ihnen stand der obligatorische grüne Plastikkanister mit Speiseöl, wie auch Vicente einen durch den Urwald geschleppt hatte. Angesichts dessen, was sich da auf dem untersten Brett befand, strahlte ich: ein Glas Instantkaffee. Ein

Viertel war noch drin, wenn es auch steinhart am Boden des Glases festgebacken schien. Während ich das Glas hin und her drehte, um das Haltbarkeitsdatum zu finden, rieselte nichts hin und her. Laut Aufdruck war das Kaffeepulver tatsächlich noch bis 2006 haltbar. Ich fläzte mich auf einen der Stühle unterm Vordach und begann den Kaffeerest mit meinem Löffel vom Boden des Glases freizumeißeln. Mein Blick glitt über die Terrasse. Aufgebockt auf zwei Holzklötzen stand etwas abseits ein stattlicher Motor, aus dessen einem Ende eine mehrere Meter lange Metallstange ragte, offenbar die Welle. Richtig, hinten saß noch eine Antriebsschraube drauf. Das Ding hatte wohl mal dazu gedient, den Bretterkahn anzutreiben, der am Ufer lag.

Nachdem Ilka mit dem Fegen fertig war, sortierte sie ihre Klamotten. Als sie die Innensohlen aus ihren Stiefeln zog, winkte sie Torsten heran und gewährte ihm einen Blick in den Schuh. „Was ist denn los?" wollte ich wissen. „Ein herrlicher Schimmelpilz", kommentierte Torsten, „willst du mal sehen?" Ich verzichtete. Ilka lehnte die Schuhe gegen den Motorblock, die Spitzen aufwärtsgewandt, damit verbliebenes Wasser herauslaufen konnte. Ich blickte auf meine Schuhe. Von außen machten sie einen ganz manierlichen Eindruck, wenn man davon absah, dass sie immer noch klitschnass waren. Dass ich sie noch nicht gegen Sandalen eingetauscht hatte, war mit Logik nicht zu erklären. Es hatte wohl eher mit Vogel-Strauß-Taktik zu tun. Trotz der Nässe im Schuh hatten meine Füße den Tag über zu brennen begonnen. Und beim Gedanken an Vicentes Füße scheute ich derzeit nichts mehr, als der Ursache dieses Brennens auf den Grund zu gehen. Dennoch, irgendwann würde ich müssen. Gerade wollte ich zum Rucksack laufen, um die Sandalen zu holen, da kam der erlösende Aufschub. Vicente hievte den Alutopf auf den Tisch und winkte uns zum Essen herüber.

Während der Mahlzeit wurde der Luxus des bereits fertigen Daches deutlich, unter dem all unsere Sachen sicher verstaut waren. Der kleine Regenschauer löste diesmal kaum Hektik aus. Wir schlenderten vom Tisch unters Vordach, schlemmten weiter Reis mit Kochfisch und lauschten dem Geprassel. Nach dem Essen nutzte Torsten das vom Dach rinnende Regenwasser für eine Dusche. Genüsslich schrubbte er sich von oben bis unten ab. Als ich mich auch meiner Sachen entledigen wollte, deutete Mexicano an, ich solle mit ihm und Vicente zum Fluss kommen. Die Stiefel zog ich aus, die Socken ließ ich zunächst an, um mir den Blick auf das Elend zu ersparen. Das Geschirr nahmen wir zum Aufwaschen mit zum Fluss. Vom Floß aus schöpften wir Wasser. Als alles abgespült war, zogen wir uns aus und ließen uns ins Wasser gleiten. Gegenseitig ließen Vicente und ich einander mit den Tellern Wasser über den Rücken rinnen. Die staubige Haut atmete auf. Jetzt wagte ich auch, die Socken abzustreifen. Das kühlende Wasser linderte das Brennen. Zum Abschluss drehten wir noch eine Runde im See, bei der ich allerdings genau darauf achtete, mich nicht zu weit vom Floß zu entfernen. Das Ufer schien unerwartet steil abzufallen, so dass man schon nach etwa zehn Metern den Boden mit den Füßen nicht mehr erreichte. Ich drehte um und paddelte vorsichtshalber zum Floß zurück.

Als wir zur Hütte zurückkehrten, hantierte Torsten mit dem Fotoapparat. Er winkte uns zu sich heran. Gleich hinterm Haus bahnte sich eine Horde Treiberameisen ihren Weg durch den Dschungel. Ihre Straße war etwa zehn Zentimeter breit. Knisternd und knackend überrannten sie alles, was sich ihnen in den Weg stellte. Die Geräusche waren selbst in mehreren Metern Entfernung noch zu hören. „Die zerlegen ruckzuck auch größere Tiere, wenn die sich nicht mehr wegbewegen können, gruselig", sagte Torsten und schüttelte sich.

Ich setzte mich auf einen der Stühle auf der Terrasse und ging daran, meine Wunden zu lecken. Die Füße schwang ich auf den Stuhl gegenüber. Na prima, einmal aus den Stiefeln raus, waren sie binnen Minuten dick geschwollen. „Sehen ein bisschen aus wie von einem Elefanten", scherzte ich flau. Torsten schaute sich die Bescherung an. Außer der Schwellung war auch das Muster beeindruckend. Die Einstiche vom Vortag sah man nicht mehr. Dafür hatte die lehmige Brühe in meinen Stiefeln ganze Arbeit geleistet. An den geschwollenen Stichstellen hatte es derart gescheuert, dass sich viele Stiche jetzt zu einzelnen roh klaffenden Flecken vereinigt hatten. Torsten geriet ins Schimpfen. „Und damit musst du noch im Fluss baden, wo sich die ganzen Sandfliegen tummeln. Reicht wohl noch nicht. Außerdem lösen dir allein die

Sedimente ja auf Dauer schon die Haut von den Knochen. Was denkst du, warum ich hier im Regen geduscht habe." Ich schaute schuldbewusst. Auch Ilka und Mexicano traten heran. Ich schwang die Füße vom Stuhl herunter. Doch Ilka setzte sich und bedeutete mir, ich solle ihr den einen Fuß auf den Schoß legen. Mexicano verschwand im Haus. Als er kurz darauf wieder zurückkam, schwenkte er grinsend seine Mentholsalbendose. Ich zuckte zusammen. Doch traute ich mich nicht, Ilka bei der Fußmassage zu unterbrechen, zu der sie angesetzt hatte. Allein die Berührung brannte, als stünden ihre Finger in Flammen. Als Mexicano Ilka die Paste reichte, schloss ich die Augen, biss die Zähne zusammen und ließ sie gewähren. Schließlich musste Ilka ein Engel sein. Ganz ehrlich, solche Füße hätte ich freiwillig nicht anfassen mögen. Das Gefühl, das folgte, als Ilka die Salbe auf die Wunden rieb, glich dem, das versehentliches Kratzen auf einem mörderischen Sonnenbrand hinterlässt. Doch nach einigen Minuten hatte ich mich an das Niveau des Schmerzes gewöhnt, der sich nun nicht mehr zu steigern schien. Eher ebbte er ein wenig ab. Ich konnte förmlich spüren, wie das Blut zirkulierte, als ich den ersten Fuß auf den Boden stellte und Ilka zum zweiten Patienten griff.

Mexicano und Torsten schmiedeten Pläne für die nächsten Tage. Mit Freude hörte ich, dass wir den morgigen Tag noch hier Station machen und erst am Folgetag weitermarschieren würden. Die Pause würde meinen Füßen bestimmt gut tun. Und noch etwas hob meine Stimmung. Vicente kam von der Küche herübergeschlurft und stellte den Topf mit heißem Wasser auf der Treppe ab. „Té o café?" fragte er grinsend, Tee oder Kaffee? Heute hatten wir die Wahl. Bei mir gab es keine Frage. Schon beim Freimeißeln der Nescafé-Brösel hatte ich mich auf den ersten Kaffee seit Wochen gefreut. Bald schlürften wir genüsslich an unseren Blechtassen, während die Dämmerung gewohnt schnell in Dunkelheit umschlug. Im Schein der Taschenlampe spannte Mexicano anschließend im Haus zwei Leinen horizontal durch den Raum. An denen würden wir die Moskitonetze befestigen, erklärte er. „Moskitonetze im Haus?" wunderte ich mich. „Hay tarantulas?" wollte Torsten wissen. Ob es Vogelspinnen gebe? Mexicano zuckte mit den Schultern. Während Torsten Zeltplane und Gestänge aus dem Rucksack nestelte, um in einer Ecke des Raums das Zelt aufzuschlagen, erklärte Ilka den Hintergrund seiner Besorgnis. Sowohl hier als auch in der verlassenen Holzfällerhütte, die nach der nächsten Tagesetappe als Unterschlupf dienen würde, hatten sie auf ihrer letzten Urwaldrunde Vogelspinnen aufgescheucht. Mexicano leuchtete mit seiner Lampe ins Gebälk. Dort lagerten haufenweise Holzlatten und Metallstangen und obendrauf der Staub vieler Monate. Zeit genug also für achtbeinige Einsiedler, sich in dem Verschlag ihre eigene Residenz einzurichten. Die dunklen Winkel unterm Dachfirst kamen ihren Behausungsvorlieben wohl gerade recht. Prompt sann ich darüber nach, was sich wohl in dem stets düsteren Zwischenraum unter uns, zwischen Podest und Erdreich tummeln mochte. Mein Blick glitt über den Boden. Zu meiner Erleichterung waren die Ritzen zwischen den Dielen so schmal, dass sie allenfalls winzigem Getier Durchlass gewährt hätten. Und auch wenn Vogelspinnen, ungeachtet der Vielfalt ihrer Arten, auf bolivianisch offenbar allesamt verniedlichend Tarantula genannt wurden. Für diese Tarantelchen waren die Ritzen beruhigenderweise zu schmal.

# 26. Revolverhelden und bärige Affen

Am nächsten Vormittag genossen wir die Faulenzerei. Ich schnappte mir einen der Stühle, schwang die Beine auf einen Holzklotz und döste in der Sonne vor mich hin. Mein Blick glitt umher und blieb am Motor auf der Veranda hängen. Oben drauf stand eine Flasche Guabira, eine weitere Marke von jenem 96-prozentigen Trinkspiritus, den auch Mexicano in seinem grünen Plastikflachmann mit sich trug. Am Vortag war mir die Flasche gar nicht aufgefallen. Wahrscheinlich hatte Mexicano sie irgendwo im Haus aufgestöbert und nach dem Auffüllen seines eigenen Vorrats draußen stehen lassen. Auf einem Baum neben der Hütte ließ sich ein stattlicher schwarzer Vogel nieder, offenbar eine Art Geier. Er legte den nackten grauen Kopf schief und schien uns zu beobachten. Ob er sich ausrechnete, wie lange es noch dauern mochte, bis wir verendet waren und ein Festmahl abgaben, das sich ohne Widerstand zerrupfen ließ? Ich blickte auf meine Füße. Obwohl die rohen Stellen aussahen, als hätte sich der Geier schon an ihnen gütlich getan, schmerzten sie nicht mehr. Auch die Schwellung war zurückgegangen. Mexicanos Mentholsalbe hatte gewirkt. Von wegen verenden! Diese Füße würden mich noch ein ganzes Stück weiter tragen, wenn sie nur heute noch etwas pausieren durften. Torsten hatte überschlagen, dass es noch etwa vier Tagesmärsche bis zum Rio Undumo sein mochten und von dort noch mal rund 30 Kilometer bis Ixiamas. Die ehemalige Missionsstation sei über die Jahre zu einer regelrechten kleinen Stadt mitten im Urwald herangereift, hatte Torsten erzählt.

Plötzlich zerriss ein lauter Knall die Urwaldstille. Der Geier flatterte, schwang sich in die Luft und verschwand jenseits der Lichtung hinter den Bäumen. Die Urheber des Radaus waren Mexicano und Torsten. Sie nutzten die Stunden der Muße, um Mexicanos urzeitlich anmutenden Revolver zu testen. Eine ganze Weile nach dem Schuss bog Torsten um die Ecke der Hütte und hielt auf Ilka zu, die auf der Veranda saß und las. Mexicanos Versuche waren gescheitert, die leere Patronenhülse wieder aus dem aufgeschweißten Rohr zu pulen, das als Pistolenlauf diente. Zumindest mit der Machetenspitze war nichts zu machen. Also ließ Torsten seinen Charme spielen. Zwar kassierte er von Ilka zunächst einen geringschätzigen Blick wegen der Knallerei. Doch nach einem bittenden Kuss reichte sie ihm ihr Zauberwerkzeug. Ein Letterman-Multifunktionsmesser von nur fünf Zentimetern Größe, Damen-Edition eben. Doch selbst mit dem dauerte es offenbar noch geraume Zeit, ehe die beiden Revolverhelden die Hülse aus dem Lauf gebracht und eine neue Patrone hineingeschoben hatten. Zwischen ihren Schüssen verstrichen jeweils mehrere Minuten. Die Trefferquote bestätigte, was ich schon vor Wochen beim Aufbruch unter der Brücke am Rio Tequeje befürchtet hatte. Das Ding mochte allenfalls aus der Ferne zur Abschreckung dienen, zur Verteidigung war es nicht zu gebrauchen. „Der Lauf ist so krumm, dass Du überhaupt nichts triffst", berichtete Torsten, als die beiden ihr Training beendet hatten. Zunächst hatten sie aus fünf Metern Entfernung auf eine alte Blechbüchse gezielt. Da die Kugeln meterweit vom Ziel entfernt in den Boden geschlagen waren, versuch-

*Eine Straße aus wandelnden Blättern. Kein Geächze unter der Last eines Rucksacks. Blattschneiderameisen tragen mühelos ein Vielfaches ihres eigenen Körpergewichts.*

ten sie danach ihr Glück aus drei Metern Distanz, wieder vergeblich. „Bloß gut, dass wir die noch nicht benutzen mussten", kommentierte Torsten. „Zumal du nur einen Versuch hast. Selbst mit der Zange brauchst du ewig, bis die Patronenhülse wieder raus ist."

Den Rest des Vormittags widmete sich Mexicano zusammen mit Ilka dem Sprachstudium. Ilka hatte sich von mir einen der Ringblöcke geborgt, und jetzt gaben sie einander gegenseitig Vokabelunterricht. Wie sich herausstellte, war Mexicano sehr wohl des Lesens und Schreibens kundig. Mariposa – Schmetterling, Hormiga – Ameise, Serpiente – Schlange, Oso – Bär, Casa – Haus, bald zierten zahlreiche Vokabel-Paare das Buch, und viele krakelige Bilder. Wenn Ilkas Spanisch an Grenzen stieß, und auch Mexicanos bruchstückhafte Englischkenntnisse nicht weiterhalfen, improvisierten die beiden eben und malten Skizzen.

Am frühen Nachmittag entschieden die anderen, einen Exkurs in den Wald zu unternehmen. Torsten fragte, ob ich mitkommen oder wegen der Füße lieber am Lager bleiben wolle. Ich entschied mitzugehen. Zum einen schmerzte nichts mehr, zum anderen würde es ohne Rucksack nicht so schlimm werden. Zunächst folgten wir einem schmalen Trampelpfad vom Fluss weg in den Wald. Nach kurzer Zeit schlug sich Mexicano mit der Machete rechts ins Gestrüpp. Im Gänsemarsch hangelten wir uns hinterher, kletterten wieder über Baumstämme im Bach, manövrierten uns vorbei an dornigen Ästen, aber diesmal, ohne Last auf dem Rücken und ohne Aussicht auf eine 30-Kilometer-Etappe, war das kein Problem. Zumal Mexicano sowieso alle paar Meter stehen blieb und zu Erklärungen ansetzte. Im Kreis hockten wir uns um einen Baum, dessen Rinde unten vor dem Erdreich endete. Wie ein Bündel rot isolierter Adern aus einem Kabelbaum ragten aus der Rinde nackte Wurzeln heraus und strebten in die Erde. Den Namen des Baums konnte ich mir nicht merken, doch laut Mexicano half ein Sud seiner roten Wurzeln gegen Leber- und Nierenbeschwerden. Einige Meter weiter präsentierte er uns Dschungel-Clearasil. Der Baum, an dem er schabte, lindere Pickel, erklärte er. Man müsse nur Streifen seiner Rinde auf die Aknestellen legen. Die nächste Pflanze, die er uns zeigte, half, zu Tee aufgekocht, angeblich Unfruchtbarkeit bei Frauen ab, wieder eine weitere Potenzschwäche beim Mann. Laut Mexicano befanden wir uns offenbar gerade mitten im Lager einer

*Mexicano erklärte uns die Arznei aus der Dschungelapotheke. Ein Sud der roten Wurzeln dieses Baumes soll angeblich bei Nieren- und Leberbeschwerden helfen.*

riesigen Urwald-Apotheke. Ich erinnerte mich an die Vielzahl der Tränke und Tinkturen, die auf dem Hexenmarkt in La Paz verkauft wurden. Die angeblich lust- und potenzsteigernden Mittelchen zählten dort zu den teuersten. Alles Humbug, war ich versucht zu denken, doch zugleich erinnerte ich mich an meine ersten Urwaldtage. Nachdem unsere Medikamente allesamt versagt hatten, reichte einmaliges Kauen auf den Streifen von Vicentes Chamaira-Liane aus, meinen Durchfall zu stoppen. Die meisten als giftig geltenden Gewächse seien eigentlich Heilpflanzen, betonte Vicente. Ich nickte, denn ich entsann mich des Lehrsatzes von – war es Paracelsus? – dass Giftigkeit immer nur eine Frage der Dosis sei. Lange bevor die Schulmedizin im Amazonasbecken Einzug gehalten habe, sei die Wirkung der meisten Pflanzen noch besser bekannt gewesen, schilderte Vicente. Besonders bei seinen Vorfahren mütterlicherseits. Vicente hatte berichtet, dass sein Vater aus Japan eingewandert sei. Seine Mutter jedoch stammte von den Tacana-Indianern ab. Vicente deutete auf einen unscheinbaren dünnen Pinn, der kerzengerade nach oben gewachsen war. Seine Blätter sahen ziemlich zerfranst aus. Das sei ein Palo Diablo, ein Teufelsstab, erklärte er. Ich schaute ungläubig. Zumindest die Blätter hatte Simon Chapman völlig anders beschrieben. Der Brite, der Jahre zuvor auf der Suche nach dem sagenumwobenen Monsteraffen durchs Madidigebiet gepirscht war, hatte behauptet, im ansonsten meist zerfledderten Urwald falle besonders die Unversehrtheit der Blätter des Teufelsstabes ins Auge. Ich trat näher heran und betrachtete die Pflanze von allen Seiten, doch von den Feuerameisen, wegen derer Chapman vorm Palo Diablo gewarnt hatte, war auch keine Spur. Dieses Exemplar schien über keine beißende Privatarmee zu verfügen. Einige Meter weiter langte Vicente über seinen Kopf und zog einen Ast zu sich herab, der ein bisschen den verholzten Teilen eines Holunderstrauchs glich. Mit der einen Hand hielt er den Ast, mit der anderen schwang er die Machete. Nach wenigen Schlägen hatte er das Holz durchtrennt. Doch fiel der Ast nicht. Nein, was mir vorher gar nicht aufgefallen war, er schien horizontal über unseren Weg gewachsen zu sein und auf beiden Seiten ziemlich weit ins Unterholz zu reichen. Vicente wies Ilka an, das eine Ende des Astes festzuhalten, während er selbst knapp

*Die Katzenkrallenliane ist nicht nur als Arznei begehrt, sie eignet sich auch als Wasserspender. Der Strahl, der sich aus dem Segment ergoss, reichte für Ilka, Torsten und Jens.*

einen Meter seitlich davon einen zweiten Schnitt setzen wollte. Ilka hielt das Ende waagerecht hoch. Als Vicente das Aststück freigeschlagen hatte, führte Ilka ein Ende an den Mund. Dann hob sie das andere in die Höhe. Prompt rann aus dem unteren Schnitt Wasser, stetig und glasklar. Sie reichte den Ast an Torsten weiter. Als auch er gekostet hatte, war ich dran. Das Wasser sah nicht nur klar aus, es hatte auch nicht den geringsten Beigeschmack. Noch immer floss der kleine Strahl ohne Anzeichen des Versiegens. Erst nach knapp einer Minute riss er ab. „Uña de Gato", erklärte Vicente, dies sei die Katzenkrallenliane, benannt nach den krallenähnlichen Dornen an ihren jüngeren Ausläufern. Der Stamm in unseren Händen dagegen war dornenfrei. „Ist das nicht die Liane, aus der in dem Dorf, das wir ansehen wollen, der Heiltrank gemacht wird?" entsann ich mich. Ilka nickte. „Die medizinisch wirksamen Bestandteile sind in der Rinde. In Deutschland wird sogar nach ihrer möglichen Wirkung bei der Krebsbehandlung geforscht", erklärte sie.
„Toll, dass die auch als Wasserspender taugt", antwortete ich begeistert. „Hattest du wohl wieder vergessen, oder hast du beim Survivalkurs nicht aufgepasst?" tadelte Ilka. Stimmt, irgendwas mit einer Liane war da gewesen, aber angesichts des für vier Tage immensen theoretischen Lernpensums hatte ich damals in der Tat nicht alles behalten. Ein Stück weiter

26 [ Revolverhelden und bärige Affen ]

*Am Boden bieten die Nischen der Brettwurzelbäume Tieren Unterschlupf, ihre Kronen bilden gewissermaßen den Dachfirst des Urwalds. Sie überragen die meisten anderen Bäume.*

des Wegs durchtrennte Mexicano eine Liane, deren oberer Teil nun baumelnd herabhing. Er drückte Torsten das Ende in die Hand und deutete an, er könne ein bisschen schaukeln. Torsten schien die Showeinlage zu gefallen, besonders nachdem er Ilka instruiert hatte, Fotos zu schießen. Seine Tarzan-Vorstellung sah in der Tat elegant aus. Einmal in Posing-Laune stieg Torsten gleich noch auf die fünf Meter hoch ragenden Brettwurzeln eines benachbarten Baums. Oben brachte er sich fürs Foto in Stellung. Prima, so bekamen wir auf den Bildern zumindest mal den Maßstab dazu. Mich zog Mexicano während Torstens Kletterpartie ein Stück zur Seite und zeigte auf einen anderen Baum. Ein wahrer Riese, dessen Stamm unten bestimmt acht Meter Umfang maß. „Mahogani", sagte Mexicano, Mahagoni. Ich lehnte mich gegen den Urwaldriesen, legte den Kopf in den Nacken und umspannte ihn, so weit meine Arme reichten. Seine Höhe war überhaupt nicht auszumachen, da er das restliche Blätterdach ringsum überragte. Ich genoss die Berührung der Rinde an meinen Handflächen und am Kinn und sann darüber nach, wie alt dieser Baum wohl sein und wie viel Zeit ihm noch bleiben mochte. Immerhin stand er Kilometer vom Fluss

*Dank Torstens Posing-Laune bekamen wir zumindest mal einen Maßstab aufs Bild, der die Dimensionen der Brettwurzeln erahnen lässt.*

entfernt, was hoffen ließ, dass er die nächsten Jahrzehnte noch erleben würde.

Auf dem Rückweg pflückten wir uns etwas Urwaldkost. Mexicano hatte an einem Baum Guabiras ausgemacht, grünlichgelbe Früchte mit rosarotem Fruchtfleisch, das allerdings mit Hunderten dicker Kerne durchsetzt war. „Nag das Fleisch einfach raus, lutsch die Kerne ab und spuck sie nach und nach aus", riet Torsten. Das war zwar ein bisschen mühselig, aber das Fruchtfleisch schmeckte herrlich süß. Die nächste Wegzehrung besorgte Vicente. Etwas abseits unseres Pfades fällte er eine kleine Palme, schleifte sie herüber und ging mit Mexicano daran, aus ihrem obersten Teil unter der Blätterkrone Stücke zu schlagen. Danach hieben sie mit den Macheten jeweils längs in die Außenschichten der Rinde. Es bedurfte einer ganzen Reihe von Schlägen, bis sie zum Kern vordrangen und ihn herauslösen konnten. Jeder bekam ein Stück. Er schmeckte viel knackiger als die aus der Dose zu Hause. Kein Wunder, dass auch Tiere auf den Geschmack kamen, Palmenherzen zu naschen. Doch nachdem ich gesehen hatte, was für eine Schinderei es selbst mit Machete war, ans Innere

## 26 [ Revolverhelden und bärige Affen ]

*Ohne Machete wäre es Mexicano kaum möglich gewesen, uns Palmherzen zu bescheren. Der Mono Rey, erklärte er, rupfe dagegen einfach den Stamm auseinander.*

zu gelangen, kam mir die Geschichte mit Mexicanos palmenzerrupfenden Monsteraffen umso abwegiger vor. Außerdem waren diese Palmitos, also Zwergpalmen, schließlich auch schon stattliche sechs bis sieben Meter hoch. Auf dem Heimweg sprach ich Vicente skeptisch auf Chapmans Berichte und Mexicanos Geschichten hin an. Doch, doch, Vicente nickte heftig. Die Ucumari seien in der Lage, solche Palmen regelrecht umzupflücken und auseinanderzurupfen, keine Frage.

Zunächst bemerkte ich den Unterschied gar nicht. Vicente hatte nicht das Wort Mono Rey benutzt, jenen spanischen Begriff für Affenkönig, wie Mexicano es getan hatte. Auch sprach er nicht von Marimonos. So hießen die allgegenwärtigen Klammeraffen, die zwar kleiner waren als der Ameranthropoides Loysi auf dem uralten Foto, diesem aber zumindest an Gestalt ähnelten. Nein, Vicente benutzte das Wort Ucumari. Erst später auf unserer Veranda, als ich mir meine täglichen Notizen machte, fiel es mir auf. Ucumari? Ich grübelte. Ich meinte, mich zu erinnern, den Begriff schon irgendwo gelesen zu haben. In einer kleinen Madidi-Tierfibel, die ich in Rurrenabaque erstanden hatte, wurde ich schließlich fündig. Von wegen Affen, in dem Oktavbüchlein stand die Lösung: Ucumari waren Brillenbären, die einzige Großbärenart Südamerikas. Ucumari – ihr Name hatte im Spanischen allerdings weniger mit dem des Bären „El Oso" gemein als mit dem winziger Klammeraffen „Marimonos". Dass ein Bär mit seinen Pranken in der Lage sein mochte, Baumrinde einzureißen, konnte ich mir vorstellen. Vielleicht waren fälschliche Überlieferungen des Namens der Grund, dass irgendwann aus den palmenfressenden Bären Ucu-mari, Bäume ausreißende Mari-monos wurden. Natürlich mussten das aber schon monstermäßige Monos sein. Und da gab es nur einen, den Mono Rey, ihren sagenumwobenen König – stille Post lässt grüßen. So ließen sich zumindest die weit verbreiteten Lagerfeuergeschichten erklären. Kein Licht warf das allerdings auf die Identität des Wesens auf dem historischen Foto, das Chapman überhaupt erst zu seiner Madidi-Expedition inspiriert hatte. Was immer dieser auf der Kiste aufgepfropfte Tierkadaver war, ein Bär war es nicht. Allerdings hatte der Königsaffe auf dem Bild auch nichts damit zu tun, wie man sich dank Hollywood landläufig einen Kingkong vorstellte, also mit einem Gorilla von gigantischen Ausmaßen. Dem hätte man sehr wohl zutrauen können, im Vorbeigehen ein paar Palmen abzupflücken. Was auch immer der einst fotografierte Ameranthropoides Loysi war, ein unentdeckter südamerikanischer Menschenaffe und damit ein fehlendes Puzzleteil der Evolution oder nicht, in einem war ich mir inzwischen sicher: Die abgeschiedene Unzugänglichkeit der amazonischen Weite bot nach wie vor genug Potenzial für manch biologische Überraschung, und das völlig unabhängig davon, ob der angebliche Menschenaffe je erneut gesichtet werden sollte.

# 27. Kannibalen und echte Monster

Ich unterließ es, Mexicano an diesem Abend mit meinen Verwechslungstheorien zu konfrontieren, die allemal plausibler klangen als seine Horrorgeschichten. Allerdings sah ich mich gezwungen, ihm wenig später aus anderem Grund ein ungläubiges Augenrollen zu schenken. An diesem Abend nämlich hielt er offenbar den Zeitpunkt fürs dickste Jägerlatein für gekommen. Ilka und Torsten hatten sich früh in die Station verzogen und sich im Zelt verkrochen. Gemeinsam mit Vicente und Mexicano saß ich noch draußen am Tisch und nahm einen Schlummertrunk. Mexicano ließ eine Blechtasse kreisen, in der er Guabira-Schnaps mit Wasser verdünnt hatte. Nachdem die Tasse einige Runden gedreht hatte, hob er an, von der Gegend zu berichten, die westlich des Sees lag, in dem wir am Vortag gebadet hatten. So weit ich ihn verstand, versuchte er mir klar zu machen, wie gefährlich es einst gewesen sei, in diesen Teil des Urwalds vorzudringen, der jetzt zwischen uns und der peruanischen Grenze lag. „Solamente ida pero no vuelta", für die, die es dennoch weiter vor gewagt hätten, habe es nur das Hin gegeben, aber keine Rückkehr, klärte er mich in leicht verständlichen spanischen Brocken auf. „Por qué?" wollte ich wissen, warum? Mexicano berichtete von drei Indianerstämmen, die in dem Gebiet lebten. Alle drei gehörten einer Gruppe an, die Toromona heiße, sagte er, und alle drei seien äußerst feindselig. Kaum einen Eindringling ließen sie leben, geschweige denn wieder zurück, erzählte er. Und einer dieser drei Stämme sei noch weitergegangen. Er machte eine bedeutungsvolle Pause. Dieser Stamm habe Eindringlinge kurzerhand verspeist. „Cannibals comprende?" endete Mexicano seinen Bericht und sah mich mit hochgezogenen Brauen an. Ob ich das verstehe? Ich nickte und versuchte, so gut es ging, mit dem zu parieren, was ich aus meiner Lektüre über die ersten amazonischen Forschungsmissionen im 16. Jahrhundert wusste. Der Franzose Jean de Lery hatte in seinem Brasilianischen Tagebuch von 1556 bis 1558 über einen Aufenthalt bei den Tupinamba berichtet. Kriegsgefangene anderer Stämme ließen diese Indianer zunächst eine Weile in ihrer Gemeinschaft leben, gaben ihnen während dieser Gnadenfrist sogar eine Frau an die Seite. Bei rituellen Festen wurden die Gefangenen später jedoch erschlagen, bukaniert und gegessen. Als Bukan bezeichnete de Lery jene hölzernen Gestelle, auf denen ein Grillrost aus Ästen über dem Lagerfeuer errichtet wurde. Bis auf ihre Größe mussten sie den Gestellen geähnelt haben, wie wir sie für unseren Räucherfisch gebaut hatten. Übrigens, so berichtete de Lery, seien auch die Gegner der Tupinamba mit ihren Kriegsgefangenen nicht anders verfahren.
Auch in den Tagebuchaufzeichnungen Colonel Fawcetts war mehrfach von kannibalistischen Stämmen die Rede gewesen. Und selbst das Schicksal des britischen Abenteurers, der gemeinsam mit seinem erwachsenen Sohn und dessen Kameraden 1925 im Urwald verschwand, war bis heute ein Rätsel, in dessen Lösung nach Urteil mancher Theoretiker Kannibalen ebenfalls eine Rolle gespielt haben mussten. Doch auch diese Erinnerungen waren immerhin über 80 Jahre her. Andere Zeiten, andere Sitten. Als ich versuchte, Mexicano den Sinn dieses Gedankens zu vermitteln – „hábitos diferentes muchos

# [ Kannibalen und echte Monster ]

años antes" –, lehnte er sich zurück. „No, no", er schüttelte langsam den Kopf. Nun setzte er zur Erklärung an, dass ich ihn falsch verstanden habe. Von wegen Vergangenheit! Die gefährlichen Toromona-Zweige, die gebe es noch immer, irgendwo da draußen zwischen Alto Madidi und den grünen Hängen der Andenausläufer, die tagsüber den westlichen Horizont säumten. An dieser Stelle konnte ich mir das Augenrollen nicht verkneifen: Wer's glaubt, wird selig.

Ob Mexicano meine Reaktion wahrgenommen hatte, konnte ich nicht sagen. Nahezu zeitgleich griff er zur Taschenlampe und schnellte herum. Mit sachten Schritten schlich er zu einem Baum neben unserer Küche hinüber. Anders als ich musste er irgendetwas gehört haben. Er winkte mir und Vicente, ihm zu folgen. Mit seiner Lampe leuchtete er zwischen die ausladenden Brettwurzeln. Im Lichtkegel blinkten gelb zwei Augen zu uns empor. Am Boden zwischen den Wurzeln hockte ein kleines Nagetier, schaute uns an und knabberte emsig auf etwas herum. Stören ließ es sich nicht. „Paca",

*Mexicano hatte das Knabbern des Agutis als einziger gehört. Wir ließen den frischlingähnlichen Nager weiter fressen und zogen uns langsam zurück.*

sagte Mexicano, ein weiterer Begriff für das, was Ilka zuvor als Lappa bezeichnet hatte oder in anderen Gegenden auch Aguti hieß, jene wildschweinfrischlingähnlichen Nager, von denen uns bei der Flut einer über den Weg gerannt war. Dieser hier schien aber alles andere als scheu. Vielleicht hatte das Tier, weil sein Fluchtweg aus der Wurzelnische heraus versperrt war und wir nicht näher zu kommen schienen, sich zunächst abwartend in sein Schicksal ergeben. Wir ließen ihn weiterknabbern und zogen uns langsam an den Tisch zurück. Noch für drei Schlucke kreiste die Blechtasse. Dann krochen auch wir unter unsere Netze in der Station. Trotz des Schlummertrunks vermochte ich nicht, prompt einzuschlafen. Stattdessen zermarterte ich mir das Hirn: Toromona? Ich war mir sicher, dass ich in Fawcetts Forschungsberichten auch über diesen Stamm gelesen hatte, konnte mich aber nicht erinnern, dass sie zu den Indianern zählten, die der Colonel als kannibalistisch aufgeführt hatte. In welchem Zusammenhang sie zur Sprache gekommen waren – ich kam nicht mehr drauf. Eine Rückrecherche würde bis zur Rückkehr nach Deutschland warten müssen.

Zum Glück! Denn was ich dabei herausfand, hätte mich in dieser Nacht wohl doch um den Schlaf gebracht. Um es vorweg zu nehmen: Bei Internetrecherchen stieß ich später auf eine Website des bolivianischen Ministeriums für wirtschaftliche Entwicklung. Dort wurden Informationen zu allen bekannten indianischen Volksgruppen und Stämmen des Landes gesammelt. Bei den meisten der knapp 50 aufgeführten Stämme, zum Beispiel den Tacana, den Quechua, den Guarayo, waren die Einträge ganz erklecklich. Bei den Toromona indes musste selbst das Ministerium passen. Über diesen Stamm sei kaum etwas bekannt, hielt man fest. Und lieferte die Erklärung gleich mit: Weil es schwer sei, überhaupt in ihre Gegend vorzudringen. Im Umgang mit Fremden legten die Toromona schließlich ungeheure Brutalität an den Tag.

Ich stieß auf eine Website, auf der die Toromona als das letzte ethnologische Rätsel Boliviens eingestuft wurden. Ein Rätsel, das Mitte der 90er Jahre ein einzelner Mann zu lösen aufgebrochen war. Angesichts seines Namens überkam mich nachträglich eine Gänsehaut. Der Name des Mannes lautete Lars Hafskjold, ein Norweger, der über Jahre in San

José im Madidi-Gebiet gelebt hatte. Ja, genau jener skandinavische Biologe, der das Madidi-Gebiet angeblich wie seine Westentasche gekannt und von dem Simon Chapman nur den Vornamen preisgegeben hatte. Bei seinem Streifzug in den Dschungel, von dem Lars Hafskjold im Jahr 1997 nicht mehr zurückgekommen war, hatte er angeblich nur ein Ziel gehabt: die Toromona zu finden!

Auch bei der Recherche in Percy Harrison Fawcetts Tagebuchaufzeichnungen wurde ich, was die Toromona betraf, fündig. Laut Fawcett befand sich das Gebiet einiger Zweige der Toromona zu Beginn des 20. Jahrhunderts weit im Norden von Rurrenabaque, da, wo der Madidi in den Beni mündet. Und ein Bericht über ein Vorkommnis, das sich im Jahr 1907 ereignet hatte, verdeutlichte, dass echte Monster in Menschengestalt nicht unbedingt Kannibalen sein mussten. Eine Gruppe Sklavenjäger war den Beni entlang gefahren und auf ein Dorf der Toromona gestoßen. Obwohl der Häuptling die Fremden beargwöhnte, ließ er doch einen Begrüßungstrunk für sie bringen. Aus Angst vor Gift forderte der Anführer der Sklavenjäger den Häuptling auf, zuerst von seiner Chicha zu trinken. Noch während der Indianer die Schale hob, sackte er von einem Schuss getroffen zusammen. Die Weißen trieben die Einwohner des Dorfes zusammen. Wer Gegenwehr leistete, wurde erschossen. Arbeitstaugliche Männer und Frauen trieb man zum Beni hinab, um sie zu verladen. Die Kinder jedoch, für harte Arbeit noch ungeeignet, fielen reiner Mordlust zum Opfer. Offen hatten Teilnehmer des Überfalls später damit geprahlt, wie sie den Rest des Dorfes ausgelöscht hatten. Die Täter hatten die Kinder an den Füßen gefasst, um sie herumzuschleudern und ihre Köpfe an umstehenden Bäumen zerschellen zu lassen. „Solche Teufel Tiere zu nennen, wäre eine Beleidigung für alle Kreaturen, die nicht über die Unmenschlichkeit des Menschen verfügen", urteilte Fawcett.

Einer schwangeren Indianerin schossen die Männer in den Knöchel und schleiften sie zum Fluss. Auf einem Holzfloß zog man die Gefangene auf dem Beni hinter der Barkasse her. Unter nicht näher geschilderten Umständen hatte man das Floß später allerdings freischneiden und samt Frau und ungeborenem Kind treiben lassen müssen. Diese Barbarei unserer vermeintlich zivilisierten weißen Vorfahren lag nun fast 100 Jahre zurück. Doch auch wenn Fawcett die Toromona damals als hochintelligent und umgänglich kategorisiert hatte – sollte es sich bei den heutigen Toromona um Nachfahren jener schwangeren Überlebenden des Dorfes handeln, die das Vermächtnis dieses Massakers mit der Muttermilch aufgesogen hatten, so hatten sie aus meiner Sicht jeden Grund zur Feindseligkeit gegenüber Fremden. Besonders wenn die den Eindruck erweckten, aus der so genannten zivilisierten Welt zu stammen.

# 28. Relativitätstheorien und versoffene Philosophen

Beim Aufbruch am nächsten Morgen schimpfte Vicente wie ein Rohrspatz. Zum Frühstück hatte er diesmal entweder eine besondere Köstlichkeit servieren oder schlicht Abwechslung zu den herkömmlichen Pfannkuchen bieten wollen. Ein Schuss in den Ofen! Von seinem Haferschleim hatte ich gerade mal drei Löffel runtergebracht. Nichts gegen Getreidegrütze, doch hatte Vicente sich beim Süßen an den Zuckerportionen orientiert, die er für gewöhnlich in seinem Tee bevorzugte. Den anderen ging es mit dem widerlich süßen Zeug nicht anders. Also schlurfte Vicente missmutig hinter uns her. Der noch halb volle Topf baumelte an seiner Hand. Offenbar wollte er die Reste als Zwischenmahlzeit bei den Marschpausen weiterschlemmen. „No comen desayuno", „no hay cena", schnappte ich Fetzen von seinem Gemurmel auf. So viel konnte auch ich verstehen: Wer morgens sein Frühstück verschmähe, meckerte er, für den gebe es auch kein Abendessen.

Gegen elf Uhr, wir hatten etwa anderthalb Stunden Fußmarsch auf dem überwucherten Trampelpfad hinter uns gebracht, legten wir die erste Rast ein. Drei Baumstämme bildeten eine kleine Brücke über einen Bach. Auf diese Stämme setzten wir uns und ließen die Beine baumeln. Plötzlich drangen Stimmen durchs Gestrüpp jenseits der Brücke. Sie kamen näher und erstarben plötzlich. Ein Gesicht tauchte auf, das Gesicht eines jungen Mannes mit Baseballmütze, der vorsichtig durchs Blattwerk spähte, weil auch er uns bereits ausgemacht hatte. „Hola amigo", rief Mexicano laut, um Argwohn zu zerstreuen. Vorsichtig trat der Mann näher. Hinter ihm folgten drei weitere Männer, allesamt mit Rucksäcken bepackt. In ihren T-Shirts und Freizeitklamotten hätte es sich um eine Gruppe Survival-Abenteurer handeln können, wie wir eine waren. Einzig die Basecaps verrieten, dass dem nicht so war. Vorn auf den Kappen prangte einheitlich der Schriftzug „Madidi". Die ersten Menschen, die wir nach zwölf Tagen wieder zu sehen bekamen, waren eine Gruppe Park-Ranger. Vom Gespräch, das Mexicano mit ihnen führte, verstand ich nur Bruchstücke. Alle sprachen schnell, und sie griffen nicht auf das ausländerfreundliche Kauderwelsch zurück, auf das sich Mexicano und Vicente sonst mir zuliebe beschränkten. Ich nutzte die Zeit, die Männer zu mustern. Mit seinen blonden Haaren sah der eine ganz und gar nicht bolivianisch aus. Zudem glich er, sowohl an Statur, als auch was seine Züge betraf, einer jugendlichen Ausgabe eines Jean-Claude van Damme. Zunächst redete einer der Ranger auf Mexicano ein. Dann ließen sie ihn berichten. Während Mexicano offenbar eine Kurzversion unserer bisherigen Runde lieferte und dabei hin und wieder gestikulierend die Arme zu Hilfe nahm, bemerkte ich wie Jean-Claudes Augen und die des schmächtigeren Jungen neben ihm sich weiteten. Nach etwa 20 Minuten, Mexicano hatte inzwischen mit seiner Geschichte geendet und der Wortführer der Ranger hatte von ihren

Plänen berichtet, brachen die vier wieder auf. Die Patrouille solle in der Station in Alto Madidi nach dem Rechten sehen, schilderte Mexicano. Von dort aus wollten die Männer mit dem Holzkahn weiter den Fluss hinunter nach Nordosten fahren, zu den Ausläufern des Nationalparks. Auch wir schulterten wieder die Rucksäcke. Am Nachmittag erreichten wir den Rio Candelaria, ein zahmes Rinnsal, das sich plätschernd durch ein von Kieselsteinen geprägtes, derzeit weitgehend trockenes Flussbett wand. Nur die umgeworfenen Bäume hier und da ließen ahnen, dass dieser kleine Fluss unter Umständen ebenso wüten konnte wie der Madidi.

Während Mexicano und Vicente fischen gingen, legte ich einen Waschtag ein. Als Socken, Hosen und T-Shirts mit Steinen am Grund des Flusses verankert waren, lutschte die Strömung Schweiß und Staub aus ihnen heraus. Matt, aber glücklich ließ ich mich ebenfalls ins Wasser gleiten. Viel besser sahen meine Füße zwar noch nicht aus, aber der Schmerz hielt sich in Grenzen. Nachdem ich mich nach dem Bad angezogen und meine Wäsche zum Trocknen über einen umgestürzten Baumstamm geworfen hatte, inspizierte ich unser Quartier. Es war eine Holzhütte am Rand des Flussbettes im Wald. Laut Torsten hatten aus Russland stammende Holzfäller sie einst errichtet. Als man später den Nationalpark gründete, mussten sie dessen Grenzgebiet verlassen. Seither diente die Hütte Wanderern als Domizil. Oder eben Spinnen, wie Ilka zuvor berichtet hatte. Sie und Torsten hatten drinnen ihr Zelt bereits aufgebaut. Und angesichts der zum Teil fußballgroßen Löcher, die dunkel gähnend zwischen den Dielen klafften, schickte auch ich mich an, mein Netz aufzuspannen und mein Gepäck vor neugierigem Gekreuch sicher darunter zu verstauen. Wenig später kehrten Vicente und Mexicano mit reicher Beute an Fischen zurück. Vier dicke Salmons schleppten sie an. Ich staunte, welch große Fische selbst dieses flache Flüsschen beherbergte. Drei Kilo hätte jeder der Lachse wohl auf die Waage gebracht. Im Schatten des Baums, auf dem meine Wäsche trocknete, begann Vicente, die Schuppen abzuschaben. So stattlich sie auch waren, beim Abendessen begeisterten mich die Candelaria-

*Vier dicke Lachse schleppten Vicente und Mexicano an. Jens war erstaunt, welch große Fische selbst ein flaches Flüsschen wie der Rio Candelaria beherbergte.*

Lachse weniger. Es hätte mich kaum gestört, wenn Vicente seine Drohung vom Vormittag wahr gemacht hätte. Zumindest die Kochfisch-Version im Reiseintopf strotzte erneut vor Gräten. „Poquito mas?" Bei Vicentes Frage, ob ich noch ein klitzekleines Bisschen mehr wolle, verneinte ich. Stattdessen schielte ich auf die zwei verbliebenen Lachse, die in Palmblätter gewickelt auf einem Holzgestell überm Feuer brutzelten. Ich würde auf den nächsten Gang warten. Gegrillt lösten sich die dicken Gräten wie von selbst, wenn man kleine Stücke aus dem Fleisch herausbrach. Und über dem Feuer gegart ließen sich die kleineren Gräten mitessen, statt nach jedem Bissen umherzuspucken.

Müde schlüpfte ich nach dem Essen unters Moskitonetz. Der Versuch, den Netzkasten mit dem mir verbliebenen Taschenlämpchen aus La Paz nach unerwünschten Mitbewohnern auszuleuchten, scheiterte. Ihre Batterien hatten den Geist aufgegeben. Ich reckte den linken Arm hoch und drückte mit der anderen Hand auf den Knopf, der die Zifferblattbeleuchtung meiner Armbanduhr aktivierte. Notdürftig ließ ich das grüne Licht zumindest in die oberen Ecken des

Netzes leuchten. Nichts. Ich sehnte mich nach der Stirnlampe im verschollenen Rucksack. Doch mit den obligatorischen Flüchen auf Iberia wollte ich in dieser Nacht nicht einschlafen. Stattdessen dachte ich an Till, Philipp und Rina. Am Lagerfeuer hatte ich sie ganz schön vermisst. Als ich das Torsten gegenüber andeutete, nickte er. „Kenn ich." Er wies auf den Vollmond und riet: „Guck einfach da hoch. Das habe ich mit meinen Kindern auch so ausgemacht. Schon Anfang Dezember bereiten wir Fridolin und Pauline auf unsere bevorstehende lange Reise vor. Tagsüber stehen beide oft vor unserer Weltkarte, und wir erklären die Länder und unsere Routen. Abends drehen sich Gute-Nacht-Geschichten immer um zurückliegende Reisen. Da wechsle ich mich mit Ilka ab. Jeden Abend gibt es eine Fortsetzung. Am Ende der Geschichten versprechen wir uns, dass wir uns bis zu den Sternen lieb haben und jeden Abend vorm Einschlafen aus dem Fenster schauen, um den Mond und die Sterne zu sehen: Denn egal, wo wir gerade sind, der Mond und die Sterne sind auch immer da. Denk dir einfach, dass deine Kinder den gleichen Himmel vor ein paar Stunden auch angeguckt haben. Dann wird dir klar, wie nah sie eigentlich sind, relativ gesehen." Ich musste lächeln angesichts der schlagenden Logik von Torstens Relativitätstheorien, die mich schon bei unserem allererster Treffen beeindruckt hatte. „Das Kurioseste ist, dass man für 35 Kilometer länger brauchen kann als für die Strecke Lima – Berlin." Entfernungen sind eben immer relativ, je nach Fortbewegungsmittel und Beschaffenheit des Weges.

Die Beschaffenheit des Weges, der uns am nächsten Tag bevorstand, war besser als alles, was wir bis hierher erlebt hatten. Allerdings war sich Torsten relativ unsicher, wie viele Kilometer die Etappe haben würde. Er schätzte die Strecke bis zum Indianerdorf El Tigre auf 30 bis 35 Kilometer. Nach seiner und Mexicanos Rechnung sollten wir es am Nachmittag gegen 15 Uhr erreichen.

Noch vor 8 Uhr früh schallte Vicentes Weckruf von draußen in die Hütte: „Tortieeee, Hieeelka, Jaaaame, Desayuuuuno." Der dem Ruf vorausgewaberte Duft erleichterte den frühen Start. Vicente hatte sich mit dem Speiseplan auf seine Pfannkuchen zurückbesonnen. Die Vorfreude darauf entschädigte für das unangenehme Gefühl, während ich in die klammen Stiefel schlüpfte. Zwar hatte ich sie nach wiederholten Bachquerungen am Vortag über Nacht auf Stöcken aufgepfropft draußen hängen lassen, doch trocken waren sie nicht geworden. Immerhin wirkte das feuchte Leder auf die nach wie vor wunden Füße angenehm kühl, als die Schuhe erst einmal behutsam übergestreift und festgezurrt waren.

Nach dem Essen schulterten wir die Rucksäcke und machten uns auf den Weg. El Tigre, das laut Mexicano rund 90 Familien umfasste, war von Indianern gegründet worden, die ursprünglich nicht aus dem Amazonasbecken stammten. In den 80er Jahren des vergangenen Jahrhunderts waren sie von der Regierung aus dem Hochland der Anden zwangsumgesiedelt worden, wie Torsten berichtete. Dass sie auch im Urwald ihren angestammten Lebensformen treu blieben, sorge inzwischen für Probleme, erzählte Torsten. Probleme in Form eines expansiven Plantagen-Anbaus. Ihre Bananenfelder bildeten einen Fremdkörper im Ökosystem des Urwalds. So lange der Anbau begrenzt blieb, störte er nicht, doch war der Hunger nach Land allgegenwärtig. Das hatten wir bereits auf der Fahrt von San Buenaventura in Richtung Ixiamas sehen können. Der Jeep war immer wieder an steppenartigen Graslandschaften vorübergefahren, in denen verkohlt aufragende Baumleichen davon kündeten, dass hier vor der Brandrodung wohl noch dichter Wald gewesen war.

Hatten die Etappen mitten durchs Dickicht solchen Urwalds in den ersten Tagen an meinen Kräften gezehrt, so zerrte der Weg zurück an den Nerven. Stur ging es mal bergan, mal bergab. Die kleineren Flüsse und Bäche, die es in den Senken zu queren galt, machten die Aussicht auf trockene Füße immer wieder zunichte. Waren wir am Vortag einem Trampelpfad gefolgt, so wurde der jetzt zeitweise breiter, ähnelte auf einigen Stücken sogar einem Waldweg, doch war er zu schmal, um nebeneinander zu laufen. Mexicano trabte vorneweg. Ich folgte ihm. Hinter mir kam Ilka, dann Torsten. Vicente bildete die Nachhut. Und als wir im Gänsemarsch hintereinander her trotteten, ohne dass der Weg selbst volle Aufmerksamkeit verlangte, hing jeder seinen Gedanken nach. Minute um Minute, Stunde um Stunde. Ich bekam eine Ahnung davon, warum religiösen Pilgern ihre hunderte Kilometer langen Wallfahrtsstrecken mitunter wie ein Weg der

*Entfernungen sind relativ, je nach Beschaffenheit des Wegs. Manchmal nutzen auch Blattschneiderameisen hindernislose Abkürzungen, eine Art Urwald-Fly-Over.*

Erleuchtung vorkommen mussten. Weil einem sonst selten so viel Zeit und Muße zum Nachdenken bleibt, wie beim sturen Wandern auf einem schier endlosen Weg, auf dem die Schrittfolge selbst kaum Obacht verlangt. Mir erlegte der Herr nun auf zu singen. Nicht lauthals und nicht in Form gregorianischer Gesangszyklen. Ich verfiel in lautloses Singen. Im Geiste spulte ich nach und nach das ganze Repertoire an Songs meiner Lieblingsbands ab, zumindest jene, an deren Texte ich mich noch erinnern konnte und die mir in verzweifelten Situationen schon oft die Seele massiert hatten. Del Amitris „Long journey home", „In the frame" und „Nothing ever happens", Pink Floyds „Wish you were here", Beatles, Eurythmics, U2. Schließlich ging ich zu Anspruchsvollerem über: Monty Python! Humor baut schließlich auf. „Always look on the bright side of life", „Galaxy song" und „I like Chinese" klappten noch relativ problemlos. Dabei lagen die Zeiten, da ich sie in wechselnder Folge allabendlich meinen Kindern als Gute-Nacht-Lieder vorsingen musste, schon Jahre zurück. Eine gute halbe Stunde Abwechslung bescherte die Aufgabe, mir die Verse des „Philosopher's song" ins Gedächtnis zu rufen, jenes Liedes über die versoffenen Philosophen. Doch schließlich sickerten mir auch die Verse über Kants schwankenden Gang, Heideggers Nehmerqualitäten, Wittgensteins Biervorliebe, Sokrates' Besonderheit, nur im nüchternen Zustand denken zu können, und John Stuart Mills Alkohol-Exzesse wider besseres Wissen zurück ins Hirn, bis hin zu meiner Lieblingszeile, Descartes pythonesk abgewandelter Erkenntnis: „I drink, therefore I am" – ich trinke, also bin ich. Gegen Mittag hatte der MP3-Player in meinem Kopf die Liederfolge so oft durchgenudelt, dass die Festplatte rauchte. Ich musste mir andere Formen des Zeitvertreibs suchen. Nach der Mittagspause fand ich sie, indem ich Schritte zählte. Um Berechnungen über die zurückgelegte Entfernung anzustellen, war das Ganze zwar wegen der Rundungsfehler und zeitweisen Veränderungen im Rhythmus nicht geeignet, aber es half, die Zeit mehr oder weniger sinnvoll auszufüllen. Mein Takt entsprach in etwa zwei Schritten pro Sekunde. Bei einer Schrittlänge von 1,05, also gerundet einem Meter, errechnete ich 120 Meter pro Minute und damit 7,2 Kilometer in der Stunde. Bei unserem Start gegen halb neun Uhr mussten es nach Mexicanos geschätzter Ankunftszeit 15 Uhr mehr als 35 Kilometer sein. Unsere Pausen summierten sich auf rund eine Stunde. In den verbleibenden fünfeinhalb Stunden reiner Marschzeit würden wir nach meiner Rechnung also knapp 40 Kilometer zurückgelegt haben. Das erschien mir ziemlich unmöglich. Also wischte ich mir die Berechnungskonstrukte wieder aus dem Kopf.

Später berichtete mir Mexicano, dass ich nicht der Einzige gewesen war, der an diesem Tag meine Schritte gezählt hatte. Auch er hatte darauf gelauscht. Sie hatten seinen eigenen Rhythmus stark beeinflusst. Immer wenn er merkte, dass meine Tritte ihm näher kamen, dass ich mit ihm aufschloss, hatte er sich angeschickt, schneller zu laufen. Dabei allerdings sei er fast ins Rennen geraten, denn für jeden meiner Schritte benötigte er zwei. Ob ich auf den letzten Kilometern wieder langsamer wurde, vermochte ich nicht zu sagen. Auf jeden Fall wurde jeder Schritt zur Qual. Meine Füße brannten höllisch. Die Schuhe schienen zu scheuern. Und ich war heilfroh, dass die Schätzungen zur Etappendauer sich als ungenau erwiesen. Gegen 20 Minuten nach 14 Uhr schlurften wir zwischen Bananenstauden hindurch auf eine Ansammlung von Hütten zu.

Als wir die ersten passierten, lugten aus einigen kleine Köpfe, die sich, wenn unsere Blicke ihnen begegneten, schnell wieder ins Dunkel hinter der Fensteröffnung zurückzogen. Bei einigen Kindern siegte schließlich die Neugier. Unter einem strohgedeckten Dach im Zentrum des Dorfes schnallten wir unsere Rucksäcke ab. Ich streckte mich der Länge nach auf einer Art hölzernem Werktisch aus und legte die schmerzenden Füße hoch. Das sei das Sägewerk, in dem die Dorfbewohner gemeinschaftlich Holz für neue Hütten zurechtschnitten, erklärte Ilka und deutete auf den Tisch. „Du liegst auf der Säge." So lang die nicht gerade in Betrieb war, sollte mir das schnuppe sein. Und wenn sie mir jetzt die Beine abtrennte, würde zumindest das höllische Brennen in den Füßen aufhören. Ein blechern schabendes Geräusch zog meine Aufmerksamkeit auf sich. Nein, keine sirrende Kreissäge. Als ich den Kopf drehte, sah ich drei Jungen, die ums Sägewerk liefen und uns neugierig beäugten. Das Geräusch rührte von ihren Spielzeugen her: Rollende Fahrradfelgen, die jeder von ihnen mit einer dünnen Astgabel vor sich her trieb. „Hast du je Kinder bei uns mit so was spielen sehen", fragte Torsten. Ich schüttelte müde den Kopf. Doch zugleich entsann ich mich eines Jahrzehnte zurückliegenden Aufenthalts in einem verfallenen italienischen Bergdorf oberhalb des Gardasees. Dort hatten die Kinder sich mit exakt dem gleichen Spielzeug ihre Zeit vertrieben. Not macht erfinderisch.

Ich blickte umher und machte mir ein Bild vom architektonischen Erfindergeist der hiesigen Dorfbewohner. Die Hütten ringsum waren zweistöckig. Da nur drei der vier Seiten verkleidet waren, die Frontseite offen blieb, konnte man von außen hineinschauen. In den auf Holzpfeilern ruhenden Obergeschossen schienen die Familien ihre Schlafstätten zu haben. Die unteren Räume waren eine Art Wohnküche. Ich wollte meinen Fotoapparat aus dem Halfter nesteln, doch Torsten hielt mich zurück. „Fotografieren unerwünscht", erklärte er. Nach einer Zigarettenlänge schlenderte Mexicano zu einem der benachbarten Häuser, um mit dem Besitzer über ein Nachtlager zu verhandeln. Nach wenigen Minuten tauchte er wieder auf und winkte uns heran.

# 29. Mit Madonna im Drei-Sterne-Hotel

Aurelio, auf dessen „Hof" wir übernachten sollten, war gewissermaßen der Kommunikationsmanager des Ortes. Ihm oblag es, das einzige Funkgerät, das es in El Tigre gab, zu bedienen. Ein anspruchsvoller Posten, er war Herr über den einzigen, wenn auch drahtlosen Draht zur Außenwelt. Sein Arbeitsplatz, eine windschiefe Hütte, eher höher als breit, unterschied sich von außen kaum von einem Plumpsklo. Nur dass auf der Holztür eben nicht das Wort „Baño" prangte, sondern ein Satz: „Prohibido utilizar radio sin permiso del operador", ohne Erlaubnis des Funkers sei es verboten, das Funkgerät zu benutzen. Ob Aurelio um seine Autorität besorgt war? Er konnte nicht wirklich Angst haben, dass jemand das klobige autobatteriebetriebene Ding kaputt machte, weil er eine falsche Frequenz einstellte? Egal, Mexicano jedenfalls hatte Aurelios Zustimmung und drehte an den Frequenzen. Er wolle in San Buenaventura Bescheid sagen, dass wir in El Tigre angekommen seien und in zwei Tagen am Rio Undumo wieder per Jeep in Empfang genommen werden könnten, erklärte mir Torsten. Energisch und abgehackt schallten bald seine Funksprüche aus der Hütte: „San Buena? San Buena? San Buena? – Tigre! San Buena? San Buena? San Buena? – Tigre!". Doch San Buena antwortete nicht.

*In El Tigre übernachteten wir bei Aurelio, dem Herrn über das einzige Funkgerät. Mexicano versuchte, unsere Position durchzugeben. Doch San Buenaventura antwortete nicht.*

Wir schauten unterdessen nach unseren Lagerplätzen. Torsten und Ilka sollten ihr Zelt unter einem Verschlag aufschlagen, unter dem einige Ölfässer lagerten. Während wir uns auf einer aus wackligen Balken bestehenden Bank niederließen und ich begann, meine Schnürsenkel zu lösen, lief die Hausherrin, eine vielleicht 16-jährige Indianerin, kreuz und quer über

*Ilka und Torsten schlugen ihr Zelt neben Aurelios Hütte in einem als Lager genutzten Verschlag auf.*

# [ Mit Madonna im Drei-Sterne-Hotel ]

*Die Ankunft der Fremden sprach sich im kleinen Dorf im Nu herum. Bald kamen Besucher, um mit Aurelios Frau zu schwatzen und uns dabei genau unter die Lupe zu nehmen.*

den Lehmboden und besprenkelte ihn mit Wasser, das sie aus einem an den Bauch gedrückten Alutopf schöpfte. Was das Ganze bewirken sollte, blieb ihr Geheimnis. Stauben würde es mit Sicherheit weiter. Dann und wann scheuchte sie mit dem Fuß die Handvoll Hühner davon, die inzwischen neugierig um uns herumstelzten. Auch einige Dorfbewohner hatte die Neugier übermannt. Sie kamen herüber und wechselten ein paar Worte mit Aurelio und seiner Frau. Doch ihre Aufmerksamkeit galt uns, was ihre verstohlenen Seitenblicke verrieten. Als ich die Schuhe abgestreift und behutsam die Socken herabgerollt hatte, stand ich prompt im Mittelpunkt des Interesses. Die Besucher aus dem Dorf starrten auf die rohen Stellen meiner Füße, die ebenso feurig rot aussahen wie sie brannten. Mexicano, der sich inzwischen auch zu uns gesellt hatte, friemelte seine Mentholsalbe aus dem Rucksack und kniete sich vor mich. Ilka erklärte, ich solle mitspielen und mich ein bisschen von ihm pflegen lassen. „Für das Prestige eines Guias ist es wichtig, zu zeigen, dass er sich um seine Schützlinge kümmert", sagte sie. Während Mexicano die Salbe auf die roten Stellen tupfte und einige der umstehenden Indianer Gesichter zogen, von denen ich nicht sagen konnte, ob sie Schmerzverzerrtheit oder Ekel zum Ausdruck bringen sollten, sparte Torsten nicht mit trockenen Kommentaren: „Das kommt nicht allein von den Insektenstichen, sondern von den Mineralien aus dem Fluss. Bei uns löst man damit bei der Knochenseifenherstellung Fleischreste von den Gebeinen." Dass sich hinter seiner ironischen Abgeklärtheit regelrechte Wut verbarg, das erzählte er mir erst später. Wie kann man sich selbst nur solchen Schaden zufügen, dachte er. Schließlich geht es darum, die Expedition als Ganzes nicht zu gefährden, nicht darum, wer die größten Schmerzen aushält. Andererseits räumte er später ein, er hätte sich mit solchen Klumpfüßen wohl einen Tag Pause erbeten und erkannte an, dass ich zu keiner Zeit ins Jammern verfallen war. Zum Jammern gab es keinen Grund. Schmerz empfand ich jetzt kaum, da Luft an meine Füße kam und ich wusste, dass zumindest für heute der letzte Kilometer gelaufen war. Aus meiner Sicht machte das etwa einjährige Mädchen, offenbar Aurelios Tochter, das neben dem Verschlag im Schlamm herumkrabbelte und an einer achtlos weggeworfenen Plastikflasche kaute, einen viel erbärmlicheren Eindruck. Sie hatte eher Grund zum Jammern. Oder der Hahn, der uns vorher so kess umgackert hatte. Dem ging es nun richtig an den Kragen. Nachdem Vicente mit Aurelio ausgehandelt hatte, welches Tier er schlachten dürfe, setzte er ihm nach und packte

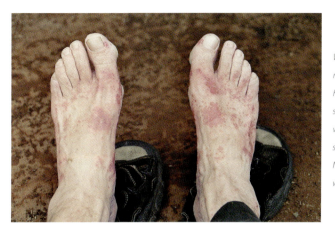

*Während Jens' Füße nach jeder Tagesetappe höllisch brannten, waren sie doch am Morgen so weit hergestellt, dass sie ihn weiter trugen. Mexicanos Mentholsalbe wirkte eben Wunder.*

ihn am Schlafittchen. Das restliche Federvieh stob auseinander. Doch nach kurzem Gezeter gackerten die anderen unbeirrt weiter um uns herum, ohne sich um das Verschwinden ihres Artgenossen zu scheren. Der kehrte eine knappe Stunde später in seine Gliedmaßen zerlegt auf den Tellern zurück, die Vicente uns ausreichte. Gierig machten wir uns über Brathahn, Yucca-Streifen und Reis her. Torsten erzählte, wie er und Ilka in einem anderen Indiodorf über Stunden hinter einem Hahn hergerannt waren. „Der war schlau und ließ sich nicht in die Enge treiben. Erst mit dem Angelzeug haben wir ihn überlistet. Das Ganze erinnerte ein bisschen an Max und Moritz", berichtete Torsten mümmelnd. „Leider haben wir damals keinen Broiler draus gemacht, sondern das Fleisch einfach gekocht. Gekochter, ausgemergelter Hahn ist kein Genuss. Da verzichtet man lieber." Unser heutiger Brathahn dagegen schien Torsten angesichts seines emsigen Nagens an den Knochen ebenso zu schmecken wie mir.

Nach dem Essen entschlossen sich Torsten und Mexicano, eine Runde durchs Dorf zu drehen, um in den beiden Läden, die es laut Aurelio gab, nach Zigaretten zu fragen. Ich horchte auf. Seit der Überflutung unseres Lagers, als ich meine letzte Packung Astoria mit den anderen geteilt hatte, waren Torsten und ich auf Mexicanos und Vicentes Spendierfreudigkeit angewiesen gewesen. Doch auf meinen Vorschlag, dass ich auch mitgehen würde, reagierte Torsten barsch. „Du bleibst im Zelt, damit deine Füße ein bisschen Luft abbekommen, ohne dass gleich wieder die Sandfliegen darüber herfallen." Sein Ton erlaubte keine Widerrede, also krabbelte ich ins Igluzelt, nachdem ich den beiden aufgetragen hatte, mir auch etwas zu rauchen zu besorgen.

Was die Zigaretten betraf, kehrten sie jedoch unverrichteter Dinge zurück. In einer von zwei ladenähnlichen Hütten hatte Mexicano zwar Eier fürs Frühstück aufgetrieben, aber Luxus wie Zigaretten oder auch nur schlichten Tabak gab es in El Tigre nicht. „Die Siedlung hat sich ganz schön verändert", berichtete Torsten. „Beim letzten Mal gab es ein einziges zentrales stilles Örtchen. Jetzt haben fast alle Hütten einen Wasseranschluss und eine Duschstelle. Und irgendwer hat nach europäischem Vorbild Kloschüsseln gespendet, äußerst sinnvoll", meinte er. Zumindest bei unseren Herbergseltern sah dieser Bottich, der in einem nach oben offenen Verhau im Garten stand, gräulich aus. Vom Porzellan war kaum noch etwas zu erkennen. Ein Seuchenherd schlechthin. „Wir haben wohl eh den schmuddeligsten Hof erwischt", urteilte Torsten. Ich fragte mich, wie hoch die Lebenserwartung des kleinen Mädchens wohl war, das im Schlamm herumkroch und das die Eltern ungehindert am Müll knabbern ließen. Nach Torstens Bericht gab es auch an anderen Stellen im Dorf Probleme mit der Hygiene. „Wir haben Kinder mit moskitozerstochenen offenen Beinen gesehen. Zwei hatten riesige Abszessbeulen am Kopf, wahrscheinlich von entzündeten Insektenstichen. Am liebsten würde ich unsere Antibiotika dalassen, wenn ich wüsste, dass die sie nehmen und sie tatsächlich helfen", sagte er.

[ Mit Madonna im Drei-Sterne-Hotel ]

Für den Rest des Abends fiel Torsten in eine Wortkargheit, die ich bei ihm nicht kannte. Die Konfrontation mit den Dorfkindern hatte diesmal ihn in Gedanken zurück nach Deutschland katapultiert, zu seinen Kindern Fridolin und Pauline, wie mir Ilka später erklärte. An diesem Abend war es Torsten, der zum Himmel starrte, als der nach einem Regenguss wieder aufklarte. Während er Mond und Sterne ansah, versuchte Ilka, ihn mit einer Gute-Nacht-Geschichte aufzumuntern. Auch dabei drehte es sich um eine zurückliegende Reise, allerdings um einen jener Campingurlaube, zu denen die beiden gemeinsam mit Pauline und Fridolin aufgebrochen waren.

Ilka und Torsten verschwanden an diesem Abend früh im Zelt. Vicente, Mexicano und ich lagen dagegen noch lang ohne Moskitonetz auf unserer Plastikplane, die wir gleich vor der Hütte unseres Gastgebers ausgebreitet hatten. „Hotel tres estrellas", kommentierte Vicente mit Blick aufs Vordach grinsend, ein echtes Drei-Sterne-Hotel. Ich nickte schmunzelnd, und noch dazu eines mit Dauerbeschallung. Obwohl es ein 80er-Jahre-Mix war, der uns das Trommelfell kitzelte, musste ich unwillkürlich an eine Reinhard-Mey-Zeile denken: „Ich hasse Musik, die aus den Ritzen zirpt, Musik, die mir den Spaß an der Musik verdirbt." Nein aus Ritzen so wie das Hintergrundgedudel in Kaufhäusern oder Boutiquen, über das sich Mey aufregte, stammte dieses Gezirpe hier zwar nicht. Die Musik kam aus einem alten Kofferradio mit Kassettenteil. Das Ding hing an einem Nagel an der Bretterwand und hatte schon bessere Zeiten gesehen. Das Band offenbar auch. Die Musik war nicht dadurch verstümmelt, dass sie bis zur Unkenntlichkeit leise gedreht war. Nein, die Kassette musste in der Sonne arg gelitten haben. „Take on me" war zwar noch zu erkennen, doch klang es, als hätten die Jungs von „Aha" bei Vadder Abraham und den Schlümpfen Gesangsunterricht genommen. Danach setzten Pia Zadora und Jermaine Jackson an, eine ebenso verzerrte Version von „And when the rain begins to fall" zu winseln. Ich nahm einen kräftigen Schluck aus Mexicanos erneut kreisender Guabira-Tasse. Kurz nach dem Schlummertrunk hatte mich die verschlumpfte Version von Madonnas „Isla Bonita" hinweggerafft – „a spanish lullaby" eben, ein spanisches Wiegenlied. Mexicano und Vicente dagegen plauderten bis spät in die Nacht mit unserem Hausherrn. Der war begierig, von unseren Erlebnissen zu hören. Mexicano ließ sich nicht zweimal bitten. Immer wieder kreiste die Blechtasse. Aurelios Frau versuchte mehrmals, ihren Mann ins Haus zu lotsen. Vergeblich. Erst als Torsten verschlafen aus dem Zelt kroch und unwirsch um Ruhe bat, verkrochen sich auch die anderen unter ihre Netze.

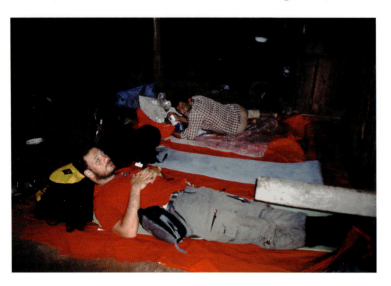

*Wir machten es uns auf unserer Plasteplane unterm Vordach von Aurelios Hütte bequem. Verglichen mit den Unterkünften zuvor ein Drei-Sterne-Hotel, fand Vicente.*

# 30. Ein Frühstücks-Ei für ein Dach

Am nächsten Morgen lag Madonna im Dreck. Und dass sie je wieder würde singen können, war mehr als unwahrscheinlich. Keine Ahnung, wie Aurelios Tochter an das Band gekommen war, auf jeden Fall saß die Kleine wieder an ihrem angestammten Platz im schlammigen Hof und zog aus der Kassette genüsslich Meter für Meter Magnetband, das sie in ausladenden Schlaufen um sich herum verteilte. Obwohl Vicente bis spät in die Nacht gezecht hatte, war er schon dabei, das Frühstück zu bereiten, durch Mexicanos Errungenschaft vom Vortag ein königliches Frühstück: Spiegelei mit Yucca. Letzteres hatte das Zeug, zu meiner Leibspeise zu werden. Auf dem Teller sah es zwar aus wie ein gelbes Stück Holz, doch hatte es gekocht die Konsistenz von Kartoffeln, und es schmeckte ein bisschen nach Kastanien. Während wir noch genüsslich vor uns hin mampften, schallten aus dem Verhau hinter uns bereits wieder Mexicanos Funksprüche: „San Buena? San Buena? San Buena? Tigre." Nach mehreren vergeblichen Versuchen hatte er schließlich Glück. San Buenaventura antwortete. Mexicano gab unsere Position durch und ließ dem Besitzer des Jeeps übermitteln, er möge uns zwei Tage später jenseits des Rio Undumo in Empfang nehmen.

Wir packten, schnallten auf und stapften zunächst wieder in dichten Urwald hinein. Der Trampelpfad, der das Indianerdorf mit der Zivilisation verband, war mehr als mannshoch überwuchert. Und nicht nur das, er war auch durch und durch mit Spinnweben verhangen. Während der ersten 20 Minuten pustete und spuckte ich unentwegt um mich, um die Fetzen, die sich überall ums Gesicht legten, zumindest aus den Mundwinkeln zu bekommen. Nach einer Weile gab ich selbst das auf. Es dauerte ohnehin nur Sekunden bis die nächsten Fäden sich darüber legten. Erst bei der ersten Rast entledigte ich mich des grauen Schleiers.

Plötzlich brummte es im Gebüsch hinter uns. Es war ein ziemlich dicker Käfer, um den es sich dem Geräusch nach handeln musste. Torsten sah ihn als erster. „Von wegen Käfer! Das ist ein Kolibri", rief er begeistert. Als ich mich umdrehte, sah ich, dass das Gebrumm von einem blaugrün schimmernden Vogel stammte, der aufrecht in der Luft zu stehen schien. Den Kopf erhoben, schien er umherzublicken. Seine Flügel vibrierten so schnell, dass man sie nicht sehen, nur hören konnte, eben wie bei einem dicken Insekt.

Nach der Rast wurde der Weg etwas breiter, so dass wir passagenweise nebeneinander laufen konnten. Mexicano wies mehrfach auf den Boden und zeigte uns Tatzenabdrücke im Lehm. Wieder ein Jaguar, und wenn es sich immer um das gleiche Tier handelte, musste er unseren Weg gleich mehrfach gekreuzt haben. Schließlich hielt Mexicano vor einem Abdruck inne und kniete nieder. Mit dem Finger strich er um den Rand des tennisballgroßen Prankenballens. Diese Spur sei absolut frisch, erklärte er. Das Wasser des Nieselregens hatte eben erst begonnen, ins Relief des Abdrucks hineinzusickern. Die Spur könne maximal zwei bis drei Minuten alt sein, überschlug Mexicano und spähte umher. Auch ich versuchte, mit den Blicken das Gestrüpp zu durchdringen, das uns linker und rechter Hand umgab. Ob mir doch noch

*Eine Jaguarspur kreuzte mehrfach unseren Weg. Laut Mexicano konnte sie kaum älter als zwei Minuten sein, da es regnete und noch kein Wasser in das Relief hineingelaufen war.*

vergönnt sein würde, einen Jaguar in natura zu sehen? Inzwischen hatte ich die Hoffnung fast aufgegeben, überhaupt ein gefährliches Wildtier aus der Nähe zu erleben.

Angestachelt durch die Neugier und beruhigt durch das Wissen, dass es wegen der anderen hinter mir keinen toten Winkel gab, aus dem heraus der Jaguar hätte zuschlagen können, preschte ich auf den nächsten Kilometern zeitweise sogar vor Mexicano her. Der hatte es aufgegeben, seine Schrittzahl zu verdoppeln, wenn ich mit ihm aufschloss. Auf Dauer musste jeder sein eigenes Tempo gehen, was unsere kleine Karawane manchmal etwas auseinanderzog.

Nach der Mittagsrast indes ging es mit mir wieder stetig bergab. Hatten sich meine Füße über Nacht für eine weitere Etappe gut regeneriert, schmerzte jeder Schritt jetzt wieder so sehr, dass ich die Füße so behutsam wie möglich aufzusetzen suchte. Aussehen musste das, als liefe ich auf Eiern. Ilka hatte am Vormittag geurteilt, die Etappe heute sei kürzer als die der vergangenen Tage, doch das schien nicht zu stimmen. Mehrfach fluchte ich still in mich hinein. Erst am späten Nachmittag erreichten wir den Rio Emero, dessen Flussbett weitgehend trocken dalag.

Nach dem Lagerbau lieferte ich mir einen Kampf mit den Sandalen. Behutsam zog ich die Riemen über den Spann, um für ein Bad hinunter zum Wasser zu stapfen. Etwa 100 Meter oberhalb unseres Lagerplatzes mündete ein Bach mit glasklarem Wasser in den Fluss. Just, wo sich der Bach in einer kleinen Kaskade in den Emero ergoss, gab es eine tiefe Stelle im Flussbett, die sich zum Schwimmen eignete. Ilka aalte sich schon seit fast einer Stunde im Wasser. Ihre Klamotten hatte sie nach einem Waschgang in bewährter Weise über verdorrtes Gesträuch gehängt und schien im Wasser drauf zu warten, dass sie trockneten. Einmal im Fluss, streifte ich die Sandalen ab und genoss die kühlende Wirkung des Wassers. Mit wenigen Schwimmzügen durchmaß ich unsere Badewanne. Bei der Rückkehr zum Lager, wo Vicentes Essen bereits auf dem Feuer köchelte, fiel mir auf, dass etwas fehlte. Das von den Bäumen herabgefallene Laub hatten wir vorm Baden beiseite gefegt und die rote Bodenplane ausgebreitet. Doch gab es immer noch kein Dach. Mexicano habe die Dachplane in El Tigre gelassen, sagte Torsten. „Woher weiß er, dass wir sie nicht mehr brauchen?" fragte ich. Mexicano winkte einfach ab, heute Nacht werde es nicht regnen. Wie er sich da sicher sein konnte, blieb sein Geheimnis. „Das war die Tauschware für unsere Frühstückseier", klärte Torsten auf. „Die hat für die Leute im Dorf enormen Wert, mehr, als hätten wir mit Geld bezahlt." Das leuchtete ein. Schließlich musste sonst alles, was die Indianer in Ixiamas kauften, zu Fuß ins Dorf geschafft werden. Da war unser „Lieferservice", eine Regenplane vorbeizubringen, bestimmt willkommen. „Man kann nur bewundern, mit welcher Selbstverständlichkeit sich die Bauern klaglos in diese Lebensumstände fügen", urteilte Torsten. „Aber der Fortschritt hat auch hier Einzug gehalten. Als ihr schwimmen wart, kam ein Schubkarren-Express. Wahnsinn, was für nen Berg die auf ihrer Karre über den Fluss bugsiert haben, und mit welchem Tempo", erzählte Torsten.

Da für uns das Ende der Wanderetappe nahte und wir nicht mehr mit den Vorräten haushalten mussten, taten wir an diesem Abend unser Möglichstes, unsere eigenen Lasten zu schmälern. Doch zunächst verlagerte sich dadurch das Ränzlein nur von hinten nach vorn. Am schlimmsten erwischte es Ilka. „Poquito mas?" Auf Vicentes Frage reagierte sie an diesem Abend gleich mehrmals – offenbar einmal zu oft. „Ich glaube, ich habe mich überfressen", sagte sie später und verzog sich ins Zelt. In der Nacht vermochte sie nur noch in seitlicher Embryonalstellung Ruhe zu finden. Doch waren diese Qualen nichts verglichen mit dem, was Ilka am nächsten Tag bevorstand.

# 31. Ein Stich und ein tödlicher Kriegstanz

Mexicano behielt Recht. In der Nacht blieben wir von weiteren Unwettern verschont. Trocken und, der bevorstehenden Endspurt-Etappe entsprechend, gut gelaunt, frühstückten wir am nächsten Morgen. Dann packten wir zusammen. Beim Zeltabbau passierte es. Ilka war dabei, die geschnitzten Holzstifte aus dem Boden zu ziehen, mit denen Torsten die Metall-Heringe ersetzt hatte. Beim zweiten griff Ilka zu, ohne vorher genau hingesehen zu haben. Trotz des stechenden Schmerzes, der durch ihren Handballen schoss, schrie Ilka nicht. Sie zuckte nur lautlos zurück und drehte die linke Hand um. Die rund vier Zentimeter große Tucandera-Ameise hockte gebuckelt darauf und hatte den Hinterleib gegen ihren Handballen gepresst. Reflexartig zog Ilka das Tier herunter, den Stachel aus der Wunde und warf die Ameise ins Unterholz.

Keiner außer ihr hatte von der Attacke etwas mitbekommen. Erst als das Zelt zusammengelegt war, erzählte Ilka von ihrem „Glück". „Ich könnte mich für meine Dämlichkeit ohrfeigen", sagte sie. „Einen Moment nicht hingeguckt, und es ist passiert." Auf ihrem Handballen war der Einstich deutlich zu erkennen. Auch Mexicano zuckte mit den Schultern, ein Mittel gegen das, was Ilka nun bevorstehen würde, gab es nicht.

Von dem, was in den nächsten Stunden in ihrem Arm vorging, berichtete Ilka erst später. Zunächst machte sie die Schmerzen tapfer und klaglos mit sich selber aus. So recht getraut hatte

*Die Hand abhacken wollte sich Ilka nicht. Klaglos erduldete sie die Schmerzen des Tucandera-Stichs, hoffte nur, dass man mit der 24-Stunden-Dauer der Qualen übertrieb.*

sie den Horrorgeschichten nicht, die Uwe George in seinem Geo-Expeditionsbericht überliefert hatte. Außerdem mochte sie sich die Hand nicht abhacken, wie es tucanderastichgepeinigte Indianer angeblich zu tun pflegten. Stattdessen entschloss sich Ilka zu einem Selbstversuch, wie sie es nannte. Der allerdings ließ sie während des gesamten nächsten

Tages oft vergeblich hoffen, dass die Taufpaten der 24-Stunden-Ameise bei deren Namensgebung übertrieben hatten. Selbst in der nächsten Nacht sei sie noch von den Schmerzen aufgewacht, berichtete sie uns später. Was die Intensität des Schmerzes betraf, so suchte Ilka nach einer Beschreibung, die für Normalsterbliche nachvollziehbarer war, als der „bei lebendigem Leibe abbrennende Arm" des Botanikers Richard Spruce. Da keiner von uns je auf einem Scheiterhaufen gestanden hatte, vermochten wir nicht zu beurteilen, wie sich ein abbrennender Arm anfühlt. „Stell dir einen Wespen- oder Hornissenstich vor", schilderte Ilka mir auf dem Weg. „Nur, dass der Schmerz nicht nachlässt, wenn die Wespe ihren Stachel wieder rauszieht. Es ist so, als ob sie die ganze Zeit weitersticht. Und das Gefühl zieht den Arm rauf bis zur Schulter." Anmerken ließ sich Ilka von ihren Qualen kaum etwas. Wie wir anderen hatte sie ihren Rucksack geschultert und stapfte tapfer vorwärts.

Nach der ersten Stunde Fußmarsch über die Rücken kleinerer Hügel ging es immer weiter bergan. Die meisten der Bäche, die wir in etwa zehnminütigem Takt kreuzten, waren ausgetrocknet. Das einzige Wasser, das wir zu Gesicht bekamen, stand in vereinzelten Regenpfützen, in denen sich Kaulquappen tummelten. Ich verfluchte meine Nachlässigkeit, am Morgen meine Flasche nicht aufgefüllt zu haben. Auch an den ersten Bächen im Tal, die noch Wasser führten, war ich achtlos vorbei geschritten. Inzwischen klebte zwar mein T-Shirt ob der sengenden Hitze schweißnass am Körper, doch die Kehle war staubtrocken. Hinter mir vernahm ich ein Stöhnen. Vicente hatte sich nach dem letzten ausgetrockneten Bachbett an den Wegrand gesetzt. Als ich mich umdrehte, winkte er mir, den Rucksack abzusetzen. Ich schüttelte den Kopf. „No hay agua", sagte ich, hier gebe es kein Wasser. Ich deutete mit dem Kopf an, dass ich lieber noch etwas weiter wolle. Auch Mexicano war stehen geblieben. „Un poco mas hay agua, un poco mas", ein bisschen weiter noch, dann gebe es Wasser, sagte er. Doch wie viel weiter war „un poco mas"? Meine Zunge fühlte sich an, als klebe sie am Gaumen fest. Während ich weiter hinter Mexicano hertrottete, zogen über uns dicke dunkle Wolken auf. Irgendwo vor uns hatte der Regen schon rauschend eingesetzt. „Agua del cielo", sagte ich zu Mexicano, Wasser vom Himmel. Die Hoffnung, dass nach einer der nächsten Wegbiegungen ein Wasser führendes Bächlein in Sicht kam, hatte ich inzwischen längst aufgegeben. „No, no", entgegnete Mexicano. „No agua del cielo, agua del rio", das Rauschen stamme nicht vom Regen, es komme vom Fluss vor uns. Ungläubig schritt ich um die nächste Biegung, doch in der Tat lag da im Tal ein Fluss, der rauschte und gurgelte. Vor der Flussquerung riet mir Mexicano, meine Schuhe gegen die Sandalen einzutauschen. „Zapatos seccos son muy importante para sus pies", sagte er, für meine Füße seien trockene Schuhe jetzt das Wichtigste. Ich nickte, längst hatte ich aufgegeben, immer wieder aufs Neue zu erklären, dass ich bei bisherigen Querungen nicht aus Faulheit aufs Wechseln der Schuhe verzichtet hatte, sondern weil die Schäfte der Stiefel auf den wackligen Kieseln mehr Halt boten. Aber auch in Sandalen ging alles glatt, und als wir nach dem Fluss wieder an Land stapften, freute ich mich natürlich selbst darüber, dass Socken und Schuhe bis auf den Schweiß trocken geblieben waren. Meine Füße waren inzwischen auch weniger rot. Sie schimmerten eher rosa. Offenbar befanden sie sich auf dem Weg der Besserung. Wir füllten unsere Flaschen und pausierten im Gras am Wegrand. Genüsslich ließ ich mir eine halbe Flasche klares Flusswasser in den Mund gluckern. Es sei noch eine gute Stunde bis zum Undumo, überschlug Mexicano. Dieser Fluss hatte für Ilka und Torsten bei ihrer ersten Madidi-Tour einst eine unüberwindbare Hürde dargestellt. Angeschwollen wie er war, hatte man ihn tagelang nicht überqueren können. Doch angesichts der in den letzten 24 Stunden ausgebliebenen Wolkenbrüche hatten wir Hoffnung, dass er diesmal gleich passierbar sein würde. Auch einer der nächsten Bäche, die wir überquerten, führte kaum Wasser. Doch zeigte das Ufer deutlich, dass es auch anders sein konnte. Der Weg war auf 50 Metern völlig weggerissen. Der Bach hatte ihn in einer Kurve einfach mitgenommen. Die Uferböschung war weggebrochen und hatte eine meterhohe Lehmwand hinterlassen. Mexicano wählte stattdessen einen Trampelpfad über umgerissene Bäume und durch ein Feld von mannshohen bambusartigen Stangen, bis wir jenseits des Flusses wieder auf den Weg stießen.

Nach einigen weiteren Windungen des Weges gelangten wir auf eine Anhöhe. Und da, vor uns im Tal floss der Undumo. „Guck mal, wie zahm der ist", sagte Torsten und schüttelte den Kopf. „Kein Vergleich mit dem letzten Mal. Da mussten wir in einer Reihe hindurch und uns alle gegenseitig zum Halt-geben an den Händen fassen." Eine solche Stützkette war diesmal nicht nötig. Das Wasser reichte lediglich bis zu den Knien. Am jenseitigen Ufer angekommen, spähten wir vergeblich nach unserem roten Landcruiser. Zwar stand am Ufer tatsächlich ein Fahrzeug, doch handelte es sich um einen alten Ford mit Holzpritsche, die offenbar zum

*Eine Stützkette, wie Ilka und Torsten sie bei ihrer ersten Querung des Rio Undumo hatten bilden müssen, war diesmal nicht nötig. Das Wasser reichte maximal bis zum Knie.*

Transport von Gütern, nicht für Passagiere gedacht war. Der Wagen schien verlassen. „Die liegen bestimmt hinten drauf und pennen", sagte Torsten, doch auch auf der Ladefläche war niemand. Langsam schritten wir an dem Fahrzeug vorbei. Ich lauschte. „Hört mal, ist das ein Motor?" fragte ich. Torsten nickte. Doch entweder erlagen wir beide einer Täuschung oder das Fahrzeug in der Ferne hatte ein anderes Ziel gehabt, als uns hier aufzunehmen. Unser Dschungeltaxi blieb aus. Es nützte nichts, wir mussten weiterlaufen.

Meine Füße machten diesmal mit, doch inzwischen plagte mich ein anderes Problem, eines das zwischen den Beinen brannte. Ich wusste nicht, ob ich zuerst Iberia für die Bescherung verfluchen oder dem Himmel danken sollte, dass mir das gefürchtete Wundlaufen erst am letzten Tag passierte. Schuld musste die italienische Nylonhose sein, die ich bislang nur abends im Lager getragen, aber an diesem Tag auch zum Laufen angezogen hatte. Zuvor hatte ich zum Wandern stets auf die Trekkinghose zurückgegriffen, von der ich beim Vietnamesen in Zwickau gleich zwei Exemplare erstanden hatte. Da das zweite Exemplar mit meinem Rucksack durch die Weltgeschichte flog und mir die ersatzweise in Rurrenabaque gekaufte Nylon-Sporthose zu luftundurchlässig schien, war ich für die Tagesetappen bei der Trekkinghose geblieben. Sie hatte gut mitgespielt. Die winzigen Winkelrisse von Dornen waren kaum der Rede wert im Vergleich zu den Schlitzen, die Ilka in Torstens Hightech-Hose bereits mehrfach hatte flicken müssen. Bislang war meine Wanderhose nach dem abendlichen Waschen bis zum Morgen immer wieder trocken geworden, doch an diesem Morgen hatte ich sie feucht einpacken müssen und war in italienisches Nylon geschlüpft. Und das hatte mir offenbar kräftig in den Schritt gebissen. Zeitweise versuchte ich die stillen Flüche bei jedem Schritt wieder mit lautlosem Singen zu vertreiben, doch schien es wie eine Erlösung, als wir nach einer weiteren halben Stunde blühende Zierpflanzen auf der rechten Seite des Weges ausmachten, die offenbar zu einem Garten gehörten.

Das Haus dahinter ähnelte den Hütten in El Tigre, war aber größer. Mexicano ging hinein, während wir unter einem Baum abluden und auf dem staubigen Boden unsere Beine ausstreckten. Nach ein paar Minuten kam Mexicano mit zwei Flaschen Cola wieder heraus. Während wir die abwechselnd ansetzten, zückte Mexicano noch etwas aus seiner Hosentasche. Mit triumphierendem Blick hielt er uns eine Packung Zigaretten hin.

## 31 [ Ein Stich und ein tödlicher Kriegstanz ]

*Rast auf dem Weg zurück: Mexicano besorgte Zigaretten und Cola, was die Laune allseits deutlich hob.*

*Erst als er sich bewegte, war der Papagei auszumachen. Er hätte aus einem dieser Rätselhefte stammen können: Suchen Sie die Spinne, suchen Sie den Jaguar, suchen Sie den Papagei!*

Bei unserer halbstündigen Rast wurden wir von den im Lehm spielenden Kindern der Familie neugierig beäugt. Zwei von ihnen, ein Junge und ein Mädchen, räkelten sich in einer Schubkarre und sahen uns zu, wie wir eine Zigarette nach der anderen anzündeten, um den rationierungsbedingten Mangel der letzten Wochen wieder wettzumachen. Und noch ein weiterer Bewohner des Anwesens war neugierig. Ich versuchte den Urheber des leisen Krächzens auszumachen, das aus dem Baum über uns stammte. Nichts. Erst als er sich bewegte, konnte ich den Papagei sehen, seine grüne Farbe hob sich kaum vom Laub des Baumes ab. Er hätte gut aus einem dieser Urwald-Suchbilder in einem Rätselheft stammen können: Finden Sie den Jaguar, finden Sie die Spinne, finden Sie den Papagei! Schließlich huckten wir wieder auf und stapften weiter. Wieder folgte jedem Schritt ein Fluch, zumal inzwischen auch die anderen meinen drehenden Gang mitbekommen hatten und ich nicht lang auf ihren Spott warten musste. Geflissentlich versuchte ich, ihre Witze zu überhören. „Caballero", Reiter, war noch das Harmloseste, was mir von hinten nachschallte, in Anlehnung an den o-beinigen Gang, der sich bei Cowboys durchs Reiten einstellt. Es war Mexicano, der wiehernd meinen neuen Spitznamen ersann. „Oso", der Bär. „Si, oso con huevos fritos", ja aber der Bär habe eben gebackene Eier zwischen den Beinen, scherzte Mexicano zur allgemeinen Erheiterung. Nach ein paar Kilometern kam linker Hand ein Holzverschlag in Sicht, auf den Mexicano zusteuerte. Das sei mal eine Schule gewesen. Da drinnen könnten wir zur Not übernachten, falls das Auto überhaupt nicht komme, erklärte er. Drinnen jedoch rümpften wir die Nase. Inzwischen war das Ganze nur noch ein Abstellschuppen. Und in dessen Ecken häufte sich Müll. Die Idee, hier zu bleiben, gefiel keinem von uns. So huckten wir zunächst zwar ab, beschlossen aber, Mexicano, Vicente und Torsten auf die Suche nach einem anderen Quartier zu schicken. Ilka und ich blieben beim Gepäck. Nach wie vor ließ sich Ilka von den Qualen ihres Venticuatro-Stichs nichts anmerken, und auch ich gab mir Mühe, neben meinem Gewatschel nicht auch noch durch Lamentieren aufzufallen.

Nach einer halben Stunde kamen die anderen zurück und schüttelten die Köpfe. Es gab zwar mehrere Hütten, aber keine Bleibe. Nicht dass nicht einige der Indianer vielleicht Gastfreundschaft bewiesen hätten, doch angesichts des Fieberwahns, in dem scheinbar alle Bewohner der umliegenden Behausungen lagen, hatte Mexicano entschieden, dass es besser war weiterzugehen. „Die lagen oder saßen mit fiebrig verklärten Blicken da. Wer weiß, was hier umgeht", sagte Torsten. Mexicano riet, am Ufer des nächsten Flusses, des Rio Tacasso, ein weiteres Lager aufzuschlagen. Eine Nacht mehr in der Wildnis würden wir auch überstehen. Nach einem weiteren Kilometer erreichten wir das fast trockene Flussbett, durch dessen Kies sich das Flüsschen wand.

Während Ilka eine Badewanne im Strom suchen ging, übte ich mich in Freikörperkultur und ließ die Hosen runter. Mexicano hatte geraten, ich solle mir ein bisschen Wind zwischen den Beinen durchwehen lassen, dann werde es schon wieder. Vicente entfachte ein Lagerfeuer. Als Ilka vom Bad zurückkam, machte ich mich startklar. Mit um die Hüfte geschlungenem Handtuch stakste ich behutsam ein paar hundert Meter das Flussbett hinab, wo Ilka die obligatorische tiefe Stelle entdeckt hatte. Drinnen ließ ich mich vom Wasser umspülen. Während die Strömung in meinem Nacken gurgelte, lag ich mit ausgebreiteten Armen da und schaute zum Himmel. Ein Ara flog über mich hinweg und schrie. Der Abschiedsgruß des Urwalds, dachte ich, nicht ahnend, dass der Wald noch einen ganz anderen Gruß bereithielt. Schließlich rappelte ich mich auf, schlüpfte in die Sandalen am Ufer und ging zum Lager zurück. Zwar schmerzte es wegen des kalten Wassers im Schritt jetzt nicht mehr, trotzdem zog ich es vor, jegliche Reibung zu vermeiden, und tapste somit breitbeinig daher. Zum Glück, denn das machte den intuitiven Ausfallschritt möglich, als sich neben meinem Fuß etwas regte und ich aus dem Augenwinkel heraus Rot sah. Rot-schwarz-gelb um genau zu sein, doch wie bunt das Band war, erkannte ich erst beim zweiten Blick, nach dem Sprung zur Seite. Trotz seiner Farben, als Fanschal für Spiele der deutschen Fußballelf hätte das Band sich denkbar schlecht geeignet. Erregt reckte es den Schwanz in die Höhe und versuchte den Kopf unter dem eigenen Körper zu verbergen. Ob es tatsächlich eine giftige Korallenschlange war oder jene ihr für Laien täuschend ähnliche Königsnatter, konnte ich allein nicht beurteilen. „Tooooorsten, Mexicaaano!",

*Zwar ist der Kopf der echten Korallenschlange so klein, dass sie selten einen Giftbiss zu setzen vermag. Aber wenn sie das tue, helfe keine Medizin der Welt mehr, sagte Mexicano.*

völlig aus dem Häuschen vor Aufregung winkte ich die beiden heran und brüllte: „Und bringt die Kameras mit!" Gelassen kamen sie herübergeschlendert. In respektvollem Abstand hockte sich Mexicano hin und schaute das Tier prüfend an. „Es venenosa?" wollte ich wissen, ob sie giftig sei? Mexicano nickte: „Si, muy venenosa." Während wir ausgiebig Fotos schossen, versteckte die Schlange ihren Kopf immer wieder unter Steinen oder unter ihrem eigenen Körper. Den Schwanz hob sie in die Luft. Wie ich später herausfand, ein typisches Täuschungsmanöver, das sie zur Verteidigung anwandte. Packte ein Gegner den vermeintlich erhobenen Kopf, schlug die Schlange zu. Sie war viel kleiner, als ich sie mir vorgestellt hatte, vielleicht 40 bis 50 Zentimeter lang. Ihr Kopf hatte die Größe meines Daumens. Der Kopf der Korallenschlange sei so klein, dass sie die Kiefer in aller Regel gar nicht weit genug auseinander bringe, um bei größeren Gliedmaßen einen Giftbiss zu setzen, erklärte Mexicano. „Pero si ella pica, no hay medicina en todo el mundo", fügte er bedeutungsschwer hinzu. Aber wenn sie zubeiße, dann gebe es keine Medizin der Welt, die noch helfe.

Nachdenklich schlenderte ich hinter den anderen zurück zum Lager, wo Vicente bereits mit dem Essen wartete. Zwar war ich inzwischen skeptisch, was Mexicanos uneingeschränkte Gefährlichkeitsthesen anbelangte. Immerhin gab es mittlerweile sogar für Seeschlangenbisse wirkungsvolle Seren. Und die gelten nach dem australischen Taipan als die so ziemlich giftigsten Schlangen der Welt. Aber ein bisschen mulmig war mir doch bei der Vorstellung, was wohl passiert wäre, wenn ich statt neben auf den Schwanz der Schlange getreten wäre. Nach langwieriger Recherche, in deren Rahmen zunächst sogar einige Schlangenexperten daneben lagen, gelang es später die exakte Micrurus-Art zu bestimmen, um die es sich bei meinem Fund handelte. Es musste eine Micrurus spixii obscurus gewesen sein, die auf Deutsch schlicht amazonische Korallenschlange heißt. Unter der Vielzahl an Micrurus-Arten war sie noch nicht mal die giftigste. Dennoch rangiert ihr Toxin auf wissenschaftlichen Tödlichkeitsskalen – so was gibt es wirklich – zwischen dem der afrikanischen Schwarzen Mamba, von dem zwei Tropfen ausreichen, um einen 70 Kilo schweren Mann zu töten, und dem der Königskobra. Die Bisse beider Schlangen können binnen Minuten lebensbedrohlich werden und führen zum Tod, wenn man sie nicht schnell behandelt. Und schnelle Behandlung? Selbst wenn wir bereits auf dem Rückweg waren, wäre die im Flussbett des Rio Tacasso ohne Transportmittel zum nächsten Arzt mit Sicherheit unmöglich gewesen. Mexicanos Einschätzung mochte somit übertrieben sein, die Konsequenz seiner Schlussfolgerung war es nicht. Konnte es auf der Welt auch sehr wohl rettende Medizin geben, genützt hätte sie nichts, da es sie hier und jetzt eben nicht gab. Giftigkeit und rettende Medizin hin und her, auf dem Rückweg kam mir noch ein anderer Gedanke in den Sinn: Ob Schlangen wohl auch die Gefährlichkeit ihrer Begegnung mit Menschen ausloteten? Vorsicht: Teutonisches Trampeltier, umweltbewusst, trennt sogar Müll wie ein Weltmeister, demnach nicht angriffslustig, dafür unbeholfen und wenig umsichtig. Tritt nicht bewusst tot, aber wenn er den Kopf trifft: Überlebenschance gleich null!

*Ilkas Schmerzbeschreibung war deutlicher als Richard Spruces „bei lebendigem Leibe abbrennender Arm": Ein Wespenstich, bei dem die Wespe Stunden ohne Unterlass sticht.*

Nach einer Riesenportion Reis mit Chili con Carne, allerdings ohne Carne, zückte ich den Block und brachte die jüngsten Erlebnisse zu Papier. Die anderen dösten auf ihren Iso-Matten. Ilka lag da und reckte ihren Tucandera-gepeinigten Arm in die Höhe. Die Hoffnung, dass die Indianer mit den 24 Stunden währenden Qualen übertrieben, hatte sie inzwischen aufgegeben. „Während des Laufens, wenn man sich auf etwas anderes konzentriert, merkt man den Schmerz nicht so", sagte sie, „doch jetzt, wo Ruhe einkehrt, ist er um so schlimmer."

Ich horchte in die eingekehrte Ruhe hinein, die nur vom sanften Geplätscher des Flüsschens unterbrochen wurde. In der Ferne erklang erneut ein Motorengeräusch. Und es kam näher. Nein, diesmal war es keine Einbildung. Und dann sah ich den Geländewagen. An einer nicht ganz so steilen Stelle der Uferböschung erschien er zwischen dem Gestrüpp. Dann tastete der Fahrer den Wagen sachte Rad für Rad hinunter ins Flussbett. Ja, es handelte sich um einen Toyota Landcruiser, doch unser Dschungeltaxi war es nicht. Zum einen war der Wagen weiß, nicht rot, zum anderen besaß er statt einer Fahrgastkabine eine Ladefläche. Mexicano schlenderte durchs Flussbett auf den Wagen zu und unterhielt sich durchs Seitenfenster mit dem Fahrer. Als er zurückkam, berichtete er, der Wagen komme aus Ixiamas. Und dort sei heute kein roter Landcruiser eingetroffen. Unser Taxi war verschollen. Ob Torsten recht behalten sollte und wir doch noch ein bis zwei weitere Tage würden laufen müssen? Doch Mexicano erzählte, er habe soeben mit dem Fahrer verhandelt. Der sei bereit, uns auf der Ladefläche mitzunehmen. Allerdings fahre er zunächst in die Gegenrichtung. Auf dem Rückweg könnten wir aufspringen. Nach etwa einer Stunde kehrte der Wagen zurück. Hinten auf der Fläche standen zwei junge Bolivianer und hielten sich am Gestänge fest, während der Fahrer den Jeep ins holprige Flussbett steuerte. Er rief Mexicano etwas zu, als er zunächst an uns vorbei ein Stück stromabwärts durchs Flussbett fuhr. Sie wollten noch etwas aufladen, erklärte Mexicano. Ich hatte nur das Wort „madera" verstanden, also Holz. Besorgt blickte ich dem Jeep nach. Hoffentlich hatte sich die Korallenschlange inzwischen in Sicherheit gebracht, so dass sie nicht von den breiten Reifen zerquetscht würde. Schließlich kehrte der Laster zurück. „Vamos!" kommandierte Mexicano und wir schwangen unsere

*Zunächst verstauten wir das Gepäck auf den schmuddeligen Holzbalken, die meterweit über die Ladefläche hinausragten. Dann machten wir es uns darauf leidlich bequem.*

# Ein Stich und ein tödlicher Kriegstanz

Rucksäcke über die Schulter. Zunächst verstauten wir das Gepäck zwischen den schmuddeligen Holzbalken, die über einen Meter weit über die Ladefläche hinausragten. Dann gesellten wir uns zu den beiden jungen Bolivianern, die gleich hinter der Fahrerkabine auf den Balken standen und sich an der Seitenreling festklammerten. So gut es ging, schubberten wir unsere Hintern gegen das Holz, um eine leidlich bequeme Position für das folgende Geruckel zu finden. Als ich mich gerade eingerichtet hatte, brach hinter mir Hektik aus. Über meine Schulter hinweg verfolgte ich, wie der Bolivianer hinter mir schreiend und wild gestikulierend in eine Art Kriegstanz verfiel. Und dann sah ich den Grund. Nah seinem Stiefel war eine Venticuatro-Ameise zwischen zwei Balken hervorgekrochen. Zweimal sauste sein Stiefel daneben, der dritte Tritt begrub die Ameise unter sich. Noch dreimal trat der Mann zu. Erst als er sich davon überzeugt hatte, dass die Ameise regelrecht zermatscht war, kehrte wieder Ruhe ein. Ich blickte zu Ilka, die weiter hinten saß und das Ganze mit Kopfschütteln bedachte. Ich blickte auf meine Armbanduhr: 19.31 Uhr. Langsam schaukelte der Jeep dem aufgehenden Vollmond entgegen.

*Ilka bedachte den tödlichen Kriegstanz des Bolivianers auf der Ladefläche mit Kopfschütteln. Langsam schaukelte der Jeep dem aufgehenden Vollmond entgegen.*

Beim Blick auf die schmutzigen Holzbalken fiel mir deren rötliche Farbe auf. Ich tippte Mexicano auf die Schulter. „Mahogani?" fragte ich aufs Holz zeigend. „Si", antwortete er. Irgendwie makaber, das wir auf vermutlich illegal geschlagenen Mahagonistämmen den Urwald wieder verließen. Hinter den Holzbalken übers Heck des Wagens hinweg bot sich ein traumhaftes Panorama. Die Sonne ging unter. Die grünen Bergrücken lagen im Dunst. Der Wald reichte bis zum Horizont. Gleich neben dem holpernden Jeep waren noch einzelne Bäume auszumachen, doch in der Ferne verschmolzen sie zu jenem bekannten Brokkoli-Teppich. Wenig später waren im schwindenden Gegenlicht nur noch die Silhouetten einzelner Baumkronen auszumachen, die diesen Teppich überragten. Wie einen gigantischen Schirm breitete ein einzelner Ceiba-Baum seine Krone über dem ihn umgebenden Wald aus.

Gedankenverloren ließ ich mich vom Geholper auf der Piste durchschaukeln. Torsten hatte irgendwo mal den Satz gelesen: Der Urwald holt sich viel zurück, aber der weiße Mann wird siegen! Wann würde sich der weiße Mann diesen Ceiba holen? Und was war mit meinem Mahagoni-Baum nahe der Station Alto Madidi? Würde auch er besiegt werden? Würde er gefällt werden? Würde er in auf eine Ladefläche gestapelten Balken enden? Sein Abstand vom Fluss bot Schutz vor reißender Flut. Doch wie lange würde der Schutz vor dem Vordringen des Menschen währen? Die Antwort lag auf der Hand. Exakt so lange, wie es keine Straße gab, die seinen Abtransport ermöglichte. Der beste Schutz, den er genoss, war die Unzugänglichkeit seines Standorts. Der steinige Weg ins Abenteuer, der mich auf den ersten Tagen so oft an mir und meinen Fähigkeiten hatte zweifeln lassen. Jetzt war es genau dieser steinige Weg, auf dem meine Hoffnung lag. Hoffnung für den Erhalt eines Paradieses, das man die grüne Hölle nennt.

# Epilog
# Grüße von Galapagos

Wo mögen Ilka und Torsten gerade sein? Ich knabberte an meinem Kugelschreiber und wippte im Bürosessel, während der Rest der Reise wie im Zeitraffer vorüberhuschte. Mit blauen Flecken am Hintern und tauben Händen vom verkrampften Festhalten waren wir in Ixiamas angekommen und hatten im örtlichen Kino Quartier genommen. Eine halbe Treppe über der spartanischen Drei-Mann-Kammer, die Mexicano, Vicente und ich uns teilten, gab es einen Saal mit zu einem Fernsehgerät hin ausgerichteten Plastikstuhl-Reihen. Warum der je in Benutzung sein sollte, war mir indes nicht klar. Nicht angesichts der ebenso lauten wie riesigen Fernsehgeräte, mit denen die Kneipiers entlang unseres Straßenzuges die Gäste in ihren Läden und die Passanten davor beschallten. Beim Abendessen, das wir auf der Veranda einer dieser Gaststätten einnahmen, lieferte sich Captain Jack Sparrow hinter meinem Rücken auf einem der Fernseher pointierte Wortgefechte mit seinen Gegnern. Die Beleidigung des Kommodore, er sei „el peor pirata", der schlechteste Pirat, von dem er je gehört habe, parierte Johnny Depp: „Pero habéis oído hablar de mi!" Aber Sie haben von mir gehört!

Da ich ob der Lautstärke gar nicht mehr aufhören konnte, von ihm zu hören, verfluchte ich gegen Ende des Films die Piraten der Karibik. Vom ständigen Umdrehen schmerzte mir der Nacken. Als Johnny Depp Barbossa endlich seine letzte Kugel verpasst hatte, taperten wir mehr als ein wenig angesäuselt die Treppen zu unserer Kammer hinauf. Nach drei Wochen weitgehender Alkohol-Abstinenz zeigten drei Flaschen bolivianischen Biers durchschlagende Wirkung. „Sieh zu, dass du bis zwölf Uhr im Bett bist, wenn deine Taschenlampe nicht mehr geht", hatte Torsten geraten. „Dann wird im ganzen Ort zentral der Strom abgeschaltet." Ob Jack Sparrow an diesem Abend dem Galgen noch entkam oder ob die Verdunklung von Ixiamas dem Film ein jähes Ende bescherte? Keine Ahnung. Ich jedenfalls lag kurz vor zwölf seelig grunzend im Bett. Auch Vicente hatte offenbar ein wenig zuviel getrunken. Er schaffte es nicht mehr bis hinauf und kam erst am nächsten Morgen wieder an Land. Wo er die Nacht verbracht hatte, blieb sein Geheimnis. Angesichts seines zerknitterten Eindrucks hatte er wohl draußen auf einer Bank campiert. In der Nacht hatte Regen eingesetzt, der auch am Vormittag anhielt. Es goss zwar nicht, doch regnete es Bindfäden. Ilka blickte versonnen auf die schlammige Straße, von der die Pfützen mittlerweile mehr als die Hälfte beanspruchten. Während des Frühstücks, das wir in einem kleinen Schuppen mit wachstuchgedeckten Tischen einnahmen, sprang Mexicano plötzlich auf. Er hatte draußen einen roten Landcruiser vorfahren sehen. Tatsächlich war es unser verschollener Fahrer, der offenbar bereits vor der Morgendämmerung in San Buenaventura gestartet sein musste. Am Vortag hatte der Mann nicht wie geplant losfahren können, wegen eines Todesfalls in der Familie, berichtete Mexicano, als er wieder reinkam. Seine Mutter war gestorben. Mexicano drängte uns nun, mit dem Essen fertig zu werden, um so bald wie möglich zu starten. Der Fahrer drängelte.

[ Epilog ]

[ Epilog ]

*El Grupo nach der Runde zurück an deren Ausgangspunkt, auf der Brücke über den Rio Tequeje. Der Mann zwischen Torsten und Jens fuhr den Landcruiser, unser Dschungeltaxi.*

[ Epilog ]

Was ihn in Eile versetzte, war allerdings nicht der Trauerfall, sondern der Regen. Wenn wir uns beeilten, könnten wir es vielleicht noch schaffen, bevor die auf dem Rückweg zu querenden Flüsse zu stark anschwollen. Ilka schüttelte skeptisch den Kopf, doch Torsten nickte. „Wenn es zu spät ist, können wir ja wieder umdrehen und zurückfahren", versuchte er Ilka zu überreden, die den jetzigen Aufbruch für absolut unsinnig hielt. Dennoch, wir luden auf und kletterten in den Jeep. Diesmal hatten wir das Gefährt für uns allein. Ilka und Torsten schoben sich neben den Fahrer, Vicente und ich nahmen die erste Rückbank, Mexicano räkelte sich allein auf der Sitzreihe im Heck. Ilka sollte recht behalten. Unter der steinernen Brücke schoss der Rio Tequeje wild und schäumend durch sein Bett. Kein Vergleich mit dem Fluss, dem wir bei unserem Aufbruch gefolgt waren. Die ersten zwei Flüsse, über die es keine Brücke gab, passierte der Landcruiser zwar wohlbehalten, obwohl das Wasser bis an die Scheinwerfer schwappte, doch beim dritten Fluss war Schluss. Vor

*Schäumend toste der Tequeje in seinem Bett. Kein Vergleich mehr mit dem Fluss, den Jens beim Aufbruch fotografiert hatte, bevor wir seinem Lauf aufwärts gefolgt waren.*

uns wartete bereits ein anderer Jeep. Dessen Fahrer hatte sich auf die Motorhaube gehockt und stierte auf die brodelnde Wasserfläche. „Jetzt heißt es warten", sagte Torsten. Immerhin hatte der Regen inzwischen aufgehört, so dass die vorbeirauschende Flut, die aus den Bergen herunterkam, irgendwann würde versiegen müssen. „Nur wann?" Nach vier Stunden des Wartens begann Vicente, noch eine warme Mahlzeit zu zaubern. Dazu durfte er die Küche einer der Furt benachbarten Indianerhütte nutzen. Nach dem Essen schlurften wir wieder hinüber zu den Autos. Der Fahrer des vor uns wartenden Jeeps war in den Fluss gewatet und schien mit den Füßen den Grund abzutasten. Hier und da wuchtete er einen großen Bollerstein zur Seite. Schließlich kletterte er wieder an Land, trocknete sich ab, rieb sich die Hände und erklomm seinen Wagen. Auch unser Fahrer winkte uns einzusteigen. Zwar schoss das Wasser nicht mehr ganz so hoch durchs Flussbett, doch reißend war der Strom noch allemal. Dennoch wollte er es versuchen. Nur müssten wir alle im Wagen Platz nehmen, als Gewicht gegen die Strömung, erklärte Mexicano. Bald schaukelte der Landcruiser über die Uferkante hinab in die Fluten, während wir durchs Fenster seine Manöver verfolgten. In der Mitte des Flusses schwappte das Wasser zeitweise bis unter die Seitenfenster, doch drinnen blieb alles trocken. Eine knappe Minute später krabbelte der Jeep die Böschung des anderen Ufers hinauf. Den fast fünf Stunden Wartezeit folgten nun weitere Stunden Fahrt mit noch mehreren Flusspassagen, die aber im Vergleich zu dieser eher harmlos waren. Einzig die Aussicht auf das Übersetzen von San Buenaventura nach Rurre ließ uns noch einmal schlucken. An der Anlegestelle des Fährboots trafen wir erst spät am Abend ein, als es bereits dunkel war. Doch der Mond warf sein Licht auf die Fluten des Beni. Fluten, die uns hoffen ließen, dass alles möglichst schnell gehen und das klapprige Boot nicht von einer der monströsen „Hände" gerammt würde, die aus dem Fluss herausgriffen. Auch der Beni war extrem geschwollen und hatte zahlreiche Bäume mitgerissen. Und die schossen jetzt als geisterhafte Silhouetten an uns vorüber. Auch während des Übersetzens, als ich über den kleinen Motor staunte, der es trotz immenser seitlicher Drift schaffte, gegen den Strom und zugleich über den Fluss zu steuern, zogen immer wieder Baumleichen an uns vorbei. Doch keine kam uns zu nah. Trotzdem waren wir froh, als wir wieder festen Boden unter den Füßen hatten. Am anderen Ufer huckten wir wieder auf, stapften die zwei Häuserkarrees bis zum Hostel „Santa Ana". Dort sanken wir erschöpft in unsere Betten.

Das Einzige was mich in der Nacht noch einmal aufscheuchte, waren die Ratten. Als solche hatte ich das Gepolter gedeutet, das in unregelmäßigen Abständen auf dem Dach meines Zimmers herrschte. Als ich Torsten und Ilka beim Frühstück am nächsten Morgen auf der Terrasse davon berichtete, schüttelten die beiden ungläubig den Kopf. Doch diesmal hatte ich den Vorführeffekt auf meiner Seite. Plötzlich polterte es erneut. Ich blickte nach oben. Und dann fiel sie mir genau in den Schoß. „Da hast du deine Ratte, schmeckt super, aber nur, wenn sie ganz reif ist", grinste Torsten. Auch ich musste herzhaft lachen angesichts der Mangofrucht, die mir in den Schoß geplumpst war. Ein Baum hinter dem Gebäude hatte über Nacht offenbar gleich mehrere Früchte abgeworfen, die über das abschüssige Dach hinuntergekullert waren. Wir hatten das legendäre Schlaraffenland entdeckt.

Wir riefen Carlos und Stefan an, wegen der Besichtigung der Produktionsgemeinschaft in Villa el Carmen. Schon tags darauf fanden wir uns in dem kleinen Indianerdorf wieder, an einem gedeckten Tisch mit einem ganzen Sortiment an Säften, Kaffee, Chichas in verschiedenen Geschmacksrichtungen, Honig und dem Heiltrank der Katzenkrallenliane. Der Dorfälteste, ein Mann namens Agustin Mendoza, hieß uns, alles zu probieren, und ließ keine Widerrede gelten. „Ich komme mir vor, wie früher, wenn der Westbesuch da war und das Beste aufgetafelt wurde. Nur dass wir jetzt der Westbesuch sind", sagte Torsten und rutschte unbehaglich auf der Bank herum. Anschließend besichtigten wir die Produktionsstätte. In einem windschiefen Schuppen stand eine Art Amboss, der wohl früher mal eine Autoradfelge gewesen war. Agustin legte in Stücke zerteilte

*Mit einem schlichten Metallstück klopft Agustin Mendoza die Fasern der Kratzenkrallenliane breit, bevor sie im Topf auf den Lehmofen gestellt werden, um sie auszukochen.*

[ Epilog ]

Lianenstränge darauf. Mit einer kantigen Metallstange hieb er kräftig darauf ein, so dass sich einzelne Fasern aus den Abschnitten lösten. Diese zerfledderte Rohmasse schleppten die Frauen in riesigen Alutöpfen auf zwei Lehmöfen und füllten die Töpfe mit Wasser auf. Jetzt musste das Ganze einige Stunden über dem Feuer köcheln. Das Problem seien Abfüllung und Konservierung, erklärte Carlos. Bisher mache man den Lianensaft nur durch das Zugeben von Zucker haltbar. Fürs Einkochen oder chemisches Konservieren bedürfe es einer Abfüllanlage. Außerdem plane das Dorf gerade eine neue Produktions- und Lagerhütte. Der Gedanke, eine bereits bestehende Art des Broterwerbs einheimischer Menschen zu unterstützen, statt ihnen fremde Ideen vorzusetzen, schien Torsten und Ilka zu überzeugen. Um auch die Erntebedingungen zu begutachten, stapften wir hinter Agustin her in den Urwald, der wenige hundert Meter hinter dem Dorf begann. Dort nickten Torsten und Ilka einander zu. Was sie überzeugte, war, dass die Gewinnung von Una-de-Gato-Fasern zugleich den Schutz des Urwalds bedeutete. „Ohne den Wald, in dem die Liane gedeiht, kann diese Art der Produktion nicht funktionieren", erklärte Torsten mir auf dem Rückweg.

*Wenige 100 Meter hinter dem Dorf Villa el Carmen begann der Urwald, in dem die Dorfbewohner ihre Lianen holten.*

*Carlos Espinoza erklärte die Produktionsweise. Torsten war begeistert, weil die Nutzung der Liane zugleich den Schutz des Urwalds bedeutete. Denn ohne Wald gedeiht die Liane nicht.*

Villa el Carmen sollte zum ersten einer Vielzahl von Selbsthilfe-Projekten werden, die der inzwischen ins Leben gerufene Regenzeit-Verein bisher unterstützt hat. Leser der „Freien Presse" waren über dieses potenzielle erste Projekt bereits vorab unterrichtet worden. Noch vor unserem Aufbruch in den Urwald hatte ich den ersten Zwischenstand zum Hilfsprojekt vom Internetcafé in Rurrenabaque aus an die Redaktion in Chemnitz gemailt. Erschienen war dieser Artikel allerdings erst am 14. Januar 2005, also an unserem vierten Tag im Dschungel, als wir gerade das Quellgebiet des Madidi erreichten:

### Lianensaft statt Holzeinschlag
*Hilfsprojekt von Chemnitzern im Regenwald könnte bald erste Früchte tragen*

Das Hilfsprojekt der beiden Chemnitzer Globetrotter Ilka Sohr und Torsten Roder könnte bald erste Früchte tragen. Nachdem die beiden Weltreisenden, die am 2. Januar zu ihrer diesjährigen Südamerika-Expedition aufbrachen, diesmal ohne größere Zwischenfälle in Rurrenabaque im bolivianischen Amazonasbecken angekommen sind, haben sie bereits erste Kontakte für eine Kooperation gegen den Raubbau an der Natur geknüpft.
Erste Gespräche mit Vertretern der Nationalparkbehörde in La Paz erwiesen sich zwar als nicht fruchtbar, da die Behörde

selbst keine Spenden in Empfang nehmen darf, doch ergaben sich bereits weitere Kontakte zu einheimischen Projektförderern am Rande des Regenwaldes. Wenn die beiden Chemnitzer nach der ersten Etappe ihrer Urwaldexpedition in der Tieflandkommune Rurrenabaque eintreffen, wollen sie die provisorischen Produktionsstätten einheimischer Bauerngemeinschaften besichtigen. Produkte wie Honig oder ein spezieller Lianensaft, der bei den Indios seit Jahrhunderten als Universalheilmittel gegen unterschiedliche Erkrankungen verwandt wird, können bisher nur auf lokalen Märkten verkauft werden und bieten so keine echte Alternative zum schnellen Dollar, der sich mitunter mit dem Raubbau an der Natur machen lässt.

Stefan Rybak, lokaler Vertreter des Deutschen Entwicklungsdienstes in Rurrenabaque, kennt das derzeit aktuelle Problem gut: „Der illegale Holzeinschlag am Rande der Schutzgebiete, für den Einheimische von großen Konzernen ein bisschen Geld bekommen, während die Firmen viel Geld damit machen." Solchen Missständen wollen Torsten und Ilka entgegenwirken.

Die ersten Spenden, die die beiden Chemnitzer bei ihren Diavorträgen für ihr im vergangenen Herbst gestartetes Hilfsprojekt eingenommen haben, könnten nun in eine moderne Abfüllanlage für den Honig oder jenen Lianensaft fließen, damit diese Produkte Aussicht auf Vermarktung hätten und so eine Alternative zum Raubbau böten. Nach ihrer Rückkehr nach Deutschland wollen Ilka und Torsten bei ihren Vorträgen über erste Erfolge berichten.

Tage nach unserem Besuch in Villa el Carmen war die Zeit für den Abschied herangerückt. Torsten und Ilka wollten noch den Karneval in Rurrenabaque abwarten, bevor sie gen Norden in Richtung Venezuela aufbrachen. Doch bei mir drängte die Zeit. Bis zum Rückflug nach Deutschland waren es zwar noch fünf Tage, doch wollte ich kein Risiko eingehen. Nur kurz nach unserer Abfahrt ins Tiefland war es tatsächlich zum befürchteten Streik und der erwarteten Straßenblockade in den Yungas gekommen. Offenbar ging es um von der Regierung auf Druck der USA geplante Einschränkungen beim Coca-Handel. Die Coca-Bauern hatten die Straßen blockiert. Das provozierte nicht

*Die Schockerposter hingen schon an vielen Stellen, jetzt begann die Initiativarbeit, von deren ersten Erfolgen Ilka und Torsten nach ihrer Rückkehr nach Deutschland berichten wollten.*

etwa blutige Auseinandersetzungen mit Regierungstruppen, sondern mit armen Bauern aus dem Tiefland. Als deren Fracht, Früchte und Gemüse, auf den für die Märkte in La Paz bestimmten Lkw zu faulen begann, weil sie über Tage in den Yungas festsaßen, kam es zu Ausschreitungen und zu Schießereien. Nach Zeitungsberichten hatte es dabei auch mehrere Tote gegeben.

Obwohl die Straße durch die Yungas inzwischen wieder frei war, entschloss ich mich, retour den Buschflieger zu nehmen. Nach unserer Abschiedsumarmung schlenderten Ilka und Torsten die staubige Straße entlang auf dem Weg zu Mexicano. Ich schwang mir den Rucksack auf und erklomm den Kleinbus zum Flugplatz. Zwei neuseeländische Trekking-Touristen begutachteten meinen Rucksack mit verwundertem Blick. Vorm Aufbruch hatte ich mein Nylonmodell vom Straßenmarkt Vicente angeboten. Schnell waren wir handelseinig. War mein Sack auch seiner Schnallen beraubt, in Vicentes Augen stellte er mit seinen weichen Polstern noch immer ein Luxusmodell dar. Und für das überließ er mir bereitwillig seine Lianenkiepe. Meine sieben Sachen in einem blauen Getreidesack darauf festgezurrt, trat ich nun die Heimreise an. Die Fahrt dauerte nicht allzu lang, da der Bus nach wenigen Kilometern am Ende einer langen Autoschlange anhalten musste.

[ Epilog ]

Gestikulierende Bolivianer rannten draußen an den Fahrzeugen hin und her. Hier sei Schluss, ein Streik, erklärte unser Fahrer. So weit ich ihn verstand, hatten die Fahrer der in Rurre allgegenwärtigen Moped-Taxis die Straße blockiert, weil sie nicht einsahen, dass ihr Verdienst geringer ausfiel, als der anderer Taxifahrer. Warum auch, nur weil ihre Gäste mit dem Sozius eines klapprigen Zweirades vorlieb nehmen mussten? Wir schulterten die Rucksäcke und schickten uns an, den letzten Kilometer zu Fuß hinter uns zu bringen. Ich bekam einen Eindruck davon, dass Streiks mit Straßenblockaden in Bolivien nicht immer gewalttätig verlaufen mussten. Zwar schauten uns einige der an die 100 jungen Männer grimmig an, doch sie ließen uns passieren. Langsam schritten wir an den Mopeds vorbei, die als Barrikade Lenker an Lenker auf der Straße platziert waren. Vielleicht war es diese Erfahrung oder auch die relative Nähe des Titicaca-Sees zu La Paz, die mich auf dem Flug über die Anden zu der Entscheidung führten, nicht die ganzen letzten Tage in La Paz zu hocken. Kurzerhand nahm ich vom Flughafen ein Taxi zum Hauptfriedhof, in dessen Nähe die Busse zum Titicaca-See abfuhren. Noch am Nachmittag fand ich mich in einem Café in Copacabana wieder, einem kleinen Ort am Ostufer des Sees, kein Vergleich mit dem Strand gleichen Namens in Brasilien. Zusammen mit zwei jungen Engländern auf Rundreise, die ich im Bus kennen gelernt hatte, nahm ich mir in einer Posada ein Zimmer. Was nämlich keiner von uns bedacht hatte, war, dass der sonst verschlafene Ort als Hochburg des bevorstehenden Karnevals nahezu ausgebucht war. Nach zweitägigem Touristenprogramm mit Wanderung über die Isla del Sol, die Sonneninsel, stürzten sich die beiden Engländer in den Karnevalstrubel. Ich bestieg den Bus zurück nach La Paz. Auf dem Hexenmarkt gönnte ich mir statt eines neuen Talismans eine der specksteinernen Figuren von Pachamama, die uns sicher durch alle Unwägbarkeiten gebracht hatte. Eingerollt in bunt gewebte Tischdecken verschwand Pachamama zusammen mit zwei Taschenmessern und zwei kleinen Macheten – Souvenirs für meine Kinder – schließlich im blauen Getreidesack und wurde auf der Kiepe festgezurrt, als es zum Flugplatz zu fahren galt.

Auf sämtlichen Etappen des Rückwegs versuchte ich noch mal den Verbleib meines ersten Rucksacks zu klären. Bei der Gepäckzentrale in La Paz schüttelte der Mann nur den Kopf. „No mochila." In Lima dagegen ein Lichtblick, ja das Gepäck sei gefunden und inzwischen zurückgeschickt worden, teilte mir die Dame mit. Beim nächsten Stopp in Madrid, wo mein Hinreisegepäck verloren gegangen sein musste, stellte ich mich sicherheitshalber ans Transportband, auf dem das Gepäck meiner aus Lima kommenden Maschine Runden drehte. Vicentes Rucksack war nicht dabei. Hätte er auch nicht sollen, da er bis Berlin durchgecheckt war. Dennoch, als bereits vom Hinflug gebranntes Kind reihte ich mich in die ewig lange Schlange vor dem „Lost luggage"-Schalter ein. Als ich endlich an die Reihe kam, bat ich die blonde Dame um Rückversicherung, ob mein Rucksack wirklich gleich ins Flugzeug nach Berlin verladen worden sei. „Si, si", bestätigte sie unwirsch. Auch nach dem verschollenen Hinreise-Rucksack fragte ich. Die Antwort provozierte einen ungläubigen Blick. Der sei beim Hinflug fälschlich nach Zürich geleitet worden, und dort habe er die ganzen letzten

*Gefährliches Bermudadreieck: In Madrid verlor sich die Spur des Gepäcks, doch fünf Wochen später wusste die „Lost-luggage"-Betreuerin angeblich: Der Rucksack ist in Zürich.*

Wochen gelegen, behauptete die Frau nach Konsultation ihres Computers. Mit Kopfschütteln und fatalistischem „Was-soll's-Gefühl" bestieg ich das nächste Flugzeug. Und, man ahnt es schon, déjà-vu-artig wiederholte sich in Tegel alles. Das endlose Schleifen drehende Gepäckband, die vergeblich suchenden Blicke, diesmal kam jedoch noch die Ungeduld hinzu. Diesmal stand vor der Absperrung eine von einem Fuß auf den anderen tretende Rina. Längst war das Band leer. Jetzt wurde es abgestellt. Es half nichts. Auf Iberia war Verlass. „Der zweite Rucksack ist auch weg", begrüßte ich Rina schulterzuckend, bevor ich sie in die Arme schloss.

Als ich am Schalter mein Gepäck als verschollen melden wollte, musste ich unwillkürlich prusten. Freundlich hatte der Mann mir erklärt, dass man das Gepäck, so bald es ausfindig gemacht sei, an meine Heimatadresse senden werden. Ja, genau das war mir in Madrid schon für den ersten Rucksack zugesichert worden. Doch angesichts der Beschaffenheit meines Rückreisegepäcks hatte ich Bedenken. Wo ich denn eintragen könne, wie mein Gepäck aussehe, wollte ich von dem Bediensteten wissen. Nicht eintragen, einfach ankreuzen, sagte der. Hartschalenkoffer, Nylontasche, Rucksack – als ich ihm endlich verständlich gemacht hatte, dass keine der zahlreichen vorgegebenen Kategorien es wirklich traf, schob er mir das Formular herüber und zeigte auf ein leeres Feld: „Beschreiben Sie da einfach, wie Ihr Gepäck aussieht!" Rucksack aus Lianenfasergeflecht (braun) mit aufgeschnalltem Polyester-Getreidesack (hellblau), formulierte ich.

Die Skepsis war unbegründet. Nur Tage später kamen beide Rucksäcke an. Zuerst Vicentes Kiepe mit den Souvenirs. Tags darauf astete der Mann vom Lieferdienst dann den verschollenen ersten Rucksack die Treppen hinauf. Ich quittierte den Empfang. Ehe ich dazu ansetzte, die Tasche zu öffnen und die Vollständigkeit meiner noch jungfräulichen Urwaldausrüstung zu kontrollieren, fiel mein Blick auf einen kleinen grünen Zettel, der am Tragegriff befestigt war. Ich drehte ihn um – und musste schallend lachen. Was hatte die Frau in Madrid gesagt? Zürich. Offenbar hatte Zürich unbemerkt einen neuen Stadtteil hinzugewonnen, einen in dem mein Rucksack mehr Bekanntschaft mit Echsen gemacht haben musste, als ich selbst im Dschungel: Auf dem Zettel standen die Worte: Sistema de inspeccion y cuarentena para GALAPAGOS.

Nur Wochen später präsentierte mir die „Freie Presse" bei meiner Morgenlektüre eine Meldung, die ich gierig verschlang. In Amazonien war eine neue Affenart entdeckt worden. Die kleine Meldung die am 5. März 2005 auf der Titelseite stand, lautete:

650.000 Dollar für einen Affen-Namen

New York. Für 650.000 Dollar hat ein anonymer Bieter auf einer Online-Auktion das Recht ersteigert, eine kleine Affenart aus Südamerika zu benennen. Wie der Auktionator mitteilte, soll das Geld dem Madidi-Nationalpark in Bolivien zugute kommen, in dem das etwa 30 Zentimeter große Äffchen entdeckt wurde. Bei der Suche nach einem Namen muss sich der großzügige Bieter allerdings an die international gültige Nomenklatur halten.

Da war sie, die Sensation. Nein, der Mono Rey war es sicher nicht. Das Äffchen war viel zu winzig. Nach meinen Recherchen handelte es sich um ein so genanntes Titi-Äffchen, das ein britischer Forscher namens Dr. Robert Wallace, der für die Wildlife Conservation Society in der Madidi-Region Umweltschutz-Aktivitäten betrieb, bereits im Jahr zuvor im Park entdeckt hatte. Dazu hatte er noch nicht mal weit in dessen entlegene Winkel im Westen vordringen müssen. Das Äffchen begegnete ihm im Grenzgebiet des Parks. Wallace hatte auf sein Recht, die neue Art als deren Entdecker zu benennen, verzichtet, und entschieden, dieses Privileg zugunsten des Umweltschutzes zu versteigern. Die Affenart hieß nun „Callicebur aureipalatii", was übersetzt so viel wie Goldener-Palast-Affe heißt. Der anonyme Bieter entpuppte sich später als ein Online-Casino, dessen Internet-Adresse GoldenPalace.com lautete.

Einige Wochen später war es, dass ich vor meinem Bildschirm saß, und mich wie so oft fragte: Wo genau Ilka und Torsten in diesem Moment gerade stecken mochten? Plötzlich wurde der Computerlüfter von jenem markanten „Pling"

[ Epilog ]

des Mailprogramms übertönt. Ich klicke auf den Posteingang. Zwischen den zahlreichen bereits gelesenen Mails stand da, fett gedruckt, der neue Absender: regenzeit.net. Ich klicke darauf und überflog den Anfang der Mail:

*Gerade noch rechtzeitig erreichen wir den Flughafen in Ciudad Bolivar. Unser Taxifahrer hatte sich auf der Fahrt hierher einen Platten gefahren. Schon beim Einsteigen vor unserer Posada hatte der Fahrer unsere schweren Rucksäcke geringschätzig gemustert. 30 und 25 Kilo, hoffentlich geht das gut. Es musste ja passieren. Einen der unzähligen Toppes nahm der Fahrer dann mit zu hoher Geschwindigkeit. Der profillose Hinterreifen ist einfach geplatzt. Toppes sind kleine oder größere Hügel die quer zur Fahrbahn verlaufen. Durch diese Einrichtung erhoffen sich die Behörden eine Reduzierung der Geschwindigkeit vor wichtigen Institutionen zu erreichen. (Militär, Krankenhäuser) Der Volksmund bezeichnet sie auch als schlafende Polizisten. Die meisten der Uraltautos in Venezuela segnen genau an diesen Toppes endgültig das Zeitliche. Allein hier in Ciudad Bolivar haben wir drei Autos mit kapitalen Achsschäden just neben diesen „schlafenden Polizisten" liegen sehen.*

*Im Flugbüro von „Transmandu" (ein Tisch, zwei Stühle) ist die Sekretärin schon am Arbeiten. Als erstes erzählt sie uns, dass unser Rückflug von Kavac plötzlich 60.000 Bolivares pro Person mehr kostet, als wir vereinbart hatten. Wir bezahlen natürlich nicht und warten auf den Kapitän Alfonso...*

Ich scrollte im Text weiter. Die Mail gab bestimmt fünf eng bedruckte A4-Seiten ab. Schweren Herzens schloss ich sie wieder und mailte sie mir nach Hause. Am Abend setzte ich mich mit ihrem Ausdruck an den Küchentisch und las weiter:

*... Kurz nach sieben erscheint er dann unser Pilot: Kapitän Alfonso. Mit seinem gelben verschwitzten T-Shirt und seinen fleckigen, löchrigen Jeans sieht er eher aus wie ein Bauarbeiter. An seiner Brille, die ihm ständig über die Nase rutscht, fehlt ein kompletter Bügel. Als erstes verbreitet er Hektik. Sofort sollen wir ihm mit unseren schweren Rucksäcken zu seiner Maschine folgen. Wir rennen hinterher.*

*Das Flugzeug ist schon mit allerlei Dingen voll gestopft. Lebensmittel stapeln sich bis unter das Dach. Unser Gepäck schieben wir noch irgendwie obendrauf. Ich darf vorne neben Alfonso sitzen, als Copilot sozusagen. Leider ist mein Fußraum bis zur Hälfte mit Salzbeuteln ausgestopft, was meine Sitzposition nicht gerade verbessert. Nach vielen Versuchen und einigem Gewersche bleibt auch endlich das Seitenfenster von ganz allein zu. Hoffentlich fliegen unsere Rucksäcke nicht während des Fluges zur Tür raus.*

*Wenn in einer kleinen Cessna neben Passagieren und Pilot noch schwere Rucksäcke und Vorräte mitgenommen werden sollen, bleibt im Fußraum kaum noch Platz.*

*Am Anfang des Fluges erzählt uns Alfonso, dass er früher mal eine der großen Boeings geflogen hat. Heute hat er seine eigene Maschine. Die ist zwar die älteste hier, aber Probleme gebe es deswegen keine.*

*Noch in der Luft regeln wir das Geschäftliche, bekommen unseren Rückflug für die vereinbarten 180.000 Bolivares von Kavac aus. Am 16.03.05 pünktlich 8:30 Uhr soll er uns wieder abholen. Dann schlafen nicht nur meine Füße und das Gespräch, sondern tatsächlich auch unser Flugkapitän ein! Ihm fallen immer öfter die Augen zu. Klar fliegen macht müde, aber als Pilot? Ich schaue auf die Uhr. 30 bis 50 Sekunden am Stück hat er die Augen zu.*

[ Epilog ]

*Die Hände liegen in seinem Schoß. Während dieser Zeit des Sekundenschlafs rutscht sein rechtes Bein nach vorn und drückt dort auf das rechte Fußpedal des Fliegers. Wir fliegen eine flache Rechtskurve. Er scheint eine innere Uhr zu haben. Gerade als mir die Schräglage zu bedrohlich wird, ich ihm auf die Schulter klopfen will, durchzuckt es seinen Körper, er wacht auf, korrigiert die Maschine, und das Spiel beginnt von neuem. Nur diesmal alles nach der linken Seite. Das wiederholt sich mehrfach.*

*Als der Auyan Tepui ins Blickfeld kommt, ändert sich das schlagartig. Mit hoher Geschwindigkeit schießen wir knapp über die riesige Oberfläche des Tafelberges. Der Ausblick ist fantastisch. Eine gigantisch große, zerklüftete geheimnisvolle Welt liegt unter uns. Als wir über den „Canyon del Diablo" (Teufelsschlucht) fliegen, den 1000 Meter hohen Salto Angel in einiger Entfernung sehen, kommen uns zum ersten Mal Zweifel. Ist es überhaupt möglich diesen Wasserfall von oben, vom Plateau aus in 14 Tagen zu erreichen? Werden wir es schaffen, unser komplettes Gepäck (zwei Rucksäcke 25 Kilo und 30 Kilo) ohne Zuhilfenahme von Trägern hier nach oben zu befördern?*

*Wir kommen uns im Angesicht des Tepuis winzig klein vor. Wir sind nervös, wie schon lange nicht mehr. Die Landung auf der kleinen Piste in Kavac klappt bestens. Unser Pilot, der von den einheimischen Pemon-Indios als Speedy Gonzales bezeichnet wird, ist wieder die Hektik in Person. Alles muss furchtbar schnell gehen. Die Maschine wird in weniger als fünf Minuten entladen. Er wünscht uns noch viel Glück, schon fliegt er wieder davon.*

*Noch auf der staubigen Flugpiste treffen wir Jose Pinzon. Er ist uns als guter Führer empfohlen worden, dass seine Ortskenntnisse oben auf dem Plateau auch nur bis zum Camp „El Oso" (Markanter Punkt nach dem Aufstieg) reichen, erzählt er uns erst am zweiten Abend, als wir schon die ersten 1000 Höhenmeter hinter uns gebracht haben. „Was soll's" denken wir uns. Jose meint „no problema", wird schon alles klappen.*

*Nachdem wir alle drei unsere Lebensmittelvorräte (insgesamt 40 Kilo) verstaut haben, laufen wir los. Auf den ersten 20 Kilometern queren wir drei Flüsse. Den Rio Kavac, den Rio Yurwan und den Rio Okoeine. Der Weg führt durch endlose, menschenleere Savanne. Die Sonne brennt gnadenlos vom Himmel. Die 30 Kilo Rucksackgewicht liegen schwer auf dem Rücken. Da ich wieder Mal nicht auf Ilka höre, bloß im Träger-Shirt losgelaufen bin, verbrenne ich mir Oberarme, Hals und Kopf. Nach fünfeinhalb Stunden stehen wir schon ziemlich k.o. am Fuß des ersten kleinen Plateaus. Von hier aus können wir zum ersten Mal die Flanken des Tepuis sehen. Irgendwo da oben ist die einzige Aufstiegsmöglichkeit zur 700 Quadratkilometer großen Oberfläche des Tepui. Ilka zweifelt an sich selbst, „Mit dem schweren Rucksack schaff ich das nie und nimmer!" 20 Minuten später liegt sie völlig ausgepumpt im Gras: „Torsten, ich schaff das nicht!" Die Pausen sind verführerisch, es dauert lange, bis ich sie zum Weitergehen motivieren kann. Aber uns bleibt keine Wahl, wir müssen! Hier gibt es kein Wasser und der nächste Fluss, der Rio Guayaraka liegt noch unendliche drei Stunden Gehzeit und 300 Höhenmeter über uns. Immer öfter bleibt sie stehen. Ihr ist schlecht. Abwechselnd mit Jose tragen wir ihren Rucksack das letzte, steilste Stück den Hang hinauf. Die letzte Stunde*

*Klatschnass wie ein Wasserfall, doch hielt Ilka am Tag nach ihrer Schwächephase beim Aufstieg auf den Auyan-Tepui durch.*

[ Epilog ]

*ab der Kante schnallt sie sich die 25 Kilo wieder selbst auf den Rücken. Kurz vor der Dämmerung erreichen wir das Camp Guayaraka, ein kleines Schutzdach aus Wedeln der Moriche-Palme. Von Muskelkrämpfen geplagt, bewegt sich Ilka keinen Meter mehr. Neun Stunden Gehzeit sind für den ersten Tag einfach zuviel. Jose gibt uns Recht, erzählt noch, dass wir die ersten sind, die noch am Anreisetag losmarschiert sind!*

*Mit uns schlafen im Camp noch drei Jäger aus der Pemon-Siedlung Kamarata.*

*Der Blick am Morgen zur Steilwand lässt Böses ahnen. Der heutige Tag wird noch weit anstrengender als der erste Tag werden. Zwei Stunden laufen wir durch fast ebenes Savannengebiet bis zum Rio Atapere. Nach der Querung des Flusses wird es ernst. Senkrecht führt der Weg zur Zweiten Ebene des Tafelberges nach oben. Der Aufstieg durch den feuchtheißen Urwald geht an die Substanz. Selbst bei mir strömt der Schweiß aus allen Poren.*

*Ilka ist klatschnass wie ein Wasserfall. Trotzdem hält sie tapfer durch, hat ihre kurze Schwächephase von gestern schnell überwunden. Endlich erreichen wir El Danto. Das ist nichts weiter als ein großer Felsblock, eine Boofe. In der Nähe gibt es frisches Wasser. Wir legen eine Pause ein, genehmigen uns eine leckere Dose Sardinen zum Mittag. Für kurze Zeit frischt der Wind auf, vertreibt die Wolken, die die 800 Meter hohen Steilwände einhüllen. Unter diesen Steilwänden liegt unser heutiges Tagesziel, ein riesiger Felsblock in dessen Schatten wir unser Zelt aufstellen. Wieder waren es acht anstrengende Stunden Gehzeit. Zum Abendessen bereitet Ilka Reis, wie sollte es anders sein, mit Sardinen zu. Das Waschen im nahe gelegenen Bach fällt kurz aus. Das Wasser ist eiskalt. Die Nacht wird sehr unruhig, da unser Lagerplatz von einer ganzen Horde Mäuse belagert wird, die sich an unseren Essensvorräten zu schaffen machen. Am nächsten Morgen liegt die Steilwand über uns komplett in den Wolken, dafür haben wir einen freien Blick nach unten über die sich endlos bis zum Horizont erstreckende Gran Sabana. Zwei Stunden steigen wir bis direkt an die Wand heran nach oben. Auch auf diesem Teilstück benötigen wir schon des öfteren „Allrad", d. h. mit den Händen ziehen wir uns an Steinen und Wurzeln empor. Die Füße suchen an kleinen Vorsprüngen halt. Immer wieder vertreibt der Wind die Wolkenschwaden von der Steilwand, gewährt uns kurze Blicke auf den Einstieg zum „Canyon del Diablo", der einzigen Aufstiegsmöglichkeit auf den Auyan Tepui. Bis zum Canyon müssen wir noch einen Kilometer direkt entlang der Felswand überwinden. Der schmale Pfad erfordert volle Konzentration. Über Wurzelwerk und morastige Passagen arbeiten wir uns voran. Ein paar Sträucher verhindern nach links den Blick in den bodenlosen Abgrund, vermitteln ein Gefühl der scheinbaren Sicherheit. Im Canyon selbst ist jetzt dichter Nebel. Nur schemenhaft können wir das obere Ende erahnen. Vier, für uns mit unseren schweren Rucksäcken recht schwierige Kletterpassagen sind mit alten Seilresten „abgesichert"... Endlich! Nach fünf Stunden Gehzeit erreichen wir das obere Plateau in 2500 Meter Höhe. Ein unbeschreibliches Glücksgefühl! Wir fallen uns in die Arme. Selbst das Wetter ist uns wohl gesonnen. Immer öfter reißt der Wolkenvorhang auf. Was wir sehen, ist ein unendlich großes Gebiet, 700 Quadratkilometer. Getrennt von der Außenwelt durch 800 Meter hohe, meist senkrecht abfallende Felswände.*

*Das Szenario aus zerklüfteten Tälern und gewaltigen Felsen, Bergen und Flüssen ist einfach nur fern jeder fassbaren, gewohnten Realität. Als ob Zyklopen an einem überdimensionalen Würfelspiel teilgenommen hätten, liegen Hunderte hausgroßer Felsklötze, jeder nur denkbaren Form vor uns verstreut. Viel Zeit zum Staunen bleibt allerdings nicht. Jose drängelt, drei Stunden ist unser Tagesziel noch entfernt. Fünf weitere Passagen mit Seilunterstützung sind noch zu meistern. Todmüde, aber überglücklich erreichen wir den Lagerplatz „El Oso" (Der Bär). Die meisten Lagerplätze haben Tiernamen, die sich aus umliegenden Felsformationen ableiten lassen. Sämtliche Schlafplätze sind also nur mehr oder weniger windgeschützte Felsüberhänge. Trägt so ein Lagerplatz noch den Zusatz „Hotel", bedeutet dies lediglich, dass sich in unmittelbarer Nähe eine Wasserstelle befindet. Meist reicht die wirklich ebene Fläche gerade so für zwei Zelte. Gestern gab es Reis mit Sardinen, also verwöhnen wir unseren Gaumen heute mit Nudeln und Sardinen. Diesen Geschmackswechsel werden wir wohl oder übel noch 14 Tage beibehalten müssen. Nachts klappern wieder die Mäuse mit unseren Töpfen, lassen uns lange Zeit nicht einschlafen.*

*Eine große Herausforderung stellt am nächsten Tag das Brotbacken dar. Zuerst versuche ich es mit einem sehr dünnen Teig aus zu wenig Mehl, zu viel Wasser und zu viel Salz. Löffelweise lasse ich den Teig in das kochende Öl laufen. Sofort bleibt alles auf dem Boden kleben. Bei Umrührversuchen zerfällt die Pampe in Tausende kleiner Flöckchen. Der zweite Versuch mit einem sehr trockenen Salz-Wasser-Mehl-Gemisch gelingt schon wesentlich besser. Einmal hin- und hergedreht – fertig ist das frittierte Brot! Mit etwas Zucker ist das Ganze sogar genießbar. Zum Perfektionieren habe ich noch die nächsten 13 Tage Zeit.*

*Aufgrund des Öl- und Teiggemähres kommen wir erst sehr spät in die Startlöcher. Bis zum Mittag laufen wir im breiten Tal des Rio Churun, der von vielen kleinen Quellzuflüssen aus den Felsen gespeist wird. Der Weg führt leicht abwärts. Der Untergrund besteht zum Großteil aus schwarzen, scharfkantigen Felsen. Immer wieder müssen wir über tiefe Klüfte springen. Augen zu, Anlauf nehmen und drüber. Weiter unten im Tal ist der Fluss von niedrigem Urwald umgeben. Wie die Affen hangeln wir durch die Bäume über bodenlose Felsspalten hinweg. An anderen Stellen ist ein Vorwärtskommen nur auf allen Vieren oder kriechend möglich.*

*Meter für Meter kämpfen wir uns voran. Armdicke Baumstämme liegen über breiteren dicht bemoosten rutschigen Felsspalten. Jeder Schritt erfordert absolute Konzentration. Bis zum Nachmittag schwitzen wir uns auf diese Art und Weise vorwärts. Endlich erreichen wir eine kleine freie Fläche, bestens geeignet für unsere Zelte. Über einen Felsblock kommen wir direkt bis zum zehn Meter entfernten Rio Churun. Im Schein der Abendsonne leuchtet das colafarbene Wasser in allen nur erdenklichen Variationen. Das Flussbett besteht aus riesigen Felsplatten. Von hier aus haben wir einen herrlichen Blick auf unseren morgigen Weg. Unmittelbar hinter unserem Camp „El Dragon" türmt sich eine 300 Meter hohe Felswand auf. Ein Tafelberg auf dem Tafelberg. Der Durchstieg lässt sich von hier unten aus lediglich erahnen. Wir geben uns nur kurze Zeit irgendwelchen Spekulationen hin. Was interessieren uns die Probleme von morgen. Heute nutzen wir die Sonne und das eiskalte Wasser zum Baden und um unsere verschwitzte klebrige Kleidung auszuwaschen.*

*6.30 Uhr weckt uns die aufgehende Sonne. Ein herrlicher Morgen. Kein Wölkchen ist am stahlblauen Himmel zu sehen. Selbst das frittierte Brot schmeckt heute besser als gestern. Pünktlich 8 Uhr marschieren wir los. Der Pfad zur Felswand führt durch dichtes Gestrüpp, wie durch einen Tunnel. Wieder geht es nur auf allen Vieren oder kriechend voran. Am schwierigsten ist es, wenn wir uns mit unseren Rucksäcken im Geäst verhaken und wieder rückwärts kriechen müssen. Das kostet jedes Mal viel Kraft. Die 300 Meter hohe Wand durchsteigen wir in zwei Stunden. Einige Kletterpassagen (sächsische Schwierigkeitsstufe eins bis zwei) sind zu überwinden. Das Bewegen im vertrauten Terrain macht Spaß. Viel gefährlicher als die Kletterei sind wieder mal die bodenlosen Felsspalten. Ein falscher Schritt könnte fatale Folgen haben. Da wir weder über Handy noch Satellitentelefon verfügen, würden Tage vergehen, bis hier oben Hilfe eintreffen könnte. Von den Felsvorsprüngen können wir immer wieder kurze Blicke auf das zurückliegende „Tal der tausend Steine" werfen. Grandios! Allerdings währt die Freude nur kurze Zeit. Vor uns, auf dem letzten Plateau liegt ein riesiges Sumpf- und Morastgebiet. Die Ebene fällt leicht Richtung Norden, Richtung Salto Angel, ab. Erst weiter unten bilden sich kleine Wasserlöcher. Später sammelt sich das Wasser in kleineren Flüssen.*

*Bevor wir jedoch den ersten Fluss erreichen, liegen acht Kilometer Sumpflandschaft vor uns. Bei jedem Schritt versacken wir bis über die Knöchel im fauligen Schlamm. Stellenweise brechen wir bis zu den Knien durch die dünne Grasnarbe ein. Drei Stunden stapfen wir durch dieses baumlose Gebiet. Um 15 Uhr erreichen wir den ersten kleinen Fluss, der das Wasser des Morastgebietes aufnimmt. Eine ebene trockene Fläche zum Campieren ist schnell gefunden. Die pralle Sonne trocknet unsere zuvor im Schwarzwasserfluss gereinigten Sachen sehr schnell. Am Abend sitzen wir bei Tee um ein kleines Lagerfeuer, lassen unseren Gedanken über die Mystik der Tafelberge freien Lauf. Es ist, als ob uns der Auyan Tepui jeden Tag neue, noch größere Hindernisse in den Weg legt, nur um zu verhindern, dass wir sein Heiligstes erreichen!*

[ Epilog ]

07.03.2005

*Zwei weitere lange Tage quälen wir uns durch endlosen Urwald. Dieser Wald hier hat nichts gemein mit dem Tiefland-Dschungel. Hier oben auf dem Tepui drängt sich aller Bewuchs bis zu einer Maximalhöhe von zehn Metern zusammen. Alles wächst kreuz und quer. Kein Licht dringt auf den Boden. Kilometerlang klettern wir wie die Affen auf den Bäumen zwischen Wurzeln und verschlungenem Geäst ohne ein einziges Mal den Boden überhaupt zu berühren. Wie ein Spinnennetz haben die Bäume ein Geflecht aus Wurzeln über die Felsbrocken gespannt. Die verschlungenen Baumstämme sind dick mit dunkelgrünem Moos bedeckt. Auf den Stämmen wuchern außerdem unzählige hellgrün leuchtende Bromelien, an deren scharfkantigen Blättern wir uns die Hände aufreißen. Jeder Schritt wird zur Rutschpartie, ständig bleiben wir hängen, stoßen unsere Köpfe, Beine und Arme irgendwo an. Unsere Ausrüstung leidet genau wie wir unter den Strapazen. Meine Hose besteht nur noch aus Flickstellen. Gut, dass Ilka jeden Abend mit Engelsgeduld die Schäden, so gut es geht, beseitigt. Jede Hügelkette, die wir auf diese Art und Weise erklimmen, weckt neue Hoffnungen. Die Felsen der Steilwand, der Salto Angel, sie müssen, sie dürfen nicht mehr weit entfernt sein! Das Einzige, was wir von den Hügelketten aus sehen, sind immer weitere Hügelketten und tief eingeschnittene Täler.*

*Natürlich alles mit dichtestem Urwald zugewuchert. Es ist zum Verzweifeln. Der Weg zerrt an unseren Nerven. Unsere Knöchel sind vom permanenten Rumgerutsche dick angeschwollen, Ilkas Oberschenkel werden von großen Blutergüssen „verziert". Insgesamt sind es an die 20 Hügelketten, die wir bis zum „Angel Fall" überqueren. Am Nachmittag dann der große Moment. Der Urwald lichtet sich, wir stehen unmittelbar über der fast 1000 Meter abfallenden Felskante am „Canyon del Diablo". Tief unter uns fließt der Rio Churun, an dessen Quellflüssen wir Tage zuvor unser Camp aufgeschlagen hatten. 40 Minuten laufen wir noch bis zu einem kleinen Fluss, dessen Wasser zwischen Felsblöcken in einer Art Canyon verschwindet. Wir hören es rauschen und donnern. 200 Meter vor uns stürzt das Wasser, glaubt man den venezolanischen Prospekten, 1000 Meter in die Tiefe. Unsere Zelte stellen wir auf ebenen Felsplatten auf. Große Steine sichern unsere „Hütte" vor dem heftigen Wind so nah am Abgrund. Mit Jose wage ich einen ersten Erkundungsgang. Im großen Bogen laufen wir bis zur Abbruchkante. Das Terrain ist nicht ungefährlich. Zwei Kletterstellen mit einem irren Blick in die bodenlose Tiefe sind zu meistern. Dann endlich sehen wir ihn, den „Salto Angel", das Ziel unserer Reise. Zum Foto schießen hält mich Jose hinten am Hosenbund fest. So kann ich mich weiter über die Kante beugen, den Salto von oben bis unten ins Visier nehmen. Unten im Tal erkennen wir das Camp der Canaima-Touristen. Genau an dieser Stelle ist letztes Jahr die Idee zu dieser Tour gereift. So weit das Auge reicht, erstreckt sich die Kulisse der Tafelberge. Aber egal, wie weit wir auch blicken, alles gehört zu diesem einen, dem Auyan Tepui. Diese Dimensionen sind fern jeglicher Vorstellungskraft. Nach einigem Suchen finden wir noch einen leicht zugänglichen Aussichtspunkt. Wir genießen das Farbspiel der frühen Abendsonne. Gegen 18 Uhr, als es schon dunkel wird, kehren wir zu unseren Zelten*

*Touristen sehen den Salto Angel nur von unten. Um ihn so zu sehen, muss der Auyan bestiegen und sein Plateau, von der Ausdehnung her vergleichbar mit Berlin, überquert werden.*

[ Epilog ]

*zurück. Ilka wartet schon ungeduldig, hat sich Sorgen gemacht. Unsere abendliche Mahlzeit besteht wie immer aus Reis. Belohnt für unsere Mühe werden wir von einem prächtigen Sternenhimmel. Nachts besuchen uns noch zwei Rabipelao, etwa katzengroße Tiere, mit einem langen nackten Schwanz, den sie wie die Affen zum Klettern einsetzen können. Ihre großen runden Augen leuchten im Schein der Taschenlampe. Gefährlich sind sie nicht, nur nervig. Die ganze Nacht schleichen sie ums Zelt und suchen nach Essensresten.*
*Am nächsten Morgen verdecken Wolken jegliche Aussicht. Es ist empfindlich kalt geworden. Nur kurz reißt der Dunstschleier auf. Alle drei sitzen wir zwei Stunden am Aussichtspunkt und beobachten das Spiel der Wolken unter uns. Auf dem Weg zurück zum Zelt stören wir noch einen Nasenbären, der in einem Termitenhaufen herumwühlt. Am Nachmittag sortieren wir unsere Ausrüstung, packen alles zusammen. Wir wollen und müssen zurück. Unsere Essensvorräte sind „nur" für 14 Tage kalkuliert. Am 14.03.2005 treffen wir wieder am Ausgangspunkt unserer Tour, in Kavac ein. Den Rückweg haben wir regelrecht genossen. Unsere Rucksäcke sind fast leer. Den vielen kleinen Dingen am Wegesrand konnten wir endlich unsere Aufmerksamkeit widmen. Meine Recherchen bei den Pemon-Indios in Kavac förderten dann noch eine ganz besondere Neuigkeit zu Tage. Ilka ist die erste Deutsche, die oben am Salto Angel gestanden hat und das Ganze ohne Begleitmannschaft vollbracht hat! Das ist doch auch mal was. Zur Feier des Tages kaufe ich ein völlig überteuertes Stück Fleisch, über welches sich Ilka natürlich riesig freut. Am 16.03.2005 fliegt wie vereinbart Alfonso mit seiner Cessna ein. Wir müssen erst nach Canaima fliegen, um dort noch andere Touristen mit nach Ciudad Bolivar zu nehmen. Auf dem Flug dahin dreht Alfonso drei Extrarunden über den Salto Angel. In Canaima können wir unser Glück kaum fassen. Die beiden neuen Fluggäste haben einen Überflug über den Auyan Tepui gebucht. So fliegen wir innerhalb von einer Stunde zweimal zum „Angel Fall", ohne dafür auch nur einen Cent bezahlt zu haben. Da stört es uns auch nicht mehr, als plötzlich während des Fluges das Seitenfenster aufgeht und uns im Flieger die Haare zu Berge stehen.*

Hier endete die Mail. Auch meine Haare standen zu Berge. Mehrfach waren mir beim Lesen Schauer über den Rücken gelaufen. Doch konnte ich mich von einem Gefühl nicht freimachen: Diese Schauer vermittelten das gleiche Wohlbefinden, dass man bei einer angenehmen Berührung verspürt. Ich lehnte mich zurück und schaute zu Vicentes Tragekiepe hinauf, die samt Machete und Angelspindel an meiner Küchenwand hängt, gewissermaßen als Erinnerungsschrein gegen das Fernweh. Dank Ilka und Torsten hatte das jetzt wieder zu zehren begonnen. Was soll's, dachte ich, im nächsten Jahr geht es ja wieder los. Trotz aller Zweifel, nicht einmal war mir auf unserer Madidi-Tour der Gedanke gekommen: Was machst du hier? Nie wieder! Und seit meiner Rückkehr war eine Frage gereift: Wann wieder? Inzwischen stand nicht nur die Antwort fest, auch das Ziel war schon klar: Venezuela, Mount Roraima, die Insel in den Wolken aus Conan Doyles Challenger-Roman würde es werden, der romantische Traum aus meiner Jugend: Vergessene Welt, wir kommen!

*Vergessene Welt, wir kommen! Der Gedanke „nie wieder" war trotz Strapazen nie aufgekommen. Zu Hause entschied sich die Frage: „Wann wieder?" Das nächste Ziel war klar: der Roraima.*

[ 183 ]

[ Literaturhinweis ]

*Weiterführende Literatur:*

*Zur Region Madidi:*

Simon Chapman, The monster of the Madidi (London: Aurum, 2001)

Yossi Ghinsberg, Back from Tuichi – The harrowing life-and-death-story of survival in the amazon rainforest (New York: Random House, 1993)

Percy Harrison Fawcett, Exploration Fawcett (London: Hutchinson,1953)

Ted Parker & Brent Bailey (Eds.), A biological assessment of the Alto Madidi region (Washington: Conservation International, 1991)

Teresa Tarifa, Enzo Aliaga, Boris Rios y Daniel Hagaman, Mamiferos del Parque Nacional Madidi (La Paz: Conservacion Internacional, 2001)

Steve Kemper & Joel Sartore, „Madidi – Droht Boliviens Regenwald der Untergang?", in National Geographic Deutschland, März 2000

*zu Bolivien:*

Andrew Dean Nystrom & Morgan Konn, Bolivia (Footscray: Lonely Planet, 2004)

Rainer Waterkamp, Manfred Verhaagh, Ute Wiegel, Naturreiseführer Ecuador, Galapagos, Peru, Bolivien (Stuttgart: Franckh-Kosmos, 2001)

*zum Urwald:*

Uwe George, „Inseln der Zeit", in „Geo" April 1986

Uwe George, Inseln der Zeit (Hamburg: Gruner + Jahr, 2005)

[ Literaturhinweis ]

Uwe George, Regenwald (Hamburg: Gruner +Jahr, 2000)

Simon Chapman, Explorers wanted! In the jungle (London: Egmont, 2003)

Alexander von Humboldt, Die Reise nach Südamerika (Göttingen: Lamuv, 1990)

Jean de Lery, Unter Menschenfressern am Amazonas – Brasilianisches Tagebuch 1556 – 1558 (Tübingen/Basel: Erdmann, 1967)

Arthur Conan Doyle, The lost world (London: Hodder and Stoughton,1912)

Rolf Bökemeier, Uwe George (Hg.), Geo-Special Amazonien (Hamburg: Gruner + Jahr, 1994)

Michael Goulding, Carlos Canas, Ronaldo Barthem, Bruce Forsberg, Hernan Ortega, Las fuentes del Amazonas (Lima: Amazon Conservation Association, 2003)

El agua y la vida en la Amazonia, Walter H. Wust (Lima: Wust, 2004)

*zur Tierwelt:*

Les Line & Edward Ricciuti, The Audubon society book of wild cats (New York: Abrams, 1985)

Charles A. Ross (Ed.), Crocodiles and alligators (Sydney: International Publishing, 1987)

Lutz Dirksen, Anakondas (Münster: Natur-und-Tier-Verlag, 2002)

Harry W. Greene, Michael & Patricia Fogden, Snakes: the evolution of mystery in nature (Berkeley: Univ. of Cal. Press, 1997)

*zu Survival:*

Rüdiger Nehberg, Abenteuer Urwald (München: Piper, 2004)

Rüdiger Nehberg, Medizin-Survival (München: Piper, 1998)

Alexander Stilwell, Survival techniques (London: Amber, 2000)

## Die Autoren:

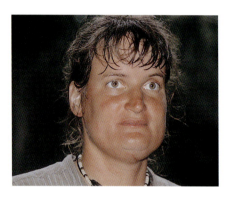

*Ilka Sohr,*
Jahrgang 1970, ist diplomierte Sporttherapeutin und Erlebnispädagogin. Bis 1990 ist Leistungssport ihr zentraler Lebensinhalt. Mit den neuen Reisemöglichkeiten packt sie das Fernweh. Auf eigene Faust reist sie durch Nepal, China, Tibet, Indien und die Türkei. Mit Lateinamerika entdeckt sie ihre wahre Liebe. Bevorzugte Ziele: Chile, Bolivien, Peru, Ecuador, Kolumbien, Venezuela, Mexiko, Guatemala. Seit 1999 ist sie mit Torsten nicht nur ein Outdoortrainer-Team, sondern ein Paar. Reisen dokumentieren sie bei Diavorträgen, gewinnen Wettbewerbe und sind inzwischen bei großen Diafestivals präsent (Mundologia, Bergsichten u.a.).

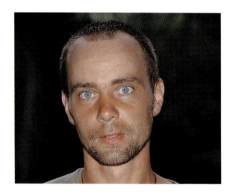

*Torsten Roder,*
Jahrgang 1971, zwei Kinder, ist ausgebildeter Zootechniker. Ohne Wissen der Eltern bereist er schon vor der Wende Tschechien, Ungarn und Slowakei. Nach der Wende schließen sich Survivalmärsche in Europa an. 1997 macht er als Survivaltrainer sein Hobby zum Beruf, führt Trekkingtouren durch Finnland, Argentinien und Chile. Oberste Devise der Urlaubsreisen mit Ilka: Abseits der Touristenpfade bleiben! 2005 gründen beide den Verein Projekt Regenzeit, halten über 250 Vorträge vor Jugendgruppen in Deutschland. In Bolivien finanzieren sie Hilfsprojekte. Derzeit bauen sie eine Station zur Auswilderung in Gefangenschaft geratener Urwaldtiere auf. (www.regenzeit.net)

*Jens Eumann,*
Jahrgang 1966, zwei Kinder, ist Redakteur der „Freien Presse" und war, bis er Ilka und Torsten traf, eher Bücherwurm als Waldläufer. Obwohl sein Hinterteil seit dem Ruder- und Rugbytraining beim Geschichtsstudium in Cambridge die meisten Berührungspunkte mit einem Bürosessel vorm Computer gesammelt hat, lässt er sich 2005 aufs Dschungelabenteuer ein, das seinem Selbstverständnis als Reporter entgegenkommt. Seither haben Fernweh und Urwaldlust auch ihn gepackt. Buchveröffentlichung: Sammlung Chemnitzer Kriminalfälle des 20. Jahrhunderts.

*Impressum:*

© Chemnitzer Verlag
1. Auflage, März 2008

*Text:* Jens Eumann
*Layout / Satz:* Ingolf Höhl
*Gesamtherstellung:* Westermann Druck Zwickau GmbH

www.chemnitzer-verlag.de

ISBN 978-3-937025-41-4

[ Fotonachweis ]

*Fotonachweis:*

*Torsten Roder/ Ilka Sohr:*

Seite 4 oben; Seite 5; Seite 6; Seite 8; Seite 9; Seite 11; Seite 12; Seite 17; Seite 18; Seite 20; Seite 22; Seite 30; Seite 34; Seite 35; Seite 36; Seite 37; Seite 40; Seite 44; Seite 45; Seite 49; Seite 51; Seite 56; Seite 58 oben; Seite 59; Seite 60; Seite 62; Seite 66; Seite 67; Seite 69 unten; Seite 70; Seite 76; Seite 77; Seite 81; Seite 82; Seite 86; Seite 87 unten; Seite 88; Seite 89; Seite 90; Seite 91; Seite 96; Seite 97 oben; Seite 98; Seite 100; Seite 102; Seite 111; Seite 112; Seite 113; Seite 115; Seite 116; Seite 118; Seite 119; Seite 124; Seite 125; Seite 126; Seite 127; Seite 128; Seite 130; Seite 131 oben; Seite 132 unten; Seite 136; Seite 143; Seite 146; Seite 148; Seite 155; Seite 156; Seite 158; Seite 160; Seite 161; Seite 167; Seite 168; Seite 175; Seite 178; Seite 179; Seite 182; Seite 186

*Jens Eumann:*

Titelfoto; Seite 4 unten; Seite 19; Seite 25; Seite 26; Seite 32; Seite 42; Seite 46; Seite 48; Seite 50; Seite 52; Seite 58 unten; Seite 64; Seite 68; Seite 69 oben; Seite 71; Seite 74; Seite 80; Seite 84; Seite 87 oben; Seite 92; Seite 95; Seite 97 unten; Seite 99; Seite 120; Seite 123; Seite 129; Seite 131 unten; Seite 132 oben; Seite 133; Seite 137; Seite 138; Seite 142; Seite 144; Seite 145; Seite 151; Seite 153; Seite 157; Seite 163; Seite 164; Seite 165; Seite 166; Seite 170; Seite 172; Seite 173; Seite 174; Seite 176

*Katharina Leuoth:*

Seite 183

Repro Seite 27 aus „Illustrated London News" 1929

## Außerdem im Chemnitzer Verlag erschienen:

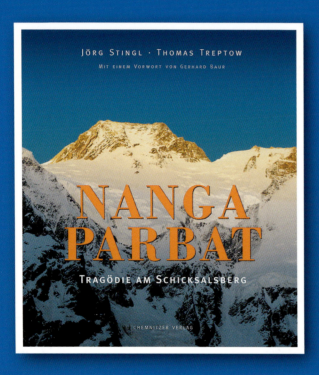

## Nanga Parbat

Die Sächsische Nanga-Parbat-Expedition 2004 sollte die Gemüter noch lange beschäftigen. Es war eine der dramatischsten Expeditionen in der sächsischen Bergsteigergeschichte und eine der tragischsten zugleich. In ihrem Buch „Nanga Parbat – Tragödie am Schicksalsberg" erinnern Jörg Stingl und Ko-Autor Thomas Treptow an die Reise zum neunthöchsten Berg der Welt.

ISBN 978-3-937025-14-8

19,95 Euro

# Ganz oben

„Gehen, keuchen und Pause, gehen, keuchen und Pause, nur dafür reichte die verbleibende Kraft." So beschreiben Jörg Stingl und Thomas Treptow die letzten Schritte bis zum Gipfel des Mount Everest. Am 22. Mai 2001 gegen 17 Uhr hat es Jörg Stingl geschafft – er steht „ganz oben".

ISBN 978-3-937025-01-8

19,95 Euro

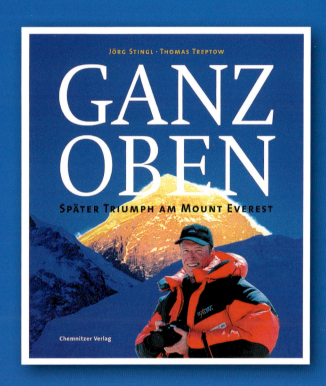